ALFRED FOREST

Illustrations
de H. ROYET

PARIS
Imprimerie PAUL DUPONT
4 rue du Bouloi 4

Paris. — Imprimerie PAUL DUPONT, 4, rue du Bouloi.

VISIONS ROUGES

ALFRED FOREST

VISIONS ROUGES

PARIS
IMPRIMERIE PAUL DUPONT
4, RUE DU BOULOI, 4

1897

AVANT-PROPOS

Quand on a lu, relu et entendu les princes de la plume et de la parole :

Que les études classiques ont gravé dans la mémoire et pour toute la vie — en ineffaçables visions rouges — le souvenir des héros d'Athènes et de Rome;

Qu'on a fait halte aux géniales étapes de l'esprit humain, depuis Homère jusqu'à Victor Hugo ;

Tressailli au souffle passionné des Shakespeare, des Gœthe, Voltaire, Molière, Jean-Jacques ;

Gémi sur les martyrs de la Liberté ;

Admiré les grands esprits contemporains dans la Littérature, la Science, les Arts et la Politique;

Lorsque — cette année même — on a « revécu son époque » dans *Les Aventures de ma vie* de l'illustre écrivain Henri Rochefort ;

Qu'on a dévoré les pages brûlantes de *l'Enfermé* de Gustave Geffroy, livre admirable de réparation et de justice !

Lorsqu'on en est là... et qu'on se croit honnête et juste...

On a conscience de sa faiblesse... et, devant tant d'efforts couronnés par tant de gloire, on se sent honteux... d'écrire !...

On éprouve l'envie de briser sa plume, d'échapper aux tortures morales, de retourner — contemplatif inconscient — à la mystérieuse nature, sublime guérisseuse des douleurs humaines ; de cheminer sa vie » aux buissons des printanières aubépines, de déclamer sa peine aux arbres nus d'hiver, hors des livres et des « visions rouges », de causer avec un brin d'herbe... et de fouler la neige loin des hommes et des cités ; puis, se ressaisissant, d'apprendre à conduire un soc de charrue pour faire enfin œuvre utile,..

Et l'on est sincère !... jusqu'au moment de troquer la plume contre l'outil !...

Hélas ! un mauvais écrivain fait un triste laboureur ! Lorsqu'il s'agit de réaliser le rêve, l'Imagination — cette folle du logis — prend une crise terrible !... elle brise l'outil dans le sillon tracé... à rebours!... et la manie de parler et d'écrire nous reprend furieusement.

Adieu, les chemins d'aubépine !... et le soc de charrue !... nous nous retrouvons vite entre les quatre murs de notre cabinet, au milieu des journaux et des livres, et nous écrivons toujours... et nous écrivons encore !...

Tel est mon cas !... j'avoue qu'il est déplorable, car mieux vaudrait cent fois offrir « la soupe et le bœuf » aux pauvres diables que se prodiguer à la publication d'un livre qui ne sera utile à rien !...

Ce qui me console — dans une assez large mesure — c'est que mon cas n'est pas « un cas isolé ». Mon état d'âme est commun à beaucoup d'êtres non moins médiocres que moi ; d'aucuns ont connu le succès ; ils le méritaient sans doute, s'ils ont jeté, en faveur des humbles et des déshérités, un cri de détresse entendu du grand public ; certains, dans le genre « argotier et pornographique », ont fait fortune ; je ne leur en sais pas mauvais gré, mais je souhaite qu'ils fassent meilleur emploi de leur fortune que de leur talent !... Aux titres qui leur ont valu la notoriété, je suis certain de rester dans l'ombre épaisse des multitudes.

Mon livre est moral ; je crois l'avoir écrit plutôt avec le cœur qu'avec l'intelligence, uniquement parce que j'ai plus de cœur que de cervelle ; s'il est lâché, comme style, c'est que j'ai horreur des retouches : j'écris comme je parle, sans prétention aux effets, sans rechercher des ciselures dont les meilleurs d'entre nous abusent en cette fin de siècle, et je n'ai pas souci du décor.

Je laisse en leurs cadres aux teintes mortes et dans leurs gothiques « *enchâssements* » les « Yolande » *moyennageuses* ; je ne touche pas au fragile vitrail des légendes sacrées, aux épopées chevaleresques ; je ne déplace pas ces blocs immortels qu'il ne faut pas parodier, même en leur forme, parce qu'ils perdent — adaptés au prosaïsme de notre époque — le meilleur de leur enseignement et de leur gloire !...

« Le lecteur au livre » est devenu rare ; le journal a tué le livre ! *Visions rouges* est un recueil d'articles et de nouvelles dont l'intérêt rétrospectif offre peu de chances de succès.

Toutefois, si le lecteur se fait rare, les livres n'en vont pas moins leur train ; les publications sont nombreuses.

En voyage, en wagon, on trouve encore des gens qui lisent, soit pour appeler le sommeil, soit pour le combattre !... ce qui faisait dire dernièrement à un de mes amis, fameux courriériste d'un de nos grands journaux parisiens : « *Comment! en 1891, il y a encore des gens qui lisent des livres? C'est extraordinaire !* »

J'ai consolé mon ami en lui faisant observer que ces lectures en chemin de fer ne tirent pas à conséquence, qu'elles provoquent des bâillements prodigieux, et que, seules, les natures d'élite, les âmes fortement trempées résistent quelque temps au sommeil ; qu'il a tort de s'alarmer pour si peu, et, qu'en résumé, le livre, même en voyage, ne fait aucun tort au journal !... au contraire !...

Dernièrement, dans le rapide de P.-L.-M., j'avais pour voisin un monsieur d'une quarantaine d'années ; il lisait un roman, genre fin de siècle ; il n'a fermé l'œil qu'à Fontainebleau !

En lisant *Visions rouges* il se serait endormi à Villeneuve-Saint-Georges ; il y a donc, dans cet ordre d'idées, un grand avantage à acheter mon livre.

J'avais songé à écrire sur la couverture : « Bibliothèque des voyages : *Visions rouges*, œuvre essentiellement soporifique ; sommeil garanti au bout de quinze minutes. »

Mes amis ne l'ont pas voulu, et pourtant, j'ai constaté que plus on dort en voyage — un livre sur les genoux — plus on semble, au réveil, avoir trouvé d'intérêt dans l'ouvrage !...

Mes camarades — on en a bien toujours un demi-quarteron — m'ont poussé à publier ce « recueil d'articles et nouvelles » parus en partie dans des feuilles *banlieusardes* qui eurent plus de cœur que d'argent, telles : *La Petite Sentinelle* et *L'Indépendant* qui ont vécu !... *Le Réveil*, mieux constitué, respire encore !...

Or donc, camarades qui me lancez dans le commerce des fours, prenez garde !...

Si je succombe, que mon sang retombe sur vos têtes !... que l'effronté rictus de mes *Visions rouges* vous incite aux froidures d'une calvitie précoce, fatal prologue d'une incurable impuissance.

Si mon livre a du succès — ce qui me semble improbable — coulez des jours de soie et d'or; reposez, toujours jeunes et beaux, dans une oasis aux éternelles amours où vos femmes fileront la quenouille, où vos filles seront vertueuses et belles, vos fils savants et généreux !... puissiez-vous ainsi parvenir aux extrêmes limites de la vieillesse (152 ans au moins), en distribuant, de vos mains patriarcales, mes *Visions rouges* aux générations attendries de ces époques reculées !

Je vais prendre mes dispositions pour que mes derniers neveux puissent au moins payer la reliure!...

— Pourquoi ce titre *Visions rouges*, alors qu'il s'agit simplement d'un « recueil d'articles et nouvelles » ?

— C'est qu'en écrivant la plupart de ces « articles et nouvelles », j'ai été hanté par des « visions rouges » au fur et à mesure d'événements révolutionnaires et précurseurs d'une évolution sociale, œuvre indéniable des progrès de l'esprit humain !... Il n'y a pas dans ces pages de militante combativité révolutionnaire, encore moins d'excitation à la haine et à la lutte des classes ; les armes révolutionnaires sont aujourd'hui l'industrie et la science au service de la pensée humaine pour le triomphe des *pacifiques évolutions sociales !*

Dans le demi-quarteron d'amis qui occupent une situation florissante dans les lettres, la politique et les arts, plusieurs, justement célèbres, me veulent du bien ; on m'a toujours dit qu'ils se mettraient en quatre pour m'obliger et me faire profiter de leur crédit. Je leur en suis bien reconnaissant ; mais une paire de sabots suffit à mon bonheur qui était également parfait *lorsque j'étais plus jeune et que j'allais pieds nus !*

Je crois avoir commis un méchant alexandrin !... veuillez m'excuser !... en pressant le pas, cela peut arriver aux plus habiles !...

J'aurais pu — dans ces conditions — demander à Pierre ou Jean, Ernest ou Henri, un bout de préface; alors, mon livre se serait vendu, grâce au bienveillant appui de mon illustre introducteur.

J'ai préféré renoncer à ce système généralement employé ; je me présente tout seul, sans le secours du critique influent !...

Quand je dis tout seul, j'ai tort ; car le peintre H. Royet a du talent ; déjà il est connu du public qui a eu l'occasion de le juger favorablement. Je crois même que si mes *Visions rouges* se vendent, c'est que les acheteurs auront été alléchés par les ravissants dessins de l'artiste.

Je remercie tous mes anciens collaborateurs qui m'ont aidé à rechercher dans les « feuilles disparues » les membres épars de mes *Visions rouges* et tout particulièrement Frédéric Choiral, Antoine Theillaud et Charles Poinsignon des soins qu'ils ont bien voulu consacrer à ce travail.

Puisque l'ouverture est jouée, frappons les trois coups, et... au rideau !

Juillet 1897

BURGONDIA

BURGONDIA

Elle est rouge la terre de Burgondie! la pluie, loin de l'abaisser, la soulève en mottes larges et grasses; la neige la pâlit à peine; la chaleur, en la fendillant, lui met au front les rides aimables de l'automne, mais sans anémier son teint..... car elle est d'un beau rouge, la vieille terre de Burgondie!

C'est qu'ils étaient roux, les anciens Burgondes! les lumineux rayons de leurs fauves chevelures s'unissaient aux ardeurs génératrices du Roi de la nature — *Sa Majesté Soleil* — pour la chauffer et la rougir, notre vieille terre de Burgondie!...

Et, comme une vierge aux cambrures marmoréennes dont le sein se soulève aux premiers effluves de la vie, Burgondia semble, à chaque printemps, s'animer et s'émouvoir au souvenir des Preux Géants de la Burgondie. — Chastement belle, c'est en corset rouge qu'elle s'offre aux voluptueux regards des générations humaines, laissant deviner les infinies richesses de sa puissante fécondité!

Ils sont morts, les Burgondes roux!... mais la terre de Bourgogne est une partie de la terre de France. — *Sang rouge de l'Humanité!* — et la terre de Bourgogne est du plus beau rouge!...

Ils sont morts, les Burgondes roux!... mais le sol a reçu leur empreinte profonde, et sa surface est à jamais teinte de leur sang!...

Ils sont morts, les Burgondes roux!... mais, couchés dans leurs tombeaux, sous la terre qu'ils ont rougie, bien souvent ils veillent !... et ils songent à leur douce amante Burgondia! quelquefois, la nuit, soulevant la pierre de leurs sépulcres, ils se mêlent aux bruits mystérieux, aux phosphorescentes vapeurs, aux phalènes, aux échos des douleurs terrestres, à tout ce qui, dans l'insondable nature, se meut et s'agite, quand l'inconscience humaine s'endort, — et, docile, Burgondia répond à leur appel, car ils sont beaux comme autrefois, les Burgondes roux!

Les siècles ont passé sur eux sans les marquer de leur empreinte. — Le temps a respecté l'héroïsme, et, comme Homère, le chantre de la Grèce, ils sont jeunes encore « *de Gloire et d'Immortalité* », les Preux Géants de notre vieille Burgondie!...

Elle est d'un si beau rouge, la terre de Burgondie!...

De cette terre — rouge du sang des Burgondes roux — émergent les ceps de la vigne, comme autant de bras qui semblent vouloir se lever pour secourir l'Humanité meurtrie; et de cette terre rouge, c'est la joie, la force, le sang, la vie qui s'échappent et se manifestent généreusement!

Tout jeunes, ils paraissent vieux, les ceps des Burgondes roux, et, dès que Burgondia les anime de sa sève puissante, c'est pour de longs âges qu'ils sont noués à la rouge terre de Burgondie!...

. . . .

. . . .

Voici l'automne : sur la rouge terre, les ceps s'enrubannent de vert et d'or.

Elle est grosse de désirs, Burgondia!... il est mûr, son raisin; sous la liqueur, la grume éclate!... elle est grosse de désirs, Burgondia!...

Holà! les Burgondes roux; sortez de vos tombeaux!... venez délivrer votre douce amante Burgondia!...

. . . .

Par une nuit d'étoiles, les Preux Géants cheminent sur la terre rouge de Burgondie... Impalpables, ils apparaissent en sublimes « Visions rouges », arrosant, de leurs bienfaisantes larmes de sang, le front de leur douce amante Burgondia...

Et ces pleurs qui tombent en larges gouttes hâteront la délivrance de la bien-aimée; elles rafraichiront son sang — et la liqueur sera pure et généreuse — car le sang de la vigne est fait des larmes des vieux Burgondes!...

. . . .

« O Burgondia! clament les Burgondes roux, nous voici : nous sommes les Visions rouges!... Depuis des siècles nous versons sur toi la rosée de sang qui te donne la fécondité. Jusqu'à la fin des mondes, nous rougirons ta terre bourguignonne, et, grâce à nous, tu resteras, vierge immortelle!

« Ton vin généreux sera toujours pour la France, ta patrie! les âmes françaises — *les meilleures de l'Humanité!* — jouiront de tes bienfaits; ta liqueur, fécondée par nos soins, leur prodiguera le bonheur, l'amour et la gloire que nous rêvons pour eux dans l'avenir!

« O Burgondia! nous sommes, éternelles Visions rouges, les apôtres de l'idéal progrès! — L'héroïque France est la Patrie des sublimes audaces. Nation d'avant-garde, elle ne peut périr! — Elle est aussi indispensable aux émancipations humaines et aux évolutions sociales que l'air à la vie.

« La France ne périra jamais, car nous veillons dans nos sépulcres, et si parfois nous te visitons, ô Burgondia! c'est que toujours les Burgondes roux répandront sur la terre française de Bourgogne la rosée de sang indispensable au triomphe de la Justice et de la Liberté! »...

. . . .

Le soleil se lève!... De ses rayons il ranime Burgondia qui sourit coquettement au réveil de la Nature.

Les vieux Burgondes ont semé sur leur passage un peu de la poussière blanche de leurs ossements — pour effacer la trace du sang rouge — semence féconde répandue sur les ceps de Burgondia !

Et, couchés dans leurs tombeaux, les Burgondes roux veillent en répétant ces mots :

« *Courage, France!... espère!* »

. . . .

. . . .

Déjà le soleil a séché les larmes de sang! Un homme lentement chemine à travers les ceps; souvent il s'arrête et se baisse pour examiner sa vigne; la joie éclaire son visage!... la nuit a, paraît-il, été douce!... il vendangera demain!...

Et Burgondia — fidèle aux Visions rouges — lui prodiguera les infinies richesses de sa puissante fécondité!...

Ils étaient roux, les anciens Burgondes! C'est pour cela sans doute qu'elle est si rouge, notre vieille terre de Burgondie!...

Septembre 1893.

ALLIANCE FRANCO-RUSSE

Est-elle, ou non, conclue cette fameuse Alliance franco-russe? — Existe-t-elle par traité, en bonne et due forme, et qu'attend-elle pour révéler son existence à l'Europe inquiète? — N'est-elle pas plutôt à l'état embryonnaire? — faut-il la considérer seulement comme une « Alliance » de sentiments, toute platonique et reposant sur des tendances d'allures, de sympathies et de caractères?

Notre avis est que le « Czar » de toutes les Russies, y compris, hélas! « la Sibérie », signerait à contre-cœur avec une République, fût-elle française! nous voudrions nous tromper, mais il nous semble que les trois termes du fanatisme autocratique russe: « Dieu, le Czar, la Patrie », s'accorderaient mal avec les trois termes de la Révolution française: « Liberté, Égalité, Fraternité! »

Nous trouvons (et nous ne sommes pas les seuls!) qu'on a beaucoup trop crié: « Vive la Russie! » — vivent les Russes, passe encore! — ils nous sont sympathiques, et nous leur souhaitons une révolution salutaire qui les délivre enfin du joug de la tyrannie et qui fasse d'eux des hommes libres, dégagés des superstitions primitives et du fanatisme religieux! — mais manifester pour le gouvernement russe, faire naître à chaque instant l'occasion de crier inconsidérément : « Vive la Russie ! », c'est, pour une République française, encourager trop franchement l'ignorance, les abus, l'obscurantisme et la tyrannie !

Le pauvre peuple russe n'est pas encore né à la vie politique et sociale ! — A peine sorti d'un rude esclavage « de tous les siècles passés », c'est, comme hébété de se sentir sur le corps des chaînes un peu moins lourdes, qu'il conduit à la dérive ses pas chancelants ! A chaque coin de rue, il s'agenouille devant la Madone, *Dieu !* — à chaque carrefour, il baise la neige que viennent de fouler les durs sabots des coursiers de son empereur, *le Czar !* — à chaque trophée de son ignorance, il se signe ! devant chaque monument, symbole de son éternel servilisme, il tombe en « prière extatique, *la Patrie !* »

Tel est le moral d'un peuple dont nous glorifions la misère, en criant « Vive la Russie ! » Ignorons-nous donc qu'en Russie, il n'y a que deux classes : Seigneurs et Valets — Princes et Moujiks ? — Pauvre Moujik ! on peut le fouailler, le gifler pour vingt-cinq roubles ! — c'est le tarif chez le *miracoï (juge de paix)*. — *Si le gardavoï (garde de la voie, sergent de ville)* est témoin du fait, il peut faire condamner l'auteur de la gifle à une amende de vingt-cinq roubles pour scandale sur la voie publique, mais non pour voies de fait — pour scandale seulement, car si la gifle a été octroyée « damoï » (dans une maison), la plainte du Moujik n'est pas recevable ! — un Moujik n'est pas écouté à titre de plaignant !

Le Moujik n'est pas *ejusdem farinæ*, de la même farine que le Prince ! Sur la Newski-Prospect (promenade de la perspective Newski), le Moujik doit se promener à gauche et ne jamais passer du côté des Messieurs ; le cœur se soulève, quand on pense que tout ce qui est ouvrier est Moujik ! — tous les paysans sont aussi des Moujiks! — Crions Vivent les Russes! — Vivent les Moujiks! mais pas Vive la Russie! et pas Vive le Czar! Il est triste de constater que, sous l'Empire, nous avons crié : « Vive la Pologne! », et qu'en République, nous braillons « Vive la Russie! »

D'excellents républicains s'emballent à propos de la réalisation de l'Alliance franco-russe, — il n'y a qu'elle, selon eux, qui puisse sauvegarder la paix en Europe; — sans cette Alliance, effective ou même platonique, il y a longtemps que la France serait ensanglantée! etc., etc. — Peut-être ces excellents citoyens ont-ils raison : mais le Czar de toutes les Russies, et aussi, hélas! de « la Sibérie », a au moins autant d'intérêt que la République française à la signature d'un traité bien officiel, à la vue des autres peuples et de la Triple Alliance. Cependant, il nous semble que jusqu'alors, malgré les protestations d'amitié et les cris répétés de « Vive la Russie » et « Vive la France », c'est le bout des doigts que nous donne l'Empereur et non la main entière! — Est-ce oui, est-ce non? — L'Empire russe n'a pas à rougir de la République française. — Si c'est oui, signons vite, et attendons de pied ferme la Triplice et au besoin la Quadruple Alliance.

La Russie est au premier chef intéressée à signer, si nous nous en rapportons à l'extrait suivant d'une lettre adressée de St.-Pétersbourg au journal *Le Soleil*. Nous résumons le plus possible : Si puissante que soit la Russie, elle ne saurait espérer lutter avec succès contre l'Europe. Aussi, faut-il à la Russie, de toute nécessité, l'alliance d'un des grands peuples militaires, pour assurer la victoire à ses drapeaux. Chacun sait bien que les grands peuples de l'Europe ont tous, ou presque tous, aujourd'hui, même système militaire, même armement, même tactique. Au chiffre brut de la population correspond donc (excepté pour l'Angleterre), le chiffre brut de l'armée.

« Or, nous avons devant nous la Triple Alliance. De quelles forces peut-elle disposer ?

« On peut évaluer, en chiffres ronds, la population de l'Allemagne à 50 millions d'âmes ; celle de l'Autriche, à 41, celle de l'Italie, à 30 ; ce qui donne au total 121 millions d'individus. Or, la Russie, livrée à elle-même, n'a que 115 millions d'hommes à opposer à cette coalition.

« Au point de vue des forces navales, la disproportion est plus grande. L'Allemagne peut équiper 5 flottes de guerre, l'Italie 6, l'Autriche 4 ; donc au total, 15 flottes. — De son côté, la Russie ne peut en armer que 9.

« L'infériorité de la Russie est légère au point de vue continental, — considérable au point de vue maritime.

« Supposons, au contraire, que les forces françaises soient alliées aux forces russes ; — la proportion change immédiatement.

« La France a, en chiffres ronds, 38 millions d'âmes ; la Russie en a 115 millions ; total 153 millions à opposer aux 121 de la Triple Alliance.

« Numériquement parlant, la Russie alliée à la France devient donc de beaucoup supérieure à la Triple Alliance.

« Au point de vue maritime, la France peut équiper 9 flottes de guerre ; la Russie peut en lancer également 9 ; total 18, à opposer aux 15 flottes de la Triple Alliance. — Là encore, la Russie et la France ont pour elles toutes les chances de succès. »

La conclusion de tout ce qui précède est, qu'isolées, la Russie et la France sont exposées aux plus grands périls, tandis qu'unies, ces deux grandes nations ont en leur faveur toutes les prévisions de la victoire.

Nous disons, nous autres, que la Russie et la France devraient au plus vite signer une bonne Alliance, non plus pour « cracher leur mitraille sur l'humanité » mais pour enrayer la guerre et travailler, si faire se peut, — à l'éducation des Moujiks — et aux progrès de l'émancipation sociale.

Juillet 1893.

Au Député JULES GUESDE.

LES MORTS VIVANTS

ÉMILE EUDES

C'est de Londres que le « grand proscrit Henri Rochefort » exhorta les socialistes-révolutionnaires « de toutes nuances », à assister à l'inauguration du monument élevé à la mémoire " d'Émile Eudes ", un des plus illustres citoyens français. Disons plus justement qu'il s'agissait d'un buste que « Tony Noël » a fort bien réussi. Les traits semblaient animés, l'expression est mâle et fière, sans rudesse; ce ne fut qu'un cri d'admiration, quand on leva le voile; il semblait revivre, celui qui consacra son existence entière, sans restriction d'aucune sorte, à la défense des humbles et des déshérités!

L'ardeur inébranlable dans la foi républicaine, le courage, l'abnégation et le désintéressement, telles sont les vertus primordiales qu'Émile Eudes possédait au suprême degré. Ces qualités si rares qui peuvent servir d'exemple aux générations futures forment, d'ailleurs, l'apanage du « Parti blanquiste », qui a rendu à la République de si importants services, parti qui a toujours soutenu au premier rang le combat des revendications prolétariennes, parti qui a compté dans son sein tant de capitaines illustres ; toujours à la peine, jamais à l'honneur.

On peut affirmer que le parti blanquiste compte trois héros révolutionnaires : Blanqui, Eudes, Tridon ; ce dernier que nous déposâmes en terre belge, mais solennellement et avec des paroles françaises, avait le cœur et l'âme des héros antiques. Blanqui, Eudes, Tridon, tel est le triumvirat le plus sublime de la probité de mœurs politiques, hélas ! si méconnue de nos hommes d'État !

Ces rudes révolutionnaires, ces convaincus de la cause égalitaire et fraternelle, ne nous offrent-ils pas le plus noble et le plus pur enseignement ? — Ces morts ne sont-ils pas toujours vivants pour nous ? Ne sont-ils pas la lumière qui doit nous guider à l'évolution sociale par les lois naturelles et rationnelles de l'Esprit humain ?

Chefs de la grande famille humaine, de si vastes intelligences laissent à nos bonnes volontés des progrès dont s'emparent, malheureusement et malgré nos plus vifs efforts, les plus infâmes réactions.

C'est contre ces réactions qu'il faut lutter toujours, lutter encore, lutter sans cesse.

Il faut prouver que les armes de nos « Géants révolutionnaires » ne sont pas tombées en des mains débiles ! il faut s'unir contre les républicains d'une République « purement nominative » et renverser, « au nom de l'humanité meurtrie », les piliers déjà vermoulus de l'édifice social en ruines. C'est à nous de continuer cette Révolution que nos pères n'ont pu achever ; à nous de chasser les mouchards, les tarés, les corrompus et les traitres !

Les souvenirs de ces « morts-vivants » "Blanqui, Tridon, Eudes" doivent nous inspirer cette flamme ardente, qui, seule, peut conduire le Peuple à la conquête de ses Libertés. Un souffle purificateur semble passer en ce moment sur la France. Puissions-nous en profiter afin de fonder une République grande et forte « la République démocratique et sociale » !

La manifestation socialiste a été imposante dimanche dernier; nous pouvons d'autant mieux l'affirmer que nous y avons pris part. Des discours très éloquents ont été prononcés par les citoyens Granger, Ernest Roche, Clovis Hugues, Vaillant, etc. Tous ont retracé la vie héroïque d'Emile Eudes et ont prêché l'union des socialistes. Vaughan a donné lecture d'une lettre du citoyen Henri Rochefort. — Jules Guesde nous semble avoir donné la note exacte en venant, lui, déclarer qu' « Émile Eudes » fut — avant tout — un internationaliste. Jules Guesde a su dire cette vérité si bonne à répéter — mais si dure à entendre pour bien des gens — qu'un socialiste appartient à la grande famille humaine; qu'il ne peut donc être autre chose « qu'internationaliste » et que, Émile Eudes fut un des plus illustres propagateurs de cette idée: Une seule Patrie : « l'Humanité ! » Nous nous bornons à constater que « Jules Guesde » fut le plus vrai dans l'éloge d'Émile Eudes, et nous ajoutons, nous qui avons connu le grand révolutionnaire, que sa plus noble idée était la pacification universelle. Eh bien ! il se trouve encore, malgré ce concert unanime d'éloges à la pureté de sentiments d'Émile Eudes, il se trouve encore des types pour gouailler sur la manifestation du 10 septembre.

Un monsieur Ernest Gégout s'exprime ainsi dans le *Jour* du 12 courant :

« Ces diables de socialistes (il ne saurait être question, n'est-ce pas, de vulgaires bourgeois ?) ne se contentent pas de la dernière reconduite : il leur faut aussi les visites annuelles aux anniversaires mor-

« tuaires, aux grandes fêtes commémoratives du ca-
« lendrier révolutionnaire, et il y en a tant et tant de
« ces disparus, locataires du Père-Lachaise, du Vieux-
« Montmartre et du Champ-de-Navets, tant et tant de
« ces jours fériés de la sociale, que, si on écoutait son
« bon cœur et la voix des grands Principes, on irait,
« chaque matin, un pliant sous le bras, remplacer les
« saules pleureurs dans quelques coins de Paris. »

Nous ne savons si cet esprit de carrefour est du goût des lecteurs du journal de « Frère Laurent »; dans tous les cas, il est odieux, après avoir assisté à la manifestation — et ce Monsieur s'y trouvait — de s'exprimer ainsi sur un sujet pareil.

Comment ! alors que nos premiers orateurs, que nos plumes les plus autorisées, que nos hommes les plus graves, ont rendu hommage au courage civique et à la probité politique d'Émile Eudes, un écrivaillon tournera en ridicule, à la grande joie des réactions policières, une admirable manifestation!

Eh bien! que ce Monsieur et ses fidèles, s'il en a, en prennent leur parti.

La manifestation socialiste dont nous rendons compte, portera ses fruits; il ressort clairement de tous les discours prononcés, de toutes les clameurs, de tous les applaudissements, que l'union se fait dans les diverses écoles; qu'au moment de la lutte, toutes les forces n'en formeraient qu'une!

A ce moment, il serait peut-être dangereux pour le Monsieur dont nous avons reproduit la prose, d'apporter son pliant. Un bon conseil : qu'il achète une paire de lunettes; il voit mal.

Quoi qu'il en soit, n'effrayons personne ; que les timorés seuls se cachent. Les forces vives du socialisme ne s'appuieront jamais que sur les lois humanitaires. Peu à peu et pacifiquement elles auront raison du vieux monde. Le jour est peut-être plus proche qu'on ne le pense où les prétendues utopies deviendront des réalités et où des lois nouvelles basées sur le rationalisme humain, formeront l'essence du socialisme naturel et la sauvegarde des sociétés modernes.

17 septembre 1893.

à CLOVIS HUGUES
Député de la Seine

BENOIT MALON

La Démocratie vient de perdre un de ses plus fiers soldats, le socialisme un de ses plus illustres capitaines, l'Humanité un de ses meilleurs enfants.

Benoit Malon n'est plus! La terrible faucheuse, l'impitoyable Mort vient de nous ravir celui qui tenait haut et ferme le drapeau des revendications sociales. Avec lui disparait un homme de bien et de justice qui jouissait de l'estime de tous; les réactions infâmes elles-mêmes n'ont pas osé attaquer ce grand citoyen; son inattaquable dignité, sa probité politique, son ineffable bonté ont imposé l'admiration à ses ennemis. La calomnie, l'imposture auraient vainement tenté de souiller une vie d'incessant labeur et d'héroïque abnégation.

Benoit Malon fut – aux heures sombres et au moment du danger – un citoyen vaillant et fier qui exposa sa vie pour le triomphe de sa foi prolétarienne. Mais comme l'a dit si bien « Marcel Sembat » au nom de la *Petite République*, dans son éloquent discours : « Malon fut avant tout, et c'est là son titre « de gloire, un homme de pensée, un philosophe en « socialisme. Il a travaillé plus que personne à la « formation de ce grand corps de doctrines qui pénètre « les esprits contemporains et fait briller d'une lumière « chaque jour plus vive l'idée socialiste! »

On peut dire que la vie de « Benoit Malon » fut glorieusement remplie. Membre fondateur de l' « Internationale », il lutta, dès les dernières années de l'Empire, et fit réaliser à cette Association des progrès sensibles : propagandiste infatigable, sa campagne de prosélytisme fut couronnée de succès. En rapport avec la section de Bruxelles, il se mit à l'œuvre après la Commune et les Internationalistes de Bruxelles doivent à Malon une grande partie de leurs victoires.

— Avec « César de Paepe, Brismée », morts comme lui au champ d'honneur, avec Aubry, Sassin, Bertrand et autres militants, il contribua à l'extension du socialisme; il étudia les questions ouvrières, posa et résolut, dans le sens le plus libéral, les problèmes ayant rapport au salariat, aux droits et aux devoirs, et se fit remarquer par la justesse de ses écrits, la modération de son langage et l'irréfutable valeur de ses arguments.

Écrivain, Benoit Malon brilla par l'expression propre, la netteté de son style et la facilité du développement. A l'encontre de beaucoup de ses confrères que des sujets souvent arides déconcertent et qui perdent leurs meilleures qualités de stylistes quand les questions de forme doivent céder le pas aux développements de doctrines nouvelles, Malon excellait dans les questions les plus ardues; il triomphait en rendant clair et net le sujet le plus sombre et le plus épineux !

C'est ainsi que dans l'*Emancipation* de Lyon, il

écrivait de vigoureux articles de socialisme pur, préconisant l'union de tous les socialistes. Sa collaboration à l'*Intransigeant* fut une véritable propagande des doctrines socialistes; il en fut de même dans la *Revue socialiste ;* tout est empreint de cette foi ardente qui sut attirer tant de prosélytes en faisant à la fois aimer la doctrine et admirer l'écrivain.

Homme de combat, écrivain de grand mérite, grand citoyen français, apôtre ardent de la « Fraternité humaine », Benoît Malon est un « mort-vivant » ! — Mort sublime qui confie à nos bras le drapeau rougi du sang de nos Martyrs! Vivant glorieux qui nous donne la force et le courage dans les luttes à soutenir!

Ce drapeau, c'est celui que depuis Spartacus les Héros révolutionnaires se sont transmis. C'est le drapeau de la « Vieille souffrance humaine ». C'est le drapeau du Peuple. A nous de le conduire à la victoire!

On peut dire que Benoît Malon fut bien le fils de ses œuvres et qu'il dut tout à sa remarquable intelligence et à un travail incessant. A vingt ans, à cet âge où les privilégiés de la fortune songent à mettre en pratique ce qu'ils ont appris dans leur jeunesse, Malon, aux prises avec les nécessités de l'existence, sortait d'une enfance besogneuse et savait à peine lire et écrire. Dans les heures, pour tout autre indispensables au repos, il se consacra à l'étude; il prit sur son sommeil, le jour aux affaires, la nuit à son instruction, instruction qu'il acquit prodigieusement pour en doter le Peuple.

Telle fut son énergie, qu'en dehors de ses innombrables travaux, il se mit à apprendre la langue allemande, et qu'il put s'en servir utilement dans ses rapports internationaux.

Des plumes plus autorisées que la nôtre ont donné des détails sur la vie si agitée et si bien remplie de Benoit Malon ; les citoyens Vaillant, Delafosse, Léo Frankel, Cipriani, Camélinat, Fournière ont pris la parole au nom des anciens membres de la Commune et au nom de l'Internationale. Étaient présents : les socialistes des départements et de l'étranger ; les anciens membres et combattants de la Commune; le syndicat des journalistes socialistes; les représentants du parti ouvrier belge, de la Maison du Peuple de Bruxelles et des fédérations ouvrières belges, des sociétés socialistes et coopératives belges et anglaises, du syndicat de Hollande et du Portugal ; la fédération socialiste de la Seine ; etc., etc.

Tous ces groupes portaient de superbes couronnes de fleurs naturelles et d'immortelles.

Le citoyen Clovis Hugues, député socialiste, prononça, d'une voix vibrante d'émotion, des strophes qui retracent l'enfance et la bonté d'âme de « Malon » :

« Tu n'étais qu'un tout petit pâtre,
Vêtu d'ombre et de pauvreté,
Quand tu sentis dans ton cœur battre
Tout le cœur de l'humanité ! »

La bonté était, en effet, avec le dévouement et l'abnégation, une qualité primordiale du caractère de « Malon ».

Le *Journal* rapporte à cet égard une anecdote typique sur le célèbre socialiste :

« Benoit Malon avait une qualité dominante, tous « ses biographes l'ont dit : c'était une bonté naïve, « s'accusant par un empressement bienveillant à « rendre service à tous ceux qui le venaient solli- « citer.

« Voici, à ce propos, un trait presque ignoré de sa

« vie, et que bien peu connaissent, même parmi ceux « qui étaient ses intimes.

« Un jour, c'était au lendemain de la Commune, une « jeune femme vint à lui... Elle avait été la maîtresse « d'un fédéré, mort sur la brèche; de leurs amours « était né un enfant, alors âgé de près d'un an.

« La jeune mère voulait rentrer dans le giron de sa « famille, mais ses parents refusaient d'y recevoir « l'enfant naturel.

« Que faire? Il n'y avait qu'un moyen, paraît-il, « d'humaniser les farouches gardiens de l'honneur « familial : légitimer l'enfant.

« Mais le père était mort et il s'agissait de retrouver « un endosseur complaisant, un père d'occasion, qui « consentît à adopter le mioche... Et voilà pourquoi, « le sachant bon jusqu'à la candeur, la jeune mère « s'adressait, confiante, à Benoît Malon.

« Il s'exécuta, d'ailleurs, de bonne grâce et sans « hésitation. L'aventure était d'autant plus délicate « que Benoît Malon s'apprêtait lui-même à convoler en « justes noces, et que sa fiancée était d'humeur extrê- « mement jalouse.

« Une seule personne, croyons-nous, fut mise dans « la confidence; c'est Mme Paul Minck, qui en pour- « rait apparemment témoigner. »

Nous laissons au *Journal* la responsabilité de cette anecdote qui pourrait bien, cependant, être authentique, étant donné la bonté sans limites de ce noble caractère.

Ce qui est certain, c'est que les vers de notre ami « Clovis Hugues » nous émeuvent profondément; ils nous rappellent la perte irréparable que nous venons d'éprouver, mais nous montrent la bonne semence que « Malon » « mort, bien vivant dans nos « cœurs, a jetée dans notre pauvre humanité ».

« Le veau d'or effaré chancelle;
C'est la Justice universelle,
Qui monte avec le f[illegible] humain.
Le génie, effrayant d'audace,
A semé l'aube dans l'espace :
Elle se lèvera demain ! »

Oui, que l'aube se lève demain radieuse, elle nous trouvera prêts à combattre, non plus la folle guerre fratricide, reste de barbarie, instrument tyrannique et dévastateur aux mains des réactions, mais elle rencontrera en nous, cette aube ensoleillée, des citoyens que le souvenir de « Benoit Malon » conduira sûrement au triomphe des revendications sociales et humanitaires.

24 septembre 1893.

TOUT A LA RUSSE !

(VIOLETTES DU CZAR)

Il n'y a pas à dire, en France, en ce moment, tout est « à la russe » ! Les maisons de parfumerie elles-mêmes viennent de « russifier » leurs dernières créations ! Croyez bien que je ne suis pas payé pour faire de la réclame, mais laissez-moi vous dire que la parfumerie « Oriza », dont vous trouverez l'adresse dans tous les journaux bien mis, vient d'offrir au public qui a du nez des « Produits spéciaux aux Violettes du Czar » !

Jusqu'alors nous avons eu : les Sardines Russes, les Bains Russes, les Montagnes Russes et même les Chaussettes Russes ; — ces produits modestes — mais de première nécessité pour le hors-d'œuvre, la propreté, l'hygiène et la toilette, ne suffisent plus, paraît-il, à notre bonheur ! — Pourtant, personne ne se plaignait ; le commerce n'avait pas trop à souffrir de la concurrence étrangère ; le libre-échange allait son petit train-train, tout était pour le mieux dans le meilleur des mondes modernes ; — les émissions étaient nombreuses et florissantes, et, ma foi, on s'endormait tranquille sur les rives de la Seine et sur les bords de la Néva !

Mais nous sommes insatiables et d'une versatilité désolante ! il nous fallait aujourd'hui un correctif aux chaussettes russes ; c'est pourquoi nous avons trouvé l'essence, le savon, l'eau de toilette, la poudre de riz et la brillantine « aux Violettes du Czar » !

Ces « Violettes du Czar », c'est tout un monde fleurant bon l'Alliance de deux grands Peuples pour la plus grande gloire de la Paix européenne !

Ces splendides fêtes, ces réceptions mirifiques commencent à peine que déjà notre enthousiasme bat son plein ! — qu'adviendra-t-il lorsque nos trompettes de cuivre sonneront la *Marseillaise* et l'*Hymne Russe ?* — Notre joie sera délirante ! Les deux lettres fameuses : R. F. ne signifieront plus République française, mais bien : Russie-France ! — on chantera, on dansera, on rira ! des larmes couleront, chaudes de tendresse ! — La Fraternité ne sera donc plus un vain mot ! — On dit bien que « les Peuples sont sur le point de s'entendre, quand les cœurs ont fraternisé! » C'est notre cas ; mais il n'est question que des Peuples, dans les vers du poète — et dans la réalité il y a un Czar ! mais n'anticipons pas ! — Restons dans les violettes !

Aussi bien, ne percevons-nous aucune note discordante dans cet harmonieux concert « russophile ». — Dans la Presse française, pas une voix ne s'est élevée contre les prodigieux transports d'allégresse qui vont saluer l'entrée des Russes en France et à Paris.

Mme Séverine elle-même, qui fit jadis un article remarquable « de bon sens et d'opinion » contre ce qu'elle nommait à juste titre, croyons-nous, de l'engouement, Mme Séverine se tait aujourd'hui. — Elle est pincée, peut-être ? — les « Violettes du Czar » ont envahi son âme de leurs senteurs pénétrantes ! le charme a opéré. C'est en vain qu'elle voudrait se débattre. — Son nez est pris!... Lorsque les uniformes russes apparaîtront à nos yeux ravis, l'enchantement sera complet ! — le charme aura opéré !

Et pourtant, nous savons bien qu'il y aurait de tristes réflexions à faire, si le présent radieux ne replongeait pas dans l'oubli le passé sombre ! Car il faudrait en rabattre, si le temps, « qui guérit tout, » ne se chargeait d'abîmer les rancunes humaines, et de modifier les haines internationales, fruits véreux des plus tristes pages de notre Histoire !

En remontant un peu dans le passé, nous retrouvons les vers de Barbier qui maudissent Napoléon, mais qui surtout nous rappellent cette terrible époque où les Cosaques se livrèrent en France à des actes de sauvagerie — inoubliables, disaient nos pères ! — oubliée, — disons-nous, nous autres, et fort justement — parce que le Temps a fait son œuvre ! ces vers, les voici :

« J'ai vu l'invasion, à l'ombre de nos marbres,
Entasser ses lourds chariots ;
Je l'ai vue arracher l'écorce de nos arbres
Pour la donner à ses chevaux !
J'ai vu l'homme du Nord, à la lèvre farouche,
Jusqu'au sang nous meurtrir la chair ;
Nous manger notre pain, et jusque dans la bouche,
S'en venir respirer notre air ? »

Nos pères racontaient volontiers cette époque terrible où les routes étaient pleines de nos ennemis promenant partout le pillage et la dévastation; longtemps nos paysans ont eu au cœur la haine de ces hommes si grands qu'il fallait lever la tête pour les voir, et accoutrés comme jamais on n'avait vu jusqu'alors !

La haine de l'Anglais, elle aussi, a été si vivace qu'on pouvait supposer qu'elle ne s'éteindrait jamais ! La guerre de Cent ans avait semé les rancunes ! — des opinions et des tempéraments divers ont paru devoir l'éterniser ! toutefois, les siècles ont passé et dans maintes circonstances, Anglais et Français ont fraternisé. — Sous l'Empire, la reine Victoria a été l'objet d'une réception enthousiaste de notre part. — Le fameux « Guerre aux tyrans ! non, non, jamais en France, jamais l'Anglais ne régnera ! » est insupportable, même dans *Charles VI*, qu'on ne joue plus ; c'est à peine bon pour les devises de mirlitons ! De ce côté, les haines soi-disant séculaires sont éteintes ! — Et c'est un bien ! qui sait si notre haine de l'Allemagne ne s'effacera pas un jour ? que l'Alsace et la Lorraine nous soient rendues par voie diplomatique, ou par une guerre favorable à nos armes, ou bien encore que chez nos ennemis la Révolution sociale qui se prépare change la forme du gouvernement, il est certain que nos rancunes seront vite oubliées !... quand il n'y aura plus de rois et d'empereurs, les Peuples n'auront pas à se déclarer la guerre ! — leur seul intérêt sera de vivre en paix ! ils seront enfin dégagés de ce chauvinisme stupide qui, sous l'apparence fallacieuse de la gloire, fait de l'homme une brute prête à tuer et à se faire tuer, quand il ferait si bon vivre !

— Les fêtes franco-russes ont une double signification. — Au point de vue populaire (emballement à part), elles affirment une fois de plus que tous les hommes sont frères, quels que soient leur nationalité, leurs allures, leurs mœurs et leur langage ; c'est un pacte de solidarité humaine contre la tyrannie, bien plus que contre les Allemands ou les Chinois, qui sont aussi des hommes ! Quand Russes et Français choqueront leurs verres, c'est bien plus à l'indépendance du Monde qu'à l'écrasement des Peuples et aux guerres fratricides, que, dans un élan généreux, ils adresseront leurs toasts fraternels !

Au point de vue politique, ces manifestations gouvernementales, ces fêtes franco-russes constituent-elles réellement une Alliance contre la Triplice ? sont-elles un gage de paix ? — feront-elles enfin qu'un traité soit signé qui nous assure certainement l'appui de la Russie au cas où le « toqué d'Allemagne » se déciderait à nous déclarer la guerre ?

Nous souhaitons ce résultat, sans y croire! Jusqu'ici, c'est un pacte platonique, une alliance sentimentale qui nous unit à la Russie ! le moindre petit bout de traité vaudrait mieux. Mais un Czar ! signer avec une République ! Allons donc !

Des opportunistes affirmaient « à voix basse » que le traité était signé, et qu'il serait impolitique de le proclamer; — il nous semble cependant que si nos ennemis avaient la conviction qu'un traité fût signé, ils y regarderaient à deux fois et remiseraient d'autant mieux leurs velléités belliqueuses.

D'autre part, il serait bon de savoir ce qui se passe chez soi ! — la République étant le gouvernement du Peuple par le Peuple, il est assez original que le Peuple ignore ce qui se fait en son nom.

Les optimistes se trompent ; — il n'y a pas d'alliance, quant à présent, du moins ! — il y a de la camaraderie, de la bonne amitié — et c'est déjà beaucoup, mais cela est insuffisant.

C'est une alliance dite « aux Violettes du Czar » et ce dernier se contente d'un doux parfum ! — quoi qu'il en soit, la présence des Russes à Paris nous cause un vif plaisir ; il faut les recevoir, comme ils l'ont fait pour nous-mêmes à Cronstadt et à Moscou. Point n'est utile de faire de la politique et des traités d'alliance pour être amis. — Nous avons encore dans la bouche le goût du caviar et du wodky ; qu'ils rapportent chez eux le souvenir de nos bons vins et de notre franche cordialité !

Mais pas d'engouement, pas d'emballement à propos d'un traité d'alliance franco-russe, puisqu'il n'existe pas ! — il sera temps de crier : Victoire ! quand il sera signé !

Nous craignons qu'en fait de traité, il ne s'agisse que de faire visiter à nos « frères de Russie » le cabaret « Bruant », la Moderne Athènes et « Le Père Lunette » !

Malgré tout, il n'y a pas à dire ! en France, en ce moment, tout est « à la russe » ! Croyez bien que je ne suis pas payé pour faire de la réclame, mais laissez-moi vous dire que la parfumerie « Oriza », dont vous trouverez l'adresse dans tous les journaux bien mis, vient d'offrir au public qui a du nez des « Produits spéciaux aux Violettes du Czar ! »

15 octobre 1893.

DE PROFUNDIS !

Quelques journaux ont jugé qu'il était de haut goût de célébrer le centenaire de la mort de Marie-Antoinette. Le *Figaro* a sonné le branle en offrant à ses vieux lecteurs (les lecteurs du *Figaro* sont très vieux et portent tous des guêtres) un supplément illustré, entièrement consacré aux derniers instants de « la Reine Martyre », comme le moment certains publicistes ! Ce procédé est très ingénieux; il réussit assez souvent. C'est la propagande par l'image.

Nous ne l'employons pas suffisamment, nous autres. Depuis Marat, lâchement assassiné par « Charlotte Corday » que Lamartine surnomme « l'Ange de l'assassinat », jusqu'à « Fourmies », nous aurions un petit volume d'illustrations à publier pour l'enseignement populaire et la plus grande gloire des classes dirigeantes.

Cependant, si ces articles d'une certaine Presse en faveur d'une femme — que l'hystérique dévergondage doit mettre au rang des pires « Messalines » — ont eu pour but d'attendrir nos bons amis « les Russes » et de les conduire à la « Chapelle expiatoire », il faut reconnaître que le coup a fait long feu !

Quand donc la Presse dite « bien pensante » comprendra-t-elle qu'elle a mieux à faire que de prêcher la béatification de cette « Étrangère » qui, d'intrigues en intrigues, d'amours en amours, conduisit son royal époux, flétri et humilié, jusqu'à l'échafaud? Louis XVI paya de sa tête le servilisme des siècles passés! Lui seul pouvait paraître digne de la commisération populaire, et la Révolution n'a pas accompli sans amertume le premier acte de son règne.

Quant à l'Autrichienne, absolument méprisable, ce fut justice qu'elle disparût. La guillotine est pour elle une gloire; les gémonies et les stimagtes du fer rouge aux seins et aux épaules, les supplices qu'elle méritait plus encore que Mme de la Motte, tels étaient ses vrais titres au jugement de l'Histoire. Marie-Antoinette ne doit qu'à son titre de reine l'auréole de l'échafaud.

Rappelons-nous qu'elle fut l'intime de la courtisane « du Barry », que leurs intrigues eurent pour origine la plus louche moralité et que « les affaires de la politique en allèrent, comme disent les Mémoires du temps, au gré des caprices de l'Autrichienne » — Les détails, heureusement connus aujourd'hui, de la scandaleuse « affaire du Collier », nous démontrent que « Marie-Antoinette », loin d'avoir été victime d'une machination criminelle, régla, au contraire, elle-même, avec son cynisme habituel et à l'aide des plus vils moyens, tous les préparatifs d'une infernale supercherie.

Henri Rochefort, dont le grand-père et le père furent très liés avec un ancien officier des gardes de la Reine, le marquis d'A..., nous donne des renseignements très exacts sur cette affaire du Collier, dénaturée par les historiens royalistes et par les dramaturges, pour les besoins de leurs romans et de leur cause.

Nous détachons le passage suivant d'un des derniers articles de « l'illustre Proscrit » :

« Le marquis d'A..., qu'on appelait autrefois le « beau d'A..., et qui eut bientôt toute la confiance de

« Marie-Antoinette, avec quelque chose de plus, mou-
« rut très âgé, en 1831 ; il était toujours très ardent
« royaliste, puisqu'il prit part encore aux conspirations
« de la duchesse de Berry ; il fut, au moment où
« éclata l'effroyable scandale du Collier, témoin et
« confident des angoisses de Marie-Antoinette et sup-
« plié par elle de la sauver coûte que coûte.

« C'est lui qui, en collaboration avec Cagliostro et
« Mme de la Motte, imagina de trouver une jeune fille
« ayant une vague ressemblance de tournure et de vi-
« sage avec la reine, et qui, moyennant la promesse
« d'une grosse somme et d'un acquittement, consenti-
« rait à s'avouer coupable de s'être fait passer pour
« Marie-Antoinette. Celle-ci, qu'on présente comme
« victime d'une machination criminelle, régla elle-
« même tous les détails de la supercherie.

« Le cardinal de Rohan, mis au courant de la com-
« binaison, y entra avec joie, car elle lui sauvait la
« tête ; et comme il fallait accorder une satisfaction à
« l'opinion populaire, on sacrifia Mme de la Motte, qui
« comptait, elle aussi, bénéficier de l'absolution géné-
« rale.

« La vérité est que le collier avait été donné à la
« reine par le cardinal de Rohan, comme un amant
« donne un bijou à sa maîtresse qui le lui demande,
« seulement Rohan était endetté jusqu'aux moelles et
« ne put payer à l'échéance les seize cent mille francs
« souscrits au joaillier.

« M. d'A... a affirmé à mon père que la prétendue
« opération subie victorieusement par Louis XVI, de-
« meuré sans enfants après sept ans de mariage,
« n'avait jamais été pratiquée. Cette histoire a encore
« été inventée dans le but de préserver le roi d'un ri-
« dicule qu'il n'a, d'ailleurs, évité qu'à moitié.

« Aucun de ses enfants n'était de lui. Louis XVII,

« dans l'entourage immédiat de la reine, était considéré comme le fils du duc d'Aiguillion, qui depuis, « en haine de cette femme et de ses fourberies, se « rangea du côté des démolisseurs de la Bastille. »

Et voilà la reine à qui la Révolution fit l'honneur de la guillotine! Et cent ans après, il se trouve des Français qui osent exhorter leurs concitoyens à fêter le centenaire de cette mort, c'est trop d'audace! qu'ils se contentent, ces braves gens-là, d'aller chanter un *De Profundis* à la fameuse chapelle expiatoire; que l'expiation soit pour eux seuls et qu'ils restent seuls « avec leur déshonneur », comme dans la *Favorite*.

Un *De Profundis* qu'on vient de chanter haut, c'est celui du Maréchal de Mac-Mahon : — Le vieux soudard n'a-t-il pas été l'homme le plus veinard de son siècle? toujours là au bon moment, pour la bonne place! Certes, nous ne contestons pas son courage sur les champs de bataille, mais enfin, combien d'aussi courageux que lui et plus habiles tacticiens sans doute n'ont pas été servis par les circonstances, et n'ont pu se trouver dans la mêlée au moment voulu pour déployer utilement et leur bravoure et l'habileté de leur tactique?

Les guerres de Crimée et d'Italie firent la fortune de Mac-Mahon. La bataille de Magenta mit le comble à sa gloire! Le maréchal n'oublia pas ce qu'il devait à Napoléon III; par malheur, il compromit les intérêts de la France en servant passivement et servilement son Empereur.

Il est impossible que Mac-Mahon, tacticien médiocre, mais habile capitaine, n'ait pas compris le danger de l'entonnoir de Sedan; avec Canrobert, autre serviteur dynastique, il assuma la responsabilité d'événements qui nous conduisirent à la défaite.

Lorsqu'on songe que ce vaincu devint quelques années plus tard Président de la République, ayant dans son sac la capitulation de Sedan et les massacres de la Commune de Paris, on se demande si les bonnes fées des Contes de Perrault ne présidaient pas à sa naissance et ne l'ont pas, toute sa vie, protégé contre les événements néfastes ?

Sedan, la Commune, le Seize-Mai, les intrigues de Rome, des d'Harcourt et Cie, rien n'a pu l'ébranler ; la réputation fameuse du vaillant homme de guerre a victorieusement repoussé les attaques dirigées contre les défaillances du politicien. Mac-Mahon, duc de Magenta, a couvert les crimes du fusilleur de la Commune et les fautes du Président de la République française !

Il semble que la mort elle-même ait voulu imprimer à sa victime une glorieuse auréole, en la frappant pendant les Fêtes franco-russes.

L'État fit les frais des funérailles. — Les marins russes y assistèrent ; nombre de citoyens que la fusillade Mac-Mahonienne n'atteignit pas pendant les « Journées sanglantes », et qui purent revoir la France, après leur temps de bagne, suivirent le corbillard de ce favori de la Fortune ; la destinée est parfois macabre !

C'est égal, le Maréchal de Mac-Mahon fut un veinard, et quoique nous ayons eu soin de ne pas prendre part à l'imposante cérémonie funèbre, nous lui envoyons, d'où nous sommes, un fameux : *De Profundis !*

Si c'est le moment des fêtes et des enthousiasmes, c'est aussi celui des deuils ; Gounod, le grand compositeur de musique, vient de mourir.

Faust, *Roméo et Juliette*, *Mireille*, *Philémon et Baucis* sont autant de perles du superbe écrin qu'il légu à la postérité. Que de larmes Gounod a fait couler! Quel charme! Quelle clarté! Qui mieux que Gounod a chanté l'amour dans toute sa pureté? Quelle suavité de ton, quelle délicatesse de touche! Ce sont des « tableaux chantés », c'est du Mozart moderne!

N'en déplaise à notre ami Henri Bauër, oublieux de son admiration d'antan, je suis resté enthousiaste de Gounod, qui était un savant, un charmeur, mais surtout un extatique. Il avait le mysticisme de l'extase; le recueillement, la conviction, la foi l'amenèrent à l'inspiration souvent géniale. « Les croyants sont les forts » est un axiome, en matière d'art: Gounod l'a bien prouvé. Ce grand génie musical n'a pas réussi dès l'abord. *Faust*, son chef-d'œuvre d'ensemble, a été contesté! Représenté au Théâtre-Historique, boulevard du Temple (à la Coupole), il se traina péniblement à la 20e. Les chroniques de l'époque signalent « un chœur de vieillards, un chœur de soldats et une phrase au premier acte: Ne permettrez-vous pas, ma belle demoiselle » au milieu de ce fatras musical.

Il fallut la foi (rendons-leur justice), de M. et Mme Carvalho, pour tenter une reprise qui eut lieu, place du Châtelet, au Théâtre-Lyrique! Ce fut un triomphe. — *Roméo et Juliette* vint ensuite avec succès. Les jouissances de l'art, la gloire et la fortune récompensèrent ce génie, dont les débuts furent si pénibles.

Homme aimable et spirituel, Gounod s'imposait à tous par une franche cordialité. Sans pruderie et sans pose, accessible aux jeunes, il n'était pas moins estimé de ses collègues et aussi de ses rivaux. Son œuvre énorme vivra! Gounod a apporté sa note dans les opéras dits « de demi-caractères »; il a fait apprécier le récitatif; il a imposé la mélodie avec des développements inusités, sans heurts, mais à l'aide de modulations faciles. Aucun compositeur n'a à son actif un aussi grand nombre d'inspirations heureuses. Plusieurs affirment que cette note apportée par Gounod est déjà vieille, que ce n'est qu'un remaniement des formules anciennes, à peine une transition au grand art.

Assurément, la formule nouvelle, c'est Wagner qui l'a apportée; c'est la vraie, c'est la seule rationnelle et géniale; malheureusement, tous ne comprennent pas que la musique demande, pour être bien comprise, une longue étude préparatoire du sujet, puis à l'audition, un grand travail de l'esprit, et que le théâtre n'est plus, comme au vieux temps de nos pères, le complément d'un bon dîner, l'opéra surtout!

Toutefois, Gounod, longtemps encore excitera l'enthousiasme du grand public, car c'est au cœur qu'il s'adresse, et le peuple n'est pas à la veille d'en manquer. Et puis, s'il faut être éclectique, c'est-à-dire prendre le beau partout où il se trouve (l'art n'ayant pas de Patrie), nous nous apercevons vite que « Charles Gounod », grand musicien français, nous fournit les plus beaux épis de la moisson.

Aussi, pour celui-là, n'est-ce pas un vulgaire *De Profundis* que nous désirerions entendre, mais le *Requiem*, son œuvre qu'il répétait lui-même quand la paralysie vint le ravir à nos amitiés!...

Trois noms ont défrayé mon article :

« Marie-Antoinette — Mac-Mahon — Gounod. »

A Marie-Antoinette, je lègue mon mépris.

A Mac-Mahon, mon indifférence.

A Charles Gounod, mon cœur et mes larmes!...

Octobre 1893.

ITALIA!

Vive Garibaldi! — Vive l'Italie! — Vive la France! E Viva la Libertà! — Qui ne se souvient de ces chants joyeux? Alors que nous subissions le « despotisme impérial », les petits Italiens nous étourdissaient de cris d'indépendance! ils nous remerciaient, inconscients de l'avenir, de leur avoir donné la Paix en fortifiant chez eux la Royauté! — Ce gouvernement, qui les conduit à la débâcle, ils l'ont chanté, fêté... avec des cris de liberté! — Sous notre égide, ils ont repoussé les dernières revendications garibaldiennes et raffermi le pouvoir pontifical!

Hélas! Garibaldi n'est plus là pour agiter le drapeau de l'Indépendance! — le Roi n'est pas assez fort pour porter le sceptre, et son royaume est à la merci de l'Allemagne et de l'Autriche! — c'est une Royauté absorbée par deux Empires!

Ils sont bien loin de nous ces chants « Vive l'Italie! — Vive la France! — E Viva la Libertà! » — seules, les pâtes d'Italie ont survécu! pleutrerie grotesque d'un grand pays qui se meurt « de royauté »!

L'Italie sue la misère! son dernier souffle est le râle du servilisme; c'est dans des spasmes de servitude qu'elle va rendre l'âme! — Ce vieux pays latin ne pouvait trouver sa délivrance que dans un régime républicain; — il a trop tardé! — Dans les griffes des deux vampires, pourra-t-il se débattre? — L'Italie moderne ne pouvait être que républicaine! — En s'appuyant sur la France qui, seule, peut crier « E Viva la Libertà », elle risquait de retrouver l'indépendance et son ancienne gloire, — son gouvernement l'a orientée au despotisme! — Plaignons-la! plaignons ce peuple, les peuples sont toujours à plaindre! — aucun ne rêve la servitude : il la subit! — jusqu'au jour possible de la révolte, si la mort n'est pas venue avant. — Les peuples meurent comme les hommes! — l'anémie sociale tue les nations serviles! si la guerre, dans la politique actuelle, doit être pour l'Italie une sorte de délivrance, si les armes peuvent (ô chimère!) rendre une existence « même factice » à l'Italie agonisante, que le Roi « Humbert Ier » (espérons qu'il n'y en aura pas un second) se hâte! la faim torture son peuple! — demain il serait trop tard! les soldats seraient des cadavres! — il conduirait au combat non plus des hommes, mais des spectres! — et les noirs corbeaux des champs de bataille n'y trouveraient pas leur compte!

O brune Italie, pays des rêves et du soleil, terre classique du souvenir, aussi indispensable à la pensée humaine que l'air à la vie! est-il donc vrai que tu pourrais périr?

Aurais-tu traversé toutes les Révolutions pour devenir la proie de la servitude? Cesserais-tu d'être la sublime École, où, sous ton ciel bleu, le génie humain vient puiser ses plus nobles et ses plus pures inspirations?

Non, cela ne peut-être! — au-dessus de tout il y a l'Humanité! — Le temps est pour toi. Déjà, il nous semble qu'il arrête sa course folle, qu'il permet à l'homme humilié, mais reconnaissant, de respirer en paix, sous le ciel bleu, les brises salées de tes mers tranquilles!

Et la femme « aux longs cils baissés » apparait rêveuse et recueillie; elle suspend ses longues méditations; — c'est Italia entourée de ses cités remarquables, véritables temples des chefs-d'œuvre humains : Rome, Turin, Milan, Venise, Florence, Naples, Palerme, Gênes.

Italia se moque de la Monarchie constitutionnelle! la Monarchie sombrera dans le cataclysme politique réservé aux tyrans! — Italia est immortelle! N'a-t-elle pas restauré les arts, les lettres et les sciences? n'est-elle pas la mère des Raphaël, des Michel-Ange, des Titien, des Vinci, des Cellini? n'est-elle pas le plus sublime rayonnement de l'esprit humain?

Avec un pareil bagage, on peut tout braver! on a, comme suprême ressource, l'attendrissement de l'Humanité; on se détache du despotisme; il n'est jamais trop tard pour cela! — on fait alliance non plus avec l'Allemagne et l'Autriche, mais avec les Peuples et les États qui ont enfin compris que la Paix, c'est le salut des nations!... qu'il faut à tout prix l'imposer aux tyrans qui n'ont plus de moyens d'existence que dans la guerre!

Que l'Italie se détache de la Triple Alliance! qu'elle se rende libre! — qu'elle soit l'Italie républicaine, — elle ne sera pas longtemps isolée; mieux vaudrait cent fois pour elle la Révolution d'où elle sortirait purifiée et estimée des États libres, qu'une guerre qui la ferait « vassale des tyrans » !

Jérôme Savonarole fit au xve siècle la guerre au clergé et au Saint-Siège; il excita le Peuple à se révolter contre les Médicis, et prédit, dans des discours éloquents, la Révolution prochaine : il ne se trompa pas! — Peu après, en effet, en 1494, les Florentins recouvrèrent leur liberté et proclamèrent la République. Savonarole, devenu l'idole du Peuple, fut le véritable chef de cette nouvelle République!

Accusé d'hérésie par les religieux franciscains pour avoir soutenu des propositions suspectes, anathématisé par Alexandre VII, pape dont il avait signalé les désordres, il fut conduit en prison par ordre de « la seigneurie » qui administrait Florence, appliqué à la question, condamné comme hérétique, et périt sur le bûcher le 23 mai 1498.

Il n'y a plus d'Inquisition, plus de question, plus de bûcher aujourd'hui! Italia, il ne s'agit pas de Florence, mais de tout ton pays, de ton ancienne gloire et de tes destinées futures. Ce n'est plus un dominicain fanatique qu'il te faut, mais un simple citoyen capable de compléter « Jérôme Savonarole par Garibaldi! » — Trouve ce convaincu, cherche cet audacieux sublime — et ton Peuple suivra!

O terre des « Caïus Marius, des Brutus, des Savonarole, des Garibaldi, qui te délivrera de la servitude?

En attendant, pauvre Italia, ce coup de force qui seul peut changer ta destinée, commence par diminuer la liste civile de ton Roi!

Il paraît, en effet, que le roi de ce pays, qui peut être regardé comme l'un des plus pauvres de l'Europe, a la liste civile la plus considérable de notre continent.

O Italia, ne voilà-t-il pas le prétexte le mieux trouvé pour la révolte? ne trouves-tu pas qu'en voilà assez de privations, de souffrances?...

Humbert Ier touche, chaque année, la somme de 14,500,000 francs, tandis que tu meurs de faim! Ta marine considérable, tes armements sans fin, pourquoi tout cela, tandis que tu t'épuises, exténuée et misérable? Pour les affaires glorieuses de l'Allemagne (de Guillaume, II, pour dire juste!) qui s'apprête à te jeter, chair à canon, dans le gouffre des grandes guerres! — qui s'ingénie à te précipiter sur qui? — sur la France! — la France qui t'a aimée, soutenue dans tes luttes et que tu délaisses pour des tyrans, ses pires ennemis!... Guillaume II, lui aussi, a une liste civile qui n'est pas à dédaigner : douze millions!

Le Parlement anglais n'alloue à la reine Victoria que neuf millions. — Il est triste d'avoir à constater que l'Italie, pauvre et obérée, paye son roi plus cher que ne le font l'Allemagne et l'Angleterre.

La crise financière que traverse l'Italie se terminera par une banqueroute; à moins que la très haute banque n'intervienne politiquement et que le refroidissement de nos hommes d'État pour l'Alliance franco-russe ne soit un fait acquis, l'Italie peut se préparer à la guerre! La guerre, c'est pour elle la ruine! — Que ne cherche-t-elle son salut dans la Révolution?

Quoi qu'il en soit, plaignons ce peuple! son histoire est remplie d'actes héroïques, de luttes pour l'indépendance; chacune de ses villes, en travaillant à sa propre gloire, a concouru à l'affranchissement de l'esprit humain et par suite au développement de l'idée sociale.

Aucun pays ne compta autant d'hommes illustres : sans parler des anciens, appartenant la plupart à Rome, citons : les poètes Dante, Pétrarque, Arioste, Le Tasse, Alfieri; les compositeurs Palestrina et Pergolèse; les physiciens Galilée, Borricelli, Volta, etc.

Italia, tu peux encore être grande et forte, mais il faut t'inspirer de ton ancienne gloire! il faut savoir te souvenir!

En 1859, l'empereur d'Autriche envahissait brusquement le Piémont. La France vola à ton secours et l'empereur d'Autriche fut battu à Montébello, à Palestro, à Magenta et à Solférino; il perdit la Lombardie et vit expulser d'Italie tous les princes qui avaient embrassé sa cause. — Une tentative de confédération fut proposée dans les traités de Villafranca et de Zurich; malheureusement elle n'aboutit pas, et après la révolution opérée dans le royaume de Naples par le général Garibaldi, tous les États de l'Italie (sauf la Vénétie, laissée à l'Autriche et les romains amoindris où Badinguet, malgré l'indignation de la France, maintenait l'autorité du Pape) s'unirent en 1860, et Victor-Emmanuel, déjà roi de Sardaigne, fut proclamé roi d'Italie.

Italia, c'est à dater de mars 1861 que la décadence commença pour toi et que la misère te prit sous l'apparence de la gloire.

En effet, ton nouveau royaume s'augmenta de la Vénétie, en 1866, à la suite d'une guerre où tu t'allias « à la Prusse » contre l'Autriche; puis, en 1870, tu t'accrus des « États romains » à la faveur de la guerre franco-allemande. Et ton peuple asservi se laissa entraîner depuis aux plus louches compromissions; serviteur fidèle d'infâmes tyrans, c'est aujourd'hui contre la France qu'on veut te faire croiser l'épée.

Italia, prends garde! As-tu donc oublié ta propre histoire? Rapelle-toi que Tarpéia, fille de Tarpéius, gouverneur de Rome au temps de Romulus, fut séduite par les Sabins, qu'elle promit d'ouvrir les portes de la ville à leur armée à condition qu'ils lui donneraient les bracelets d'or qu'ils portaient au bras gauche; Tatius, roi des Sabins, y consentit; mais, en entrant dans la ville il jeta à Tarpéia non seulement son bracelet, mais encore le bouclier qu'il portait au même bras; il fut imité par ses soldats, de manière que la malheureuse Tarpéia périt accablée sous le faix. Elle fut enterrée au mont Capitolin dont la partie méridionale prit d'elle e nom de « Roche Tarpéienne ».

Italia, considère que le roi Tatius est aujourd'hui Guillaume II. — Les bracelets d'or, c'est ta part de butin!

Italia, souviens-toi, et va dire à ton roi, de la part de la France, que « la Roche Tarpéienne est près du Capitole »!

19 novembre 1893.

Au citoyen ***JAURÈS,***
Représentant du Peuple.

IMPERTINENCES !

La déclaration du sieur Dupuy ne contient que des impertinences !

Impertinences à l'égard du Pays, impertinences à l'égard des représentants du Peuple !

Les programmes qui sont au moins républicains — en terre française et républicaine — comprenaient la mise à l'étude de questions primordiales. De ce nombre se trouvaient : « La séparation des Églises et de l'État », « la Revision de la Constitution », le mode de scrutin pour les élections législatives, etc., etc.

Les candidats, en réunions politiques, ont dû aborder franchement ces sujets, expliquer quelle serait leur attitude, s'engager à discuter, puis à résoudre le plus promptement possible ces questions brûlantes.

Il nous souvient d'avoir assisté à une réunion publique la veille des élections, à Neuilly-Plaisance, deuxième circonscription de Pontoise. Le candidat « Brincard », aujourd'hui élu, qui est un rallié, ne se montrait pas hostile à la revision de la Constitution! — Eh bien, ce citoyen, si de telles questions l'embarrassent, peut dormir tranquille ! — cette pièce-là ne verra pas le feu de la rampe ! — il pourra, lui, — comme tant d'autres — se réfugier dans les problèmes administratifs, dans les intérêts locaux, dans les tramways — et autres Nogentais — de sa circonscription électorale!... et si un jour ses électeurs lui disent : « Qu'avez-vous fait de la revision, de la séparation des Églises et de l'État?— Il répondra utilement ceci :

« Mes chers concitoyens ! je suis navré ! — prêt à lutter pour la défense du programme que j'ai développé, disposé à en soutenir l'application dans le sens le plus démocratique sur les bases arrêtées et convenues entre nous, au moment où j'allais entrer dans la mêlée, faire feu sur la réaction et tenir mes promesses, une poigne s'est lourdement abattue sur le canon de mon fusil et il m'a fallu remettre mes armes au ratelier.

« Rappelez-vous ce que nous a récité « Dupuy », président du conseil, dans son « impertinente déclaration » et n'oubliez pas que le gouvernement ayant, comme l'ont si bien dit le groupe progressiste et l'extrême-gauche « abandonné la politique républicaine et méconnu les indications du suffrage universel fournies par les dernières élections », il m'a été tout à fait impossible d tenir mes engagements. »

Et cette réponse sera logique, et les électeurs n'auront pas à incriminer la conduite de leur député — incapable de faire un pas!

Le gouvernement cette fois aura dupé : « Le Peuple et ses représentants. »

Le gouvernement, après avoir favorisé l'élection de candidats « à programmes réformateurs », vient dire aux élus de la nation : « Messieurs les députés, fourrez moi illico vos programmes dans vos poches ; — si vos poches sont trop petites, asseyez-vous sur vos programmes ! — ces idées-là, c'est bon en réunion, — pour amuser les électeurs — tout ce que vous avez promis, c'est du socialisme — et « le socialisme, voilà l'ennemi »! c'est pourquoi Dupuy, impertinent et brutal, s'exprime ainsi :

« Tout d'abord, pour déblayer le terrain, nous considérons comme ne pouvant aboutir au cours de la « législature les discussions annoncées sur la revision « de la Constitution et sur la séparation des Églises et « de l'État. Nous écartons de même toute proposition « tendant à changer le mode de scrutin, ou à établir, « sous quelque nom que ce soit, un impôt unique, inqui- « sitorial et progressif. Si ces propositions se produi- « sent, nous les combattrons loyalement, avec le désir « et l'espoir de contribuer à affranchir les esprits de la « tyrannie des mots confus et des formules généra- « les. »

Il nous semble qu'il y a fort longtemps que ces questions-là encombrent la route et que les discuter et les faire enfin aboutir serait au contraire « déblayer le terrain » ! — ce serait également « affranchir les esprits de la tyrannie des mots et des formules générales » que de prouver au peuple que les questions de séparation des Églises et de l'État, revision de la Constitution, mode de scrutin, impôts, etc., formant l'ensemble des programmes électoraux, sont l'objet de la sollicitude du gouvernement républicain ! — En accepter la discussion, c'était faire acte de probité politique ! — la repousser, c'est, au point de vue de la vitalité même du régime actuel, se jeter dans mille dangers, à bref délai, si ce n'est de suite !

Mais peu importe à ces hommes « de gouvernement ! » (nous disons de « gouvernement » pour les honneurs et les gros sous que procure leur situation, car ils font preuve d'incapacité), peu leur importe que la question sociale opère progressivement et pacifiquement son évolution ; que peuvent leur faire les cataclysmes dus à leur inertie et à leur entêtement ? — ils gouvernent ! — et pour eux le gouvernement, c'est le piétinement sur place, c'est-à-dire l'enrichissement de leurs familles et les jouissances du luxe et de la fortune! — ils arrivent pauvres — ils s'en vont riches! — tout est là !

Ils se font une majorité avec « la crainte bourgeoise » — Joseph Prud'homme est timoré ! il se dit : le gouvernement a raison, mille fois raison. Une grande nation a fraternisé avec la France, mais sans doute à la condition que cette dernière soit sage, qu'elle n'aille pas traiter des questions sociales — qu'elle ne « sépare pas les Églises de l'État », etc., etc... enfin cette alliance, même sentimentale, serait réduite à néant si la France cessait d'être « réactionnairement républicaine ! » — Eh bien! pour un homme qui veut avoir les pieds au chaud, Joseph Prud'homme raisonne mal! — il faut entendre les théories, les discuter ! — faire la sourde oreille, c'est s'exposer gratuitement aux justes rancunes prolétariennes, « *verba et voces, prætereaque nihil* ». Des mots, des paroles et rien de plus ! disent les gouvernementaux dans « leur impertinence » !

N'empêche que le fort beau discours de « Jaurès » a cloué le bec à pas mal de gens qui n'ont pas même pour eux « des mots et des paroles » ! et qui seraient bien embarrassés s'il leur fallait développer à la tribune la moindre promesse de leur programme électoral.

Atteints de cécité, ces Messieurs de la quenouille filent le lin pour vingt-cinq francs par jour! — c'est peut-être bien leur linceul qu'ils filent eux-mêmes !

Que ce soit Dupuy, Challemel-Lacour, Casimir-Perier, Méline, Raynal ou autres cabinets réactionnaires, le socialisme sera toujours là! — il s'est affirmé! — et gagnera de jour en jour du terrain, car chaque jour c'est lui qui aura travaillé au déblaiement dudit terrain en le débarrassant des immondices qui l'encombrent depuis si longtemps.

Et puis, le métier de ministre devient très difficile à exercer! — si les pauvres diables prennent le pli de se faire représenter à la Chambre et de réclamer leur place au soleil, que deviendront les autres? — Si l'on se met à discuter des questions sociales, il n'y aura plus moyen de vivre; au diable la politique, s'il n'y a pas un petit Panama pour remplir ses poches! — c'est à désespérer de la République! — ainsi pensent les majoritards!... Mais la vérité, c'est qu'à force d'user des cabinets réactionnaires, on finira bien par s'apercevoir que la probité, la conviction et le désintéressement valent mieux que la roublardise, la cupidité et le j'menfoutisme!

Ce jour-là, nos amis pourront exposer utilement les revendications de leurs électeurs et discuter les lois sociales! — le terrain sera vite déblayé! — on n'aura plus à craindre « les impertinences » des Dupuy et consorts, ennemis jurés de la grande cause sociale et humanitaire!

3 décembre 1898.

L'HOMME DE DÉCEMBRE !

France, guéris-toi des individus !
(ANACHARSIS CLOOTS.)

Le 20 décembre 1848, Armand Marrast s'exprimait ainsi à la Constituante :

Au nom du Peuple français :

« Attendu que le citoyen Charles-Louis-Napoléon Bonaparte, né à Paris, remplit les conditions d'éligibilité prescrites par l'article 44 de la Constitution ;

« Attendu que dans le scrutin ouvert sur toute l'étendue du territoire de la République pour l'élection du président, il a réuni la majorité absolue des suffrages ; en vertu des articles 47 et 48 de la Constitution, l'Assemblée nationale le proclame président de la République depuis le présent jour jusqu'au deuxième dimanche de mai 1852.

« J'invite le citoyen président de la République à vouloir bien se transporter à la tribune pour y prêter serment. »

« Je vais lire la formule du serment :

« En présence de Dieu et devant le Peuple français
« représenté par l'Assemblée nationale, je jure de res-
« ter fidèle à la République démocratique une et indi-
« visible et de remplir tous les devoirs que m'impose
« la Constitution. »

Le citoyen Napoléon Bonaparte, levant la main droite, dit d'une voix ferme et haute :

— Je le jure.

En outre, il lut un discours d'où nous détachons ce qui suit :

« Je veux, comme vous, citoyens représentants, ras-
« seoir la société sur ses bases, raffermir les institu-
« tions démocratiques, et rechercher tous les moyens
« propres à soulager les maux de ce peuple généreux
« et intelligent qui vient de me donner un témoignage
« si éclatant de sa confiance.

« Les suffrages de la Nation et le serment que je
« viens de prêter commandent ma conduite future.
« Mon devoir est tracé, je le remplirai en homme d'hon-
« neur.

« Je verrai des ennemis de la Patrie dans tous ceux
« qui tenteraient de changer, par des voies illégales,
« ce que la France entière a établi. »

La Constitution à laquelle Louis-Napoléon Bonaparte prêta serment le 20 décembre 1848 « à la face de Dieu et des hommes » contenait ce qui suit :

« Art. 36. Les représentants du Peuple sont invio-
« lables.

« Art. 37. Ils ne peuvent être arrêtés en matière cri-
« minelle, sauf en cas de flagrant délit, ni poursuivis
« qu'après que l'Assemblée a permis la poursuite.

« Art. 68. Toute mesure par laquelle le président de
« la République dissout l'Assemblée nationale, la pro-
« roge ou met obstacle à l'exercice de son mandat est
« un crime de haute trahison.

« Par ce seul fait, le président est déchu de ses fonc-
« tions, les citoyens sont tenus de lui refuser obéis-
« sance : le pouvoir exécutif passe de plein droit à l'As-
« semblée nationale. Les juges de la haute cour se
« réunissent immédiatement, à peine de forfaiture ; ils

« convoquent les jurés dans le lieu qu'ils désignent « pour procéder au jugement du président et de ses « complices ; ils nomment eux-mêmes les magistrats « chargés de remplir les fonctions du ministère public. »

Malgré cela, et moins de trois années après son serment, le 2 décembre 1851, on put lire dans Paris l'affiche suivante :

« Art. 1er l'Assemblée nationale est dissoute.

« Art. 2. Le suffrage universel est rétabli ; la loi du « 31 mai est abrogée.

« Art. 3. Le Peuple français est convoqué dans ses « comices.

« Art 4. L'État de siège est décrété dans toute l'éten- « due de la première division militaire.

« Art. 5. Le Conseil d'État est dissous.

« Art. 6. Le Ministre de l'Intérieur est chargé de « l'exécution du présent décret. »

« Fait au palais de l'Elysée, le 2 décembre 1851.

« Louis-Napoléon Bonaparte. »

Dans la nuit, les représentants du Peuple les plus en vue avaient été arrêtés chez eux, par ordre de Napoléon Bonaparte.

Nous venons de voir Napoléon parjure, mais le 2 décembre n'est qu'un prologue — du parjure à l'assassinat, il n'y a qu'un pas ! il fut vite franchi ; — la journée du 4 décembre peut compter pour une des plus tristes de notre Histoire. — Il ne faudrait pas, toutefois, supposer que ce crime du coup d'État put s'accomplir facilement. — Bien des gens pensent que ce fut une promenade militaire sur les boulevards, un sauve-qui-peut où un petit nombre de citoyens furent victimes de leur curiosité, etc. !!! Les feuilles impériales se chargèrent, pendant de longues années, d'inspirer cette opinion que le coup d'État fut l'expression des sentiments de la France et que les fusillades n'atteignirent à Paris que les turbulents et la lie du Peuple !!

La vérité, c'est que le coup d'État fut aux abois pendant de longues heures et que la résistance avait pris des proportions inattendues. Grâce aux réticences des historiographes officiels, on ne sait pas assez combien le coup d'État a été près de sa perte ! Les républicains luttèrent jusqu'au bout ! Un comité de résistance, chargé de centraliser l'action et de diriger le combat, avait été nommé le 2 décembre au soir par les membres de la gauche réunis en assemblée chez le représentant Lafon, quai Jemmapes, n° 2. Ce comité, qui dut changer vingt-sept fois d'asile en trois jours, ne cessa pas un seul instant d'agir pendant les crises diverses du coup d'État. — Il était composé des représentants Carnot, de Flotte, Jules Favre, Madier de Montjau, Michel (de Bourges), Schœlcher et Victor Hugo.

Le 3, dans la nuit, Napoléon était fort inquiet ! — il fallait frapper un grand coup — Morny, Magnan, Maupas (les trois M) — reçurent les ordres du Maître — l'action décisive aurait lieu le 4; on saoûlerait l'armée ! — vers midi, le général Roguet occupérait les boulevards dans toute leur longueur; il disposerait pour cela de la division Carrelet, composée des brigades de Cotte, Bourgon, Canrobert, Dulac et Reybell. — Le 1er lanciers commandé par le colonel Rochefort balayerait les rues adjacentes. Ces ordres furent exécutés à la lettre. Le colonel Rochefort sabra tout, hommes, femmes et enfants ! « Bon nombre d'entre eux restèrent sur la place », dit un apologiste du coup d'État, lequel ajoute : « Ce fut l'affaire d'un instant ! »

Quelques barricades tinrent bon cependant ! — à la porte Saint-Denis, où quatre barricades avaient été formées, des scènes de sauvagerie commencèrent à se produire ! — Fuyons ! cria un homme du Peuple, vous voyez bien qu'ils sont saouls! — ils étaient ivres aussi l'avant-veille dans la tuerie des faubourgs — et ils avaient assassiné « Baudin ». L'Homme de Décembre 1852 compléta dignement l'homme de Décembre 1851; — parjure et assassin, le titre de lâche manquait à sa gloire! — il sut le conquérir en devenant « l'homme de Sedan »!

En 1870, cet homme usé et flétri, traînant au hasard des désastres ses fourgons, sa vaisselle et son champagne, avait à Sedan, sur la place Turenne, bien plutôt l'allure d'un directeur de cirque forain que d'un chef d'État.

Nous l'avons vu « l'Homme de Décembre ». Les visions rouges du boulevard Montmartre ne l'accompagnaient guère sur les champs de bataille contre les Prussiens. Elles l'avaient abandonné.

Plâtré, maquillé, promenant comme des laques son état-major famélique, avec ses maladies et ses tares, Napoléon III, empereur des Français, n'a pas eu l'énergie de chercher la mort qui décimait ses armées, mort cent fois préférable à l'infamie des capitulations et qui eût excusé bien des fautes aux yeux de la postérité!

Il n'a pas su mourir, et c'est en cela surtout qu'à nos yeux il fut un lâche!

C'est, d'ailleurs, le parjure, l'Homme de Décembre que l'histoire jugera sévèrement! — Sedan sera dans l'ombre, parce que c'est déjà l'expiation d'un règne né dans le sang.

Pour nous, trois dates sont à retenir et à méditer: 1851, 1852, 1870!

Que leurs visions rouges nous guérissent des individus et des coups d'Etat!

Sommes-nous enfin sevrés de la dictature?... Espérons-le, et souvenons nous de « l'Homme de Décembre »!... *10 décembre 1893.*

SOCIALISME ET ANARCHIE

Quand le célèbre philosophe d'Athènes, « Socrate », résolut de prêcher sa doctrine, il courut d'échoppe en échoppe, et conversant avec ses concitoyens, il leur inculqua peu à peu les principes de la sagesse.

Lorsque « Christ », procédant par la méthode synthétique pour ramener à l'unité les croyances et les erreurs religieuses des siècles passés, leva la dextre au ciel, en manière d'apaisement et de recueillement, il ne songea, pas plus que son devancier Socrate, à employer d'autres armes que l'autorité de sa parole.

C'est qu'ils allaient, de par le monde, en prédicateurs convaincus, sûrs d'eux-mêmes, parceque « les croyants sont les forts » !

Sans souci de leurs personnes, incapables de supprimer une existence, fût-elle perverse, ils marchaient !... abandonnant leurs poitrines aux sociétés barbares, mais léguant leurs doctrines à l'idéal humain !

Socrate fut injustement accusé d'avoir voulu corrompre la jeunesse d'Athènes et détruire la religion! — il fut condamné à boire la ciguë en l'an 400 avant notre ère.

La Postérité a reconnu que Socrate est resté la plus haute personnification de la sagesse antique.

Christ fut crucifié en l'an 34 de l'ère moderne, — il fut victime de la bêtise humaine qui le déifia ! — mais il est incontestable qu'il fut un grand penseur, un socialiste pur, un hardi novateur, un révolutionnaire ardent !

Socrate et Christ ont été de merveilleux propagandistes — par la parole, par la douceur, par la modération, par leur foi! leur suave philosophie a semé l'étonnement! — Le cycle de la pensée humaine semble, depuis ces deux hommes, s'être élargi et modifié, car c'est le rôle des philosophes de combattre les brutalités instinctives et, pour ainsi dire, de purifier le cerveau humain!

Mais ces philosophes voulaient convaincre et amener la raison humaine à briser elle-même le vieux moule des tyrannies sociales; — ils se sont offerts en holocauste et n'ont pas un seul instant songé à chercher des victimes.

De nos jours, il n'en est pas de même. — Les socialistes philosophes, propagandistes par la parole, sont menacés, jusque dans leur existence, par de monstrueuses phénoménalités. Le monde moderne, avec sa civilisation scientifique, a inventé la « propagande par le fait », jusqu'alors insoupçonnée.

Et pourtant, le socialisme, sublime avertisseur, n'a pas cessé de prodiguer ses enseignements et de semer ses doctrines de rationalisme humain; — il a demandé grâce aux despotismes d'État, de privilèges et de monopoles, pour tous les déshérités; — il a tenu haut le drapeau des revendications prolétariennes; il a réclamé toutes les réformes, au nom de l'humanité meurtrie, de l'égalité méconnue et de la justice violée; — il a sollicité toutes les mesures d'apaisement.

Hier encore, dans un langage élevé et plein de modération touchante, il demandait aux pouvoirs publics cette amnistie tant souhaitée, mesure de fraternelle union entre tous les citoyens français.

Le socialisme faisait là acte de « propagande par la parole », — il continuait « Socrate et Christ »! — il s'est heurté contre les trembleurs; mais il ne pouvait faire mieux; — bientôt il triomphera parce que ses moyens sont pacifiques et humains!

L'anarchie et le nihilisme sont la négation des doctrines socialistes, quelles que soient leurs écoles. — L'anarchie (*a*, privatif et *arché*, commandement) ne peut pas être érigée en principe ni en système; c'est le néant! — Ce n'est même pas une secte! — C'est une monstruosité de l'idée, un embryon de la pensée, une molécule phénoménale qui n'a son siége nulle part.

Le nihilisme (*nihil*, rien) n'est pas davantage appréciable. La science met à la disposition des anarchistes et des nihilistes ses engins de destruction — et ils s'en servent pour le meurtre, parce que les monstres aiment le sang.

C'est une variété dans la famille des criminels.

Le devoir de la société est de rechercher ces monstres et de les supprimer.

L'anarchiste et le nihiliste sont des scorpions politiques qu'il faut écraser pour le mal qu'ils font au socialisme et pour les ravages qu'à l'aide d'armes industrielles ils peuvent semer dans une société, certes mal faite, mais passive! — ces macabres poseurs, anarchistes ou nihilistes, voudraient insinuer qu'ils font acte de politique, alors que, « sinistres Troppmann, » ils lancent, au hasard de la mort, une bombe de dynamite sur des citoyens inoffensifs! — ils appellent cela la propagande « par le fait ».

Marlous de barrière ou fils de princes, ils veulent auréoler leurs crimes; ils se prennent volontiers pour des révolutionnaires, parce qu'ils tuent!

Encore une fois, supprimons ça! que diable! M. Deibler n'est pas mort, lui; il pourrait se charger de ces drôles, mille fois plus vils que les brutes qu'il expédie de temps en temps.

Et puis, comme on n'arrête guère messieurs les « aristos politiques », qu'on ose à peine troubler leurs conciliabules, rien ne serait facile comme d'opérer des rafles sur nos boulevards extérieurs! — les marlous fourniraient de belles séries d'apprentis anarchistes et nihilistes, et quand parfois on se tromperait, il n'y aurait pas grand mal! on trouverait là un contingent respectable de « Ravachol », très bon pour la lunette du père Deibler. Et ce serait justice! nous opposerions à leur propagande par le fait « la propagande par la veuve »!

Je sais bien que le gouvernement n'en fera rien; qu'il prendra, au contraire, des mesures contre le socialisme! car il y a des théories réactionnaires qui déjà courent les chemins et font une brillante entrée dans le monde sélect.

Une certaine presse insinue que l'anarchie n'est que le corollaire du socialisme! — quelle sottise! Voyez-vous Socrate et Christ continués et complétés par Ravachol? — apercevez-vous Jaurès et Ernest Roche initiant ces messieurs à la suave fabrication des bombes, et se mettant dessous pour mieux les recevoir sur la tête, pour mieux en sentir les effets?...

Et dire que nous rencontrons encore des « gens » qui conseillent de combattre le socialisme, de bâillonner la Presse, etc..., lorsqu'il s'agit simplement de punir des assassins!

Le devoir du gouvernement est d'attirer à lui l'élément socialiste, capable non seulement de punir, mais de l'aider à faire le nécessaire pour prévenir le retour de pareils crimes! il y a trop de dynamite (*Dynamos*, force) à la disposition des assassins! de là, la propagande par le fait! C'est au socialisme qu'il faut confier la force; il travaillera rationnellement à la réalisation des réformes et à l'équitable répartition des forces humaines, sans pour cela recourir à la dynamite.

Le socialisme, c'est le document humain des temps modernes ! Le nier, c'est attirer à soi les Ravachol ! — l'accueillir, c'est purifier le monde en continuant Socrate et Christ ! Que nos gouvernants prennent la bonne route et la propagande par le fait n'existera plus qu'à l'état de monstruosité vaincue !

17 décembre 1893.

BOMBE GLACÉE!

La bombe glacée se sert ordinairement à la fin du repas; c'est le dessert des desserts, et si le menu n'a pas été au goût de tous les convives, il est rare que les plus difficiles ne se pourlèchent pas les lèvres en savourant ce mets délicieux.

Généralement la glace jette un froid !...., mais en bombe elle procure une sensation agréable et console de toutes les indigestes sauces qu'on a pu absorber.

Au Palais-Bourbon, le repas servi au gouvernement a été tellement épicé qu'il n'était que temps que la bombe vînt légèrement rafraichir les estomacs ministériels.

Tous les gros plats si lourds à digérer : « la Séparation des Églises et de l'État, l'Impôt sur le revenu, la Revision de la Constitution, l'Amnistie même », d'une assimilation cependant si facile, avaient provoqué, par la seule puissance de leur odeur, un commencement d'asphyxie gouvernementale.

« Ils ne mourraient pas tous, mais tous étaient frappés! » La peur avait terrassé les plus robustes poitrines ; les tempéraments auvergnats étaient ébranlés! — Dupuy lui-même et ses fidèles séides ne purent résister ! — Ils succombèrent à l'indigestion, ou plutôt (comme on dit dans le monde qui ne veut pas confesser la gourmandise) à un commencement d'indigestion, — ils mirent le cœur sur le carreau (plaignons le carreau) !

Et pourtant les cuisiniers, auteurs de ces sauces et dont ils se nourrissent eux-mêmes depuis longtemps, n'en sont pas morts ! ils se portent fort bien, au contraire ! — Jaurès, qui servit lui-même le gros Dupuy, est en excellente santé. — Il espère bien représenter son plat à chaque nouveau ministère ! — on finira sans doute par y prendre goût — la pomme de terre a mis longtemps à se faire agréer ; on ne la trouvait pas présentable. — Aujourd'hui, elle parait, sous toutes les formes, à la table des pauvres et des riches !

A une autre table de Ministres où s'étalent cependant des appétits féroces, où des dents très longues s'apprêtent à tout dévorer, un autre cuisinier, non moins capable, Ernest Roche, a servi le plat dit « Amnistie » tout le monde allait en manger — et le Ministère, malgré sa robuste constitution, en serait mort, mais quelques-uns ont... filé, à l'anglaise ! — et le succès du plat « Amnistie » a été reculé, ajourné, remis à bientôt !

Quoi qu'il en soit, on en avait assez mangé — pour que le Ministère, frappé à mort, succombât à bref délai ! — vainqueur vaincu, anémié, « haletant et sans force, près de fléchir à chaque pas ! »

Il allait demander grâce et disparaître, en proie au « vomito », sous les huées de la multitude, lorsqu'un secours inattendu lui arriva, comme une bombe !

En effet, un vulgaire chenapan, jugea à propos de se faire assassin, il lança une bombe ; le dynamitard fit heureusement long feu, puis se dénonça à la justice humaine !

Le Ministère put respirer ! il résulte de tout cela que le Ministère Casimir-Perier vivra quelques semaines de plus et que Dupuy aura trouvé, dans cette triste circonstance, un mot fameux :

— « Messieurs, la séance continue ! »

Ce mot rappellera la journée du « Pétard » et restera célèbre dans les annales parlementaires.

Il est incontestable que cette brute, avec sa bombe qui pouvait causer de grands malheurs, a rendu au gouvernement un service signalé. — En outre, les réactionnaires de toutes nuances s'ingénient à rejeter sur le socialisme la responsabilité des bombes et pétards qu'il peut plaire à Messieurs les souteneurs, cambrioleurs, dévaliseurs et assassins de lancer dans les foules.

Il semble que le gouvernement soit heureux d'abriter l'assassinat sous le manteau de la politique ; c'est avec joie qu'il entend des malfaiteurs vulgaires répondre à l'interrogatoire : « Vive l'anarchie ! » — Pourquoi, s'il en est autrement, ne pas châtier de suite les coupables ? A quoi bon mêler la politique à l'assassinat ? — il est clair que tous les malfaiteurs arrêtés, que tous les voleurs pris la main dans le sac, que tous les dynamitards surpris en rupture de « pétards », ne manqueront pas de crier désormais : « Vive l'anarchie ! » — la politique deviendra le prétexte aux actes les plus infâmes, et, la dynamite aidant, l'auréole des plus noirs forfaits !

Lorsqu'un assassin, condamné à mort, attend sa grâce ou Deibler, il est rare qu'il ne fasse pas de la poésie... à une Anastasie quelconque ! — en vers libres — fantaisistes, etc. — le proclame-t-on grand poète ? Certes on n'y songe même pas. — Les poésies de Lacenaire n'ont trouvé grâce devant personne.

Pourquoi donc alors tant de marches et contre-marches, tant d'interrogatoires et pour ainsi dire de scrupules ? — disons le mot, pourquoi cette « sorte de considération » quand il n'y a qu'à supprimer l'assassin en lui faisant connaître ce bon M. Deibler qui ne demande qu'à travailler ?

C'est que les gouvernements vivent « de réaction » ou, s'ils sont bien malades, prolongent leur agonie, à l'aide de « bombes glacées » — la bombe Vaillant a bien été la « bombe glacée » capable de prolonger l'existence du ministère actuel. — Elle a été le prétexte aux lois restrictives et réactionnaires qui semblent devoir paralyser le progrès et enrayer le socialisme !

Mais les lois de ce genre-là n'ont jamais produit que des résultats désastreux ! — Affirmons cependant que la liberté de la presse ne se pliera pas aux exigences des lois nouvelles, obscures et d'application difficile.

La pensée humaine n'est pas un cadre susceptible d'augmentation ou de diminution au gré de la réaction! ce n'est pas un morceau de pain plus ou moins gros qu'on jette au mendiant ; — c'est, au contraire, la liberté qu'on sent en soi, et dont on dispose entièrement en dépit des lois rectrictives, pour la divulgation des abus et la réalisation des progrès !

Point n'était besoin de ces lois nouvelles pour les *Père Peinard* — les futurs « Ravachol » et les pornographes anarchico-bandits qui inondent la place de leurs ordures. Si la police avait bien voulu, ou plutôt si le gouvernement avait donné des ordres à la police, il y a belle lurette que les anarchico ci-dessus auraient remisé leurs articles, leurs images et aussi leurs bombes — glacées ou non !

Quant à nous qui avons souci de notre dignité, les lois ne nous atteindront pas ! Apologistes du bien et du beau, nous continuerons à réclamer, sans trêve, l'application des programmes socialistes, n'en déplaise aux cabinets Dupuy, Perrier et autres Casimir, ainsi qu'à la bombe de l'halluciné « Vaillant. »

24 décembre 1893.

LES DEUX GUERRES

(OMBRE ET LUMIÈRE)

Ces deux guerres ne se ressemblent en rien.

L'une, dite internationale — au profit des tyrans contre les peuples : — c'est l'ombre !

L'autre, dite guerre civile, — au profit des Peuples contre les tyrans ; — c'est la lumière !

La première, jusqu'alors florissante, a sacrifié l'Humanité aux ambitions des despotes ; l'ignorance et le chauvinisme ont mis à son service les obus et la mitraille ; tous les progrès de la science ont concouru à la destruction humaine, et l'Histoire livre à l'admiration des générations futures d'immenses champs de bataille, où les noirs corbeaux sont venus fouiller la Mort !

La littérature, la poésie, la peinture fourmillent de récits, d'odes et de tableaux qui retracent les vertus des conquérants. Les sabreurs, les stratégistes se survivent dans le bronze et le marbre, et la Postérité s'extasie devant des Héros qui ont scellé leur gloire du sang des Peuples !

C'est le lendemain d'une grande bataille : un Peuple, tremblant et meurtri, rend aux cadavres de ses enfants mutilés « l'éternité de la terre » ; mais il est vainqueur! et malgré l'inanité de sa conquête, il se courbe sous le joug de la tyrannie; ignorant et chauvin, il glorifie son empereur ou son roi.

Hélas! il en sera toujours ainsi dans les pays soumis aux gouvernements despotiques. Que demain, cette Triple Alliance sonne « le branle de la mort » et la volonté de quelques hommes fera, qu'au mépris des lois humaines, on ne pourra plus parcourir les routes de son pays sans se heurter à des cadavres, sans rencontrer un ami mutilé dans un chemin creux!

O inoubliable champ de bataille de Sedan! nuit terrible! sombres agonies! râles des mourants! ici, des lambeaux humains! Français et Allemands confondus dans le sommeil suprême; là!... un ami; son visage, convulsivement contracté, porte, encore profondes, les affres de la souffrance; il semble regarder, menaçant jusque dans la mort, un ennemi dont l'aspect est plus tranquille, qui parait seulement dormir, mais qui ne se réveillera jamais!

Pauvre humanité, comme on te rudoie! La guerre, proprement dite, c'est l'asservissement des Peuples, c'est l'ombre; que les clairons sonnent la défaite ou la victoire, c'est toujours le recul de l'affranchissement humain, car la guerre est aussi utile à la tyrannie que la nourriture est indispensable à l'homme; les sabres, les fusils, les canons sont les instruments du despotisme, comme la pioche, le compas et le marteau sont les outils du travailleur, et tant qu'il y aura des « Guillaume et Cie » les canons cracheront leur mitraille, et tant qu'il y aura des vainqueurs, l'ignorance et le chauvinisme élèveront des portiques et des statues qui, célébrant l'héroïsme des tyrannies, répandront l'ombre sur l'esprit humain!

Peuples asservis! effacez l'ombre; unissez-vous; point de sot orgueil; anéantissez ces assassins privilégiés qui se font une gloire de vos dépouilles; que leurs noms ne soient plus honorés, que les conquérants soient punis de mort tout comme les dynamitards assassins!

Allons, législateurs, au travail! Il nous faut des lois pour ces pestes publiques, pour ces monstres hideux! Plus de despotes, alors plus de guerre!...

Elles sont vastes les terres non peuplées et incultes et moins meurtrières que le boulet du conquérant! La guerre entre Peuples différents est un vol, une trahison, un crime, c'est la prostituée des tyrans! plus de tyrans, plus de guerres, plus d'ombre!

La guerre civile, c'est la lumière! Les optimistes, même en politique, ne pardonnent pas l'effusion du sang, et certes, le rêve à réaliser serait d'arriver pacifiquement à l'évolution sociale! Mais, tant qu'il y aura des oppresseurs, le citoyen aura recours à l'arme meurtrière. La guerre civile a son excuse; c'est la marche au Progrès, la marche à l'Étoile! Elle a fait parcourir à l'Humanité les plus belles étapes sur la route de l'Idéal; la guerre civile, c'est la lutte de la science contre l'obscurantisme, du beau contre le laid, de l'inconnu contre le connu, du progrès contre la routine: la guerre civile est toujours le triomphe d'une idée grande, noble et généreuse.

Plus les moyens employés font trembler les tyrans et fustigent les hommes, plus les résultats sont glorieux! — 1793 fut le corollaire de 1789.

Entre la guerre internationale et la guerre civile, il y a donc cette différence que l'une assure le triomphe des despotismes! — Ombre! — et l'autre proclame l'affranchissement des Peuples! — Lumière! —

Allemagne, Autriche, Italie, secouez vos chaînes, évoquez la mémoire de vos héros révolutionnaires! — Entre l'ombre et la lumière, n'hésitez pas. Le sang qui coulerait sur le pavé de vos villes féconderait géné-

4

reusement l'Humanité et avancerait l'heure de notre affranchissement social.

Cette évolution glorieuse serait préférable « aux immenses champs de bataille » où sont venus les noirs corbeaux fouiller la Mort et piquer nos cœurs.

14 janvier 1894.

LES INJUSTICES SOCIALES

VICTOR HUGO

Le citoyen Rochefort, que notre gouvernement de trembleurs retient en exil, au mépris de l'opinion publique, Rochefort, le célèbre pamphlétaire, rappelle, à propos du succès de la souscription ouverte pour élever un monument à la mémoire de Gounod, qu'un grand homme, autrement illustre, est indignement dédaigné.

Il veut parler de Victor Hugo, la plus pure gloire du siècle — le génie le plus complet, le plus éclatant — et dont le radieux flambeau, longtemps encore. à travers les âges, répandra sa vive lumière sur la route de l'idéal.

Il n'est point question de contester à Gounod son droit à la postérité. — Rochefort reconnait qu'il fut un compositeur de grand talent, mais il est surpris qu'on ait pu réunir, en trois semaines, la somme de cent mille francs !...

« Quand un « Géant » comme Victor Hugo, mort « depuis neuf ans, attend encore la tombe monumen- « tale que la France lui doit, et pour laquelle on a « péniblement recueilli douze ou treize mille francs ! »

Nous partageons d'autant mieux l'étonnement du citoyen Rochefort, que nous avons toujours considéré comme une injustice sociale l'oubli d'une statue à Hugo, dans ce Paris qu'il a tant aimé et chanté !

Voici, d'ailleurs, ce que nous écrivions dans la *Petite Sentinelle* du 11 juin dernier — dans cette feuille minuscule qui a plus de cœur que d'écus, et dont les vagissements encore faibles n'arrivent pas à l'oreille du grand public ; voici comment nous nous exprimions :

« Notre immortel poète repose au Panthéon ! — c'est bien ! — mais ne devrions-nous pas élever une statue sur l'une des plus grandes places de Paris, à l'auteur des *Misérables* et de *Quatre-vingt-treize*, des *Châtiments* et de la *Légende des Siècles*, à ce sublime audacieux qui, au-dessus de tous les calculs et de toutes les passions, plaça « la grande Humanité » ? Ouvrons une souscription nationale ! Élevons de suite une « Statue géante » à ce « Géant de la Pensée » !

Il se trouve qu'aujourd'hui nous ne sommes plus isolés ! — les paroles si justes de notre illustre proscrit Rochefort prouvent que nous avions raison, et nous revenons à la charge ! Nous demandons une statue de Victor Hugo — il n'est jamais trop tard pour réparer une « injustice sociale ».

Nous n'avons pas oublié Jean Valjean. Fantine, Cosette, Marius et tous les héros des *Misérables*, ce catéchisme social aux horizons purs où notre âme s'élève dans la contemplation du bien ; ce livre immortel où notre esprit, jusqu'alors tourmenté, se repose dans l'idéal, puis entrevoit le triomphe des revendications de Justice et d'Humanité !

Et *Quatre-vingt-treize* ? — qui n'a lu ce chef-d'œuvre ? — qui ne se souvient de ce chapitre intitulé : « Le Cabaret de la rue du Paon, » où réunis, le 28 juin 1793, trois hommes formidables « Robespierre, Danton et Marat, » agitent, dans une « querelle de tonnerres », les destinées de la Révolution ?

« Ah ! dit Marat, » vous êtes jeunes, vous ! Quel âge as-tu, Robespierre ? — Trente-trois ans ! — Et toi, Danton ?

—Trente-quatre ans! — Eh bien, moi, j'ai toujours vécu je suis la vieille souffrance humaine : j'ai six mille ans.

— C'est vrai, réplique Danton, depuis six mille ans, Caïn s'est conservé dans la haine comme le crapaud sous la pierre; le bloc se casse, Caïn saute parmi les hommes — et c'est Marat.

— Danton! Robespierre! prenez garde! »

Danton et Robespierre eurent un frisson... Mais une voix s'élève au fond de la salle, et dit :

« Tu as tort, Marat! tu es utile, mais Robespierre et Danton sont nécessaires. Pourquoi les menacer?— Union, union, citoyen! — le peuple veut qu'on soit uni! »

Ce citoyen, c'est Cimourdain! c'est-à-dire Victor Hugo lui-même — l'Humanité au-dessus des passions politiques, au-dessus des ambitions, — c'est l'au delà, c'est l'idéal!

Victor Hugo, en faisant entrer en scène Cimourdain, ancien prêtre, rend intacte « aux trois géants » leur foi révolutionnaire, les complète en les purifiant, et les grandit aux yeux de la Postérité!

Le génie de Hugo est d'une sublimité incomparable dans tous les genres, son œuvre est pour les généra tions futures une inépuisable source de trésors. Un bien petit nombre d'hommes ont lu en entier le grand penseur; ceux de 1840 admirent *Notre-Dame de Paris*, et le *Théâtre* — puis il y a les admirateurs des *Châti ments* et de *Napoléon le Petit* — ceux des *Misérables* et de *Quatre-vingt-treize*. Hélas! ils sont, en revanche, nombreux ceux qui émettent une opinion défavorable, alors qu'ils n'ont rien lu du tout! A ceux-là nous ne pouvons que dire : Lisez! et comme nous vous serez des admirateurs fervents de cet immense génie — et comme nous alors vous réclamerez une statue.

Victor Hugo n'ayant pas sa statue! — mais c'est une injustice sociale qu'il faut réparer au plus vite! —

voyons! y a-t-il un comité? — une souscription? — où en est-elle exactement? à quel chiffre? — est-elle irrévocablement close?

Est-il vrai que ceux qui ont le plus travaillé à la cause sociale ne doivent compter que sur l'ingratitude humaine?

Nous attendons depuis neuf ans la statue de Victor Hugo!... nous perdons patience, à la fin; et nous demandons à haute voix — nous, Peuple — à élever une statue à Hugo.

Si Rochefort était là, il nous aiderait: mais, patience! il faudra bien que « Messieurs de l'État » écoutent les revendications de la « justice populaire »!

Obligeons-les à nous rendre Rochefort et tâchons de réparer au plus tôt nos « injustices sociales »!

Plusieurs lecteurs nous ont fait parvenir des félicitations au sujet de l'article de notre collaborateur Alfred Forest, intitulé « Injustices sociales ».

Après les renseignements pris à bonne source, voici ce que Forest nous écrit :

N. D. L. R.

Mon cher Directeur,

Il n'y a plus de souscription à ouvrir pour le monument de Victor Hugo.

Remerciez tous les lecteurs de la *Petite Sentinelle* qui ont compris mon article: les « Injustices sociales »! J'ai fait des démarches auprès de l'illustre et vénéré maître « Auguste Vacquerie ».

Voici sa réponse:

30 janvier 1894.

Mon cher confrère,

La souscription pour le monument de Victor Hugo est close, c'est M. Jourde qui est trésorier; on est en pourparlers avec

plusieurs sculpteurs : voilà les nouvelles que vous me demandez.

Croyez à mes meilleurs sentiments.

AUGUSTE VACQUERIE.

D'autre part, voici ce que l'illustre proscrit, Henri Rochefort, veut bien nous écrire :

Vous avez mille fois raison, mon cher confrère ; à défaut de la souscription publique, c'est l'État qui devrait élever à Victor Hugo le monument qu'il mérite. Mais on aime mieux employer notre argent à construire des cuirassés qui coulent à pic. Là où il n'y a pas de pots-de-vin à espérer, on ne trouve plus personne pour les initiatives généreuses.

Bien à vous,

HENRI ROCHEFORT.

. . . .

. . . .

Tout cela se passait en 1891 ; nous sommes en 1897 et Paris ne possède pas encore la statue de Victor Hugo !

On s'en inquiète, parait-il ; c'est égal, mettre douze ans à réparer une injustice sociale, c'est laisser à l'oubli le temps de faire son œuvre !

Auguste Vacquerie est mort, mais Henri Rochefort est parmi nous, et, comme lui, nous ne cesserons de réclamer pour Paris la statue de Victor Hugo !

Vite, « une statue géante, à ce Géant de la Pensée ! »

Janvier 1891 et juillet 1897.

GAFFES ET GAFFEURS

Nos hommes d'État sont les premiers gaffeurs du monde ! — il n'est pas de gaffes qu'ils ne s'empressent de commettre, et c'est avec la délirante joie du devoir accompli qu'ils jouent, aux yeux de l'Europe ébahie, les « Jobard et les Jocrisse ».

Ces incarnations de l'assiette au beurre vendraient leurs consciences pour un sac d'écus ! — nous en avons fait la triste et ruineuse expérience ! — dès qu'il s'agit de palper, ils sont là ! — les lois d'affaires, ça les connait !... mais quand l'intérêt national est en jeu, lorsqu'il s'agit de lois sociales où il n'y a rien à gratter, il est inutile de compter sur eux ! — sortis, les Ecumeurs !!...

Le protectionnisme est une de leurs plus belles gaffes et « le doux Méline » est un gaffeur qui sut élever la gaffe à la hauteur d'une institution ! — Le commerce souffre du protectionnisme à outrance qui, sous prétexte de favoriser les producteurs français, ruine notre pays par la difficulté des transactions. La gaffe atteint aujourd'hui sa note aiguë par l'élévation des droits sur les blés et nos bons amis « les Allemands » savent en profiter.

Le traité de commerce russo-allemand a été en effet signé le 10 février.

Dans ces conditions, l'alliance franco-russe pourrait bien n'être qu'un rêve !

Les deux peuples, dans des agapes fraternelles, ont scellé une alliance humaine ! — mais notre gouvernement de trembleurs qu'a-t-il positivement fait ? — Rien ! si ce n'est d'amoindrir l'effet des manifestations sociales russes et françaises ; a-t-il seulement répondu aux avances qui lui étaient faites par un peuple ami ? Bien loin de là ! — au lieu de suivre les indications pourtant si précises d'union entre deux grandes puissances, les couards qui nous gouvernent, pris de coliques, semblent n'avoir eu qu'un but : ne pas froisser l'Allemagne !

Nous demandons à ces cuistres raison de leur politique de chiens couchants ! — de quel droit prennent-ils leur mot d'ordre à Berlin ? — La rentrée en scène de Bismarck leur inspire-t-elle une si grave inquiétude qu'il leur faille lécher la botte du vieux bonze, au mépris des intérêts franco-russes ?

Bien travaillé, Messeigneurs protectionnistes ! — Elle est lourde, la gaffe des blés ! — faire les affaires de l'Allemagne, c'est la protection à l'envers ! — un résultat non moins douloureux pour nous, c'est que le peuple russe doit se demander, en présence de nos exigences protectionnistes, si nos protestations de fraternité sociale ne furent pas de vaines promesses. Par bonheur, les citoyens français ne sont pas responsables des gaffes de leurs gouvernants, et, quoi qu'il arrive, Russes et Français conservent leur alliance sociale ! ils savent que le peuple est irresponsable des « gaffes d'Etat ».

Le Dahomey est pacifié ; bravo ! mais il nous semble ridicule que la République française continue la royauté au Dahomey ! — Nous comptions sur un protectorat de nature à empêcher des révoltes dans l'avenir ! — rien ne nous assure que ce nouveau roi qui nous connait à peine ou qui, peut-être, nous connait trop bien, ne continuera pas les traditions de révolte du vaincu Béhanzin. S'il fallait à tout prix un roi du Dahomey, pourquoi M. Doods ne s'est-il pas fait nommer ? — Doods Ier, pacificateur du Dahomey, par le sang, le fer et le feu, nous semblait tout indiqué pour ce poste périlleux — mais honorifique ! — il eût pu, là-bas, se livrer, sans contrôle, à une débauche de « panache et de ruban ».

M. Doods a reconnu comme roi, le nommé « d'Alladah » ! il parait que ce garçon désire être indépendant du Dahomey.

O Amazones, pleurez ! — O Béhanzin, pends-toi ! Alladah vous dédaigne aujourd'hui ! mais ne perdez pas tout espoir, il est possible qu'il vous réunisse demain sous sa bannière royale pour courir avec lui sus aux Français !

Dans la douloureuse affaire de Tombouctou, messieurs de l'État ont on ne peut mieux gaffé ! — Le plus beau des « Casimir » avoue, en effet, que la dépêche du 7 février annonçant l'échec de « Tongoui » n'a été qu'en partie communiquée à la Presse. — Aujourd'hui, après le désastre, on rejette la responsabilité sur l'excès de bravoure, sur la témérité (demain ils diront sur l'imprévoyance) du colonel Bonnier ! — La vérité est qu'on ignore ce qui se passe là-bas ! — que doit-il en être alors au Tonkin ! La vérité est qu'on se désintéresse du sort des pauvres soldats qui vont combattre au loin, bien plus pour l'orgueil et l'ambition de quelques privilégiés d'État, bien plus pour l'insatiable cupidité d'entrepreneurs véreux, que pour la gloire de la Patrie française ! Et puis, la plus grande gaffe, — gaffe politique mais voulue par une poignée de trembleurs — c'est de toujours mentir et de n'envoyer dans ces expéditions que des forces dérisoires, quand il serait sage de faire le nécessaire et d'en finir une bonne fois ! Mais il est impossible à ces gens-là de dire un mot de vrai à la tribune ! — En outre, quand les intérêts de la patrie sont en jeu, ils ne s'adressent qu'à « la pourriture d'Assemblée » ! elle est toujours en majorité suffisante pour endosser les responsabilités malsaines des propositions gouvernementales !

Espérons que cela va changer ! il ne manque pas à la Chambre de citoyens honnêtes ! Assez de financiers ! assez de jouisseurs ! assez de ces sauteurs qui se font de leur situation politique un tremplin pour gruger nos finances et gagner 100,000 francs par an, quand le peuple sue la misère et crève de faim ! assez de potdeviniers !...

Les Clovis Hugues, les Jaurès, les Ernest Roche, les Jules Guesde et autres socialistes — et autres communards qui, disposant des finances de l'État et de la Ville, en 1871, déjeunaient pour vingt-deux sous ! — tous ceux-là sont aujourd'hui les hommes invités par l'opinion publique à prendre une large part du pouvoir ! — la France politique et administrative a besoin d'être purifiée !

Il est temps que ces citoyens entrent en scène et qu'ils fassent passer sur la France un souffle de probité de mœurs politiques indispensable à la vie publique !

Qu'ils se hâtent ! le scepticisme nous gangrène ! fermons Voltaire — ouvrons Rousseau !

Que nos socialistes opposent leur foi, leur probité, leur cœur, au j'menfoutisme, à la vénalité et à l'hypocrisie de nos gaffeurs.

Alors, nous n'aurons plus à déplorer les gaffes du protectionnisme ni la mort gratuite de nos enfants ! — nous pourrons, en revanche, tenir compte des revendications humaines, redresser la justice et travailler utilement à l'évolution sociale !

18 février 1891.

RECULADE!

L'anarchie vient d'infliger à l'évolution sociale une terrible et inquiétante reculade. Le choc est rude, profonde est la blessure!

Le socialisme lutte contre l'ignorance et le chauvinisme; il rassemble ses forces et combat avec loyauté les conservateurs à outrance; par la parole et par la plume, il propage ses théories pacifiques, il enseigne ses doctrines d'union et de fraternité; il marche à la conquête de la solidarité humaine, et sans cesse il est dérangé dans son travail réformateur; — toujours quelque gros obstacle s'oppose au nivellement, au point que les impatients se découragent et que le sol lui-même semble se dérober sous ses pas encore mal assurés.

Les réactionnaires de naissance, d'instinct, de tempérament et de métier, les mouchards de gouvernement sont les ennemis naturels du socialisme, mais le plus terrible adversaire est aujourd'hui celui qui s'intitule « anarchiste propagandiste par le fait »! — la bombe est l'arme la plus meurtrière pour la cause sociale en même temps qu'elle est le plus puissant levier des réactions.

C'est l'unité victorieuse en dépit de la collectivité. La collectivité est la force sociale, tandis que l'unité constitue l'autorité réactionnaire.

Les forces collectives engendrent des lois sociales; le fait isolé n'est qu'une force réactionnaire; lorsqu'il se traduit par un crime contre les citoyens, il s'éloigne d'autant plus de l'objectif social qu'il n'est rien dans l'ensemble; qu'il est imprévu, qu'il n'est pas même un atome moléculaire capable de concourir à une modification quelconque du mauvais état social.

L'anarchie fait admirablement les affaires de Joseph Prudhomme qui pense que tout est au mieux dans la meilleure des Républiques, tant qu'on ne modifie rien, comme il trouvait tout superbe sous l'Empire, tant qu'on lui paya grassement ses rentes. Dans sa pédantesque hypocrisie, il confond socialisme et anarchie, honorant de sa haine le progrès social, mais tout ce qui le trouble est prétexte à réaction, et c'est ainsi que nous le voyons aujourd'hui rejeter sur les socialistes toutes les responsabilités, même celles qui ne relèvent que d'un cas pathologique !

Emile Henry a lancé une bombe dans le café « Terminus » sur des citoyens inoffensifs qui souffrent, pour la plupart, au moins autant que lui, des inégalités sociales. Prudhomme se moque pas mal d'Emile Henry. Il ne veut pas voir que cet attentat est l'œuvre d'un déséquilibré, d'un malade, d'un spirite, peut-être même d'un dément; il s'en prend à tous les socialistes qui, s'il était, dit-il, quelque chose, iraient peupler les maisons centrales et au besoin faire connaissance avec Deibler.

Pour Joseph Prudhomme : « Le socialisme, voilà l'ennemi ! »

Et tous nos hommes d'État pensent comme Prudhomme, et ils s'empressent de prendre des mesures contre les socialistes. C'est un jeu déloyal, mais très habile en la circonstance. Il ne coûte pas cher, produit de gros intérêts et prolonge l'existence des « ministres à poigne ! »

L'attentat du « Terminus » prouve de la part de son auteur un désordre cérébral indéniable. Pourquoi

à Terminus ? Est-ce le mot qui l'a séduit ? — Terminus ?... Est-ce la bombe terminus, c'est-à-dire dernière ? Est-ce le terme dernier de la bourgeoisie, au contraire ?...

L'endroit a été on ne peut plus mal choisi pour y accomplir un crime de propagande par le fait. La clientèle de ce café est toute bourgeoise, mais de la bourgeoisie d'Emile Henry ; car enfin, ce dynamiteur nouveau modèle est un bourgeois ; il est bachelier ès sciences, fut admissible à Polytechnique, et, de ce fait, infiniment plus bourgeois que la plupart de ses victimes. C'est un bourgeois du café d'Harcourt. Dans toutes mains, la bombe, c'est le crime ; dans celles d'Emile Henry, c'est une criminelle anomalie !

A-t-il voulu venger son père, victime de la réaction versaillaise ? C'est inadmissible ; — d'ailleurs, le père s'est échappé, a pu refaire sa situation, un bout de fortune même, sans songer à la vengeance ; dans tous les cas, ce n'est pas à Terminus que les fils des fusillés de la Commune ont chance de trouver des fusilleurs de la Semaine sanglante.

Les fils de nos martyrs doivent dédaigner tout acte isolé de vengeance. C'est dans la solidarité humaine, c'est dans l'élaboration et le développement des lois sociales qu'ils trouveront une juste compensation à leurs chagrins passés et l'oubli des haines, oubli sans lequel, en politique, la fraternité est un vain mot.

La bombe « Emile Henry » est donc comme celles des autres dynamitards une manifestation hideuse de la folie. Et c'est tout. Comme résultat : néant ! autant de bombes, autant de trous creusés dans lesquels la société, quelles que soient ses lois, saura toujours ensevelir l'anarchie. Le véritable mal est que l'anarchie fait subir une « reculade » au socialisme.

Notre gouvernement espère que le Peuple français

lui saura gré des mesures exceptionnelles qu'il prend, sous prétexte de combattre l'anarchie. Il se trompe ! Nous nous contenterons pour aujourd'hui de demander à Messieurs de l'Etat quel drapeau le socialisme devra déployer dans ses manifestations, afin de ne pas déplaire, le drapeau rouge étant désormais interdit. On lui reproche d'être rouge ! S'il a cette couleur, c'est qu'il tient à rappeler les étapes sanglantes où, victimes innocentes des plus infâmes réactions, ses meilleurs enfants surent mourir pour sa défense !

Il y a ving-deux ans, nous enterrions à Bruxelles, au cimetière de Saint-Josse-ten-Noode, notre ami Gustave Tridon, membre de la Commune... Enterrement civil, drap rouge, drapeaux rouges déployés, rien ne manquait à la manifestation. Les sociétés de Hollande et de Belgique, les sections de « l'Internationale », le parti socialiste belge formaient un pacifique et imposant cortège qui s'étendait du milieu du boulevard Botanique jusqu'à la rue de Louvain... En route, nous rencontrâmes le roi Léopold II, retour d'une promenade du Bois de la Cambre. Il fit arrêter sa suite, respectueusement il vit passer ce flot humain, inclina son épée et salua le « cercueil au drap rouge » !

Aujourd'hui, en France, on proscrit le drapeau rouge ; il y a vingt ans, un roi s'inclinait devant lui. Le gouvernement français obéit à la terreur causée par un acte de folie dynamitarde. Il est triste de constater qu'en France, quelques égarés, par leurs actes criminels, fortifient les réactions et reculent nos progrès sociaux.

N'hésitons pas ! plus de reculade ! combattons l'anarchie. Nous pourrons alors arborer le drapeau rouge, et, si les gouvernements s'y opposent, nous leur demanderons s'ils préfèrent « le drapeau noir » !

25 février 1894.

LES DEUX GUILLOTINES

Il n'y a pas qu'une guillotine; il y en a deux :

La guillotine rouge et la guillotine sèche...

La première supprime d'un seul coup; la seconde tue lentement; les menées perfides, le mensonge, la calomnie sont ses armes ordinaires, autrement terribles que le couperet.

La guillotine rouge est d'invention italienne.

Le docteur Guillotin, membre de la Constituante, la proposa à cette assemblée qui l'adopta, dans le but de remplacer les tortures et les supplices, alors en usage, par la décapitation. Elle fonctionna pour la première fois, le 27 mai 1792, sur un voleur de grand chemin. Le sang répandu fut, paraît-il, si abondant, qu'on surnomma la guillotine « la machine rouge ».

La guillotine rouge est rapide comme l'éclair! Elle délivre le criminel et se charge d'un nouveau crime pour la gloire et le repos de la civilisation; encouragée par le rictus effronté des sociétés modernes, la guillotine rouge joue franchement son rôle de purification.

Les sacrifices humains, sous quelque forme qu'ils s'accomplissent et quels qu'en soient les mobiles, seront, à toutes les époques, la plus éclatante manifestation de l'humilité hypocrite, aussi bien que la plus sublime inspiration des héroïsmes politiques et des revendications sociales.

Jadis, le Grand-Prêtre se faisait sciemment (il avait pour lui la science et la foi) le complice des immolations agréables aux Dieux; aujourd'hui, c'est le bourreau qui pontifie, aux applaudissements de l'état social et pour la plus grande joie des multitudes terrorisées.

Le fer, le poison, le bûcher, le gibet, la guillotine, tout cela ne fait qu'un! — Un filet de sang — et tout est dit! — La mort c'est la fin de tout, et la guillotine rouge rend à la terre les membres des suppliciés; alors, les hérésies, les erreurs, les monstruosités, les phénoménalités terrifiantes, aussi bien que les générosités, les gloires, les désintéressements, les folles bravoures, tombent dans le panier de son du bourreau; et la guillotine rouge a détruit l'affolement; et la société, retrouvant le rictus moqueur de « Voltaire », reprend sa même vie, à travers les mêmes sentiers.

La guillotine rouge, c'est la délivrance pour le condamné, innocent ou coupable; il faut au moins un siècle pour reconnaître l'innocence ou la culpabilité d'une victime de l'échafaud, car la moitié de l'humanité considère encore comme de grands coupables les héros de la Révolution française.

Quoi qu'il en soit, « la Veuve » sait rendre aux foules l'air indispensable à leur vitalité. Les multitudes ne peuvent pas plus périr d'un seul coup qu'elles ne savent gravir ensemble les sommets escarpés des « altitudes sociales », le front meurtri et les pieds dans le sang.

La guillotine rouge, résumé philanthropique des tortures des siècles passés, est encore jeune; mais déjà son histoire contient quelques chapitres : les héros politiques; les criminels de droit commun; les martyrs de la science; les fous criminels; à tous, la mort est douce, même aux assassins vulgaires, dénommés anarchistes, qui, sous le manteau de la politique, accomplissent les actes les plus vils de félonie humaine,

au point de vue des moyens et au hasard de la bombe!

La guillotine sèche est autrement terrible que la guillotine rouge; elle n'inflige pas la mort, mais les tortures morales; c'est l'arme des réactions, elle brise l'esprit humain; ses outils sont : l'obscurantisme, l'ignorance, le chauvinisme; elle ne tue pas, mais elle asservit, elle fait de l'Humanité une esclave docile à la routine et ennemie du progrès.

La guillotine sèche se manifeste aujourd'hui par une sorte de loi gouvernementale qui tend à confondre le socialisme avec l'anarchie; c'est en terrorisant le bourgeois qu'elle excite le Peuple et qu'elle endigue l'évolution sociale. Elle sème la haine et récolte des bombes. Lorsque l'État poursuit le socialisme militant, quand il écarte du gouvernement des hommes nouveaux capables d'apporter aux affaires publiques l'ardeur de leur foi politique, quand il prêche le protectionnisme et qu'il enraye l'enthousiasme des Peuples, il pratique, au profit des réactions, la guillotine sèche. Ce levier terrible laisse la vie sauve; c'est à l'honneur du citoyen qu'il s'attaque, c'est à l'existence même des principes sociaux qu'il applique ses instruments terribles d'atrophie. Ses victimes sont les lois sociales que nous réclamons vainement; les vrais républicains sont ses martyrs.

La guillotine rouge est préférable malgré ses erreurs; elle trace un sillon. Louis XVI, Danton, Robespierre et tous les autres, quelles qu'aient été leurs convictions, ont, à des titres différents, illustré « la guillotine rouge », et ce n'est pas toujours sur les plus coupables que tombe le fardeau de la colère.

« Les pères seront punis dans leurs enfants », a dit Moïse. La noblesse transmit à ses descendants le châtiment de ses turpitudes, et Louis XV fut guillotiné dans Louis XVI.

Si les sociétés modernes voulaient bien prendre la peine de faire au plus tôt leur examen de conscience, peut-être trouveraient-elles un palliatif aux inégalités sociales.

C'est à tort que la guillotine rouge a été dénommée instrument de Justice; ce n'est que l'instrument de la Mort au service des sociétés qui s'en servent, selon leurs besoins et les exigences de leur politique; il ne peut être question de justice lorsqu'on prend la mort pour arbitre; tels sont morts il y a cent ans, comme criminels, qui sont aujourd'hui des héros, des martyrs.

Les hommes meurent, la postérité juge!

4 mars 1894.

CARÊME

En ce jour de Mi-Carême, saturnale moderne, déluge de serpentins et de confetti, des visions rouges hantent le cerveau des Misérables! De tant d'or inutilement semé, il ne reste pas un sou pour apaiser la faim du vrai pauvre. De cette orgie, rien à glaner pour le meurt-de-faim. Les lanciers de M. Poubelle et l'armée des boueux seuls trouvent leur compte au nettoiement de la capitale.

En ce jour de Mi-Carême, les riches crèvent d'indigestion, alors que les pauvres meurent de faim.

La Mi-Carême! Encore un jour qui vient rappeler au déshérité sa triste condition sociale. On n'apaise pas la faim avec un masque! Le masque ne sèche pas les pleurs! On ne travestit pas la souffrance!

Mais il faut rire, c'est la Mi-Carême!

La Reine des Reines est éclatante de beauté. On la contemple, on l'admire! Elle daigne sourire. On l'acclame! Elle verse des larmes de joie. Une autre femme, couverte de haillons, mioches à la main, succombe sous le fardeau de la misère. Qui va la secourir dans cette foule en liesse? Personne. Les larmes de sang d'une pauvresse n'ont pas le don d'émouvoir « Prudhomme » qui est tout à la Reine des Reines!

Prends-garde, Joseph Prudhomme! Des visions rouges hantent le cerveau du meurt-de-faim!

A Rome, les Empereurs avaient le bon esprit de

CARÊME

donner au peuple du pain et des spectacles, *panem et circenses!*... Quand on a le ventre plein, on ne pense pas à mal, c'est-à-dire à la politique et aux Révolutions.

Les Saturnales romaines duraient de trois à cinq jours. Pendant les Saturnales, les affaires étaient suspendues; tout le monde se visitait; on s'envoyait réciproquement des présents; on se livrait à la joie et aux festins; les esclaves, rendus pour un moment à la liberté, couraient dans la ville par bandes, en criant, chantant et buvant, et vivaient avec leurs maîtres sur un pied d'égalité.

Une tradition faisait remonter au règne de Janus, époque de l'Age d'or, temps d'égalité, l'origine des Saturnales. Ces fêtes avaient du moins pour but de rappeler l'égalité humaine.

Sous notre République autoritaire, les bons de pain sont inconnus en dehors des bureaux « de bienfaisance » et de sacristie. Quant aux spectacles, nous les payons fort cher, et notre gouvernement nous facilite plus cordialement nos entrées aux égouts et à la Morgue que chez le boulanger et le traiteur.

Il est vrai que nous sommes en carême et que le carême est un temps d'abstinence entre le Mardi-Gras et le jour de Pâques.

Dans le tournoiement des serpentins, dans l'avalanche des confetti, dans cette pluie multicolore où, quoi qu'on fasse, la couleur rouge domine en visions menaçantes, la misère patentée trouve sans doute un soulagement; mais l'autre, la vraie misère, celle qui lutte dans l'ombre et qui ne sait pas tendre la main, ne peut puiser dans ces fêtes que des sentiments de rancune contre une société égoïste qui n'a pour objectif que l'accaparement des bienfaits de la Révolution française, à l'exclusion des intérêts des humbles et des déshérités de la fortune.

Les riches sont fidèles observateurs du carême. Et pourtant, c'est à cette époque de l'année que l'existence des privilégiés est surtout féconde en plaisirs.

De quoi les grands jouisseurs s'abstiennent-ils donc? De viande, parait-il. Ils « font maigre ». Ils remplacent la viande par la chair fine, délicate et nutritive des meilleurs poissons. Et les digestions des riches sont agréables à Dieu et à ses ministres de paix sur la terre. Et les multitudes, extatiquement ignorantes et obscurément passives, se courbent sous l'admiration des rois du monde qui veulent bien jeter quelques arêtes aux loqueteux honteusement résignés.

Mais les Visions rouges hantent le cerveau du Misérable. De la résignation à la révolte, de la révolte à la folie, il n'y a qu'un pas, trop vite franchi en ces temps de misère.

Pour le pauvre, il n'y a pas de Mi-Carême. C'est carême tout le temps, avec les privations et leur cortège de douleurs.

Du 1er janvier au 31 décembre, il faut trimer, peiner et souffrir. Il n'y a pas de jours gras. Il n'y a pas davantage de jours maigres. Il n'y a que l'ingrate et inégale lutte pour le droit à l'existence.

Les poissons fins sont inconnus au bataillon de la misère. A peine le pauvre a-t-il le droit de les contempler aux devantures des Chevet, Potel et autres Chabot, fournisseurs patentés des « Riches de Carême ». Il pousse un long soupir, serre sa ceinture de plusieurs crans, et doit s'estimer heureux s'il lui reste en poche de quoi faire gras avec « un dix de moules », ces modestes « biftecks à charnières » du pauvre diable!

O ironie du sort! Le riche sait vivre de jeûne et d'abstinence. Le pauvre ne peut qu'en mourir.

Et pourtant, le soleil est pour tous le générateur radieux. Tous, nous devrions jouir également de ses bienfaits; mais les audacieux encombrent le foyer au préjudice des humbles qui sont tenus à l'écart, tandis qu'il pourrait y avoir place pour tout le monde.

La Mi-Carême est la grande halte du carême. La misère cessera-t-elle en arrivant à l'étape? Faisons pour cela tout le possible. Soyons sincères sous nos masques et n'oublions pas que « les Visions rouges hantent le cerveau des misérables », car les jours de Mi-Carême, les riches crèvent d'indigestion alors que les pauvres meurent de faim.

Que les sociétés modernes se mettent rapidement à l'œuvre. Que, grâce à de justes et pacifiques réformes sociales, la misère ne soit plus à l'avenir le marchepied du crime.

Et les Visions rouges s'évanouiront comme un mauvais rêve pour le bonheur de l'Humanité.

Mars 1894.

L'ESPRIT NOUVEAU!

La politique des ralliés vient de recevoir le baptême! — Le Pape, Spuller et tous les « Républicains de Sacristie » sont ses parrains; les réactions ont bien voulu servir de marraines et donner à la « jeune politique des Ralliés » ce nom symbolique « l'Esprit nouveau! ».

Attractif et sensationnel, « l'Esprit nouveau » renferme en soi un sanglant anachronisme; c'est l'esprit de reculade qui (si l'on n'y met bon ordre) rendra le haut du pavé à toute la prêtraille, aux nonnettes et aux petits frères.

Je mange rarement du prêtre; c'est trop coriace! je désire la Liberté pour tout le monde; aussi ne parlerai-je jamais des prêtres le jour où ces derniers, séparés de l'État, vendront à leur gré, sans que je sois contraint à les subventionner, une marchandise dont je n'use pas.

Mais aujourd'hui, puisque nous payons fort cher « les jouissances béates des simples d'esprit », il faut s'insurger contre « l'Esprit nouveau » qui s'apprête, « officiellement armé » à nous ravir les quelques libertés si chèrement conquises.

Gambetta, pour notre malheur, inventa l'opportunisme qui nous vaut encore la République sans Républicains, régime qui ne diffère que nominativement des Etats autoritaires laissant la porte large ouverte au favoritisme et à la vénalité; toutefois le grand Tribun avait compris le danger des empiétements cléricaux.

Le 4 mai 1877, par ces mots réédités de « Peyrat » : « Le Cléricalisme, voilà l'ennemi ! » il annonça une série de mesures contre les congrégations. A Romans, le 18 septembre 1878, il prononça un discours-programme où il signalait, entre autres réformes à réaliser, l'anéantissement de l'influence cléricale.

Pensa-t-il que le moment n'était pas venu de couper le mal dans sa racine en séparant les Églises de l'État ? Douta-t-il du succès de cette réforme que sa seule popularité pouvait peut-être accomplir ? Voulut-il effectuer une manœuvre politique en dénonçant le mal sans même essayer de l'anéantir ? Toujours est-il que ce mot tint en respect les hommes de sacristie. « Le cléricalisme, voilà l'ennemi ! » tel quel, ce fut une menace !

L'Esprit nouveau supprime cette épée de Damoclès ! Ralliant toutes les réactions et pour ainsi dire toutes les anarchies de gouvernement, il se réconcilie avec les curés et vient dire au Peuple : « Le Clergé, voilà le véritable ami ! »

Le Peuple sait ce que lui ont valu ces amitiés-là ; la sombre histoire de l'Inquisition et des tortures suffit à son expérience ! — L'Esprit nouveau fera bien d'y regarder à deux fois, s'il veut éviter que l'esprit moderne lui inflige la pire des révolutions.

Ne pas avancer, c'est reculer ! Pour avancer, il faut s'appuyer sur les partis avancés, robustes et pleins de sève. L'Esprit nouveau qui a pris « Spuller and C° pour parrains et Tartuffe pour Mentor, est déjà très vieux ! il y a des rides qu'aucun savant maquillage ne saurait dissimuler.

Ses ministres, moines, baillis, ducs et princes ne sont que des béquillards et des gâteux. Les réactions modernes ont stupidement évoqué des spectres qu'il appartient au « nouvel Esprit social » de faire rentrer dans le néant! que la pierre tombale se referme à jamais sur le cadavre de « l'Esprit nouveau » qui n'est en réalité que « l'Esprit ancien » ressuscité follement et à heure fixe, pour masquer les revendications si légitimes du « nouveau corps social ».

L'Esprit nouveau a donné la mesure de sa bonne foi dans le procès « Jean Grave », écrivain socialiste.

Élisée Reclus, Mirbeau, Adam, Bernard Lazare et autres vinrent au tribunal affirmer la solidarité qui les liait à un écrivain probe et à un sincère penseur, incapable d'exciter ses concitoyens au meurtre!

Mais l'Esprit nouveau, à peine baptisé, était atteint d'une surdité incurable — Et « Jean Grave » fut victime de l'infirmité du nouvel esprit — si jeune — et déjà gaga!

Si le romancier, le philosophe, le publiciste et les indépendants sont accablés de mépris et d'insultes; si les honnêtes gens sont victimes des dénonciations calomnieuses si chères à « l'Esprit nouveau », les Spuller en profitent pour nous faire avaler les pieux mensonges du haut clergé!

Les ralliés exultent! — Monseigneur d'Hulst s'est présenté aux audiences du Ministère de l'Instruction publique! il a été fort bien reçu; il amènera ses copains! avec le ministre on fera des parties de raquettes sur le dos des socialistes! on adhère à la République; on la bénit!

La République n'est-elle pas une notification de la Providence? qui donc songe aujourd'hui en France à défendre la monarchie? etc... telles sont les impostures du goupillon!

Prenez garde, Monseigneur d'Hulst; le véritable Esprit nouveau n'est pas celui des « Spuller and C° limited » qui condamne « Jean Grave » et vous accueille au Ministère de l'Instruction publique, vous et vos programmes réactionnaires, celui-là ne vous protégera pas longtemps ; c'est un vulgaire pétard qui fera long feu !

Il en existe un autre, que nous appellerons « l'Esprit social ! » il n'est pas tout à fait jeune, mais il est assez vigoureux, malgré les étranglements que vous lui fîtes subir, il n'est pas trop vieux, non plus; vous le connaissez bien ! vous avez fui devant lui, en 1793, abandonnant « missels et chasubles » aux souterrains de vos couvents !

Aujourd'hui, « l'Esprit social » vous fera filer la quenouille, si vous voulez être bien sage ! il ne peut mieux faire pour vous.

Si vous résistez, vous subirez le sort infligé à la femme adultère, aux temps marmoréens où les hommes de bronze savaient venger leur honneur, en sages, conscients de leur virilité !

Vous serez honteusement chassé de la République française « pieds nus et en chemise » !

Croyez-moi, Monseigneur ! abandonnez l'Esprit nouveau ; conformez-vous à l'Esprit social ! Mieux vaut encore filer la quenouille, que filer son nœud sous les huées de la multitude !

18 mars 1894.

REVISION

Si nous avions un juge suprême, il ne manquerait pas de nous poser la question suivante : « Peuple, montre-moi tes chansons ! »

Nous serions mal venus à exhiber la littérature malsaine des « Bruant, Xanrof et consorts » ; cependant, dans un ordre de refrains encore moins honorables au point de vue de la correction, nous trouverions peut-être de l'indulgence pour deux chansons aussi vieilles que les sujets qu'elles traitent ironiquement ! L'un de ces refrains a pour titre : *L'Opéra-Comique*, paraphrase idiote, mais vraie de la superbe chanson *Le Temps des Cerises* de notre estimé confrère J.-B. Clément, musique de ce pauvre Renard ; l'autre est intitulée : *J'attends la revision de la Constitution !* Le succès de cette chanson n'a pas été mince, au concert, à l'atelier et à la rue, surtout au moment où le boulangisme, avide d'arguments sérieux au milieu de son arsenal comique, s'était emparé de la revision pour l'adapter à ses multiples programmes.

Or, le juge suprême nous donnerait l'absolution parce que nous avons chanté ces deux refrains dans tous les tons ! Honneur au courage malheureux ! dirait-il. En attendant, l'Opéra-Comique n'est pas reconstruit et quant à la revision de la Constitution, elle est enterrée... pour le moment ! il est même supposable qu'elle ne reviendra pas de sitôt à la tribune de la Chambre française.

Aussi longtemps que nous n'aurons pas au pouvoir une majorité de vrais républicains, et tant que la politique de ralliement, effrayée par le mot « Constituante », dominera dans nos assemblées parlementaires, la Constitution de 1875 subsistera, au mépris de l'évolution sociale mise en péril par toutes les réactions cléricales et monarchiques.

L'Opéra-Comique nous intéresse peu! il nous semble bien placé où il est, au centre de Paris. Les fonds votés pour sa reconstruction (toujours adossée à l'immeuble Choiseul) nous sembleraient mieux employés au soulagement de la misère publique. Quant à la revision, longtemps encore nous pourrons chanter :

« J'attends la revision de la Constitution ! »

Puisque c'en est fait de la revision, il faut voir en quoi la Constitution de 1875, telle qu'elle est, nous gène pour la réalisation des réformes les plus urgentes. Si nous relisons la Constitution qui préside à notre régime parlementaire actuel, régime essentiellement mauvais, mais en réalité issu du suffrage universel (qui lui-même serait à modifier, si nous revisions dans le sens socialiste), nous sommes obligés de reconnaitre qu'il n'est rien de plus sommaire et de plus large que les quelques articles de nos lois constitutionnelles: — ajoutons franchement (et ce n'est pas là leur défense que nous prenons), qu'ils se prêtent à toutes les interprétations : ils sont d'une élasticité déplorable et peuvent servir à tous les partis.

Ce n'est pas cette Constitution qui saurait empêcher les réformes sociales de s'accomplir ; — si d'autres hommes étaient envoyés à la Chambre, à titre de « constituants », certes, ils devraient, par suite d'une revision utile, arriver plus vite, et presque en même temps et sans révolution, à la mise en pratique des programmes socialistes; mais si les députés actuels le voulaient, ils pourraient, malgré la Constitution de 1875, travailler à la séparation des Églises et de l'Etat, l'impôt sur le revenu, l'élection de la magistrature, la transformation administrative, la suppression des octrois, la question du Sénat, etc.

Ils peuvent tout, à l'ombre de la Constitution actuelle, y compris la décentralisation, l'autonomie communale et corporative, la reconstitution des associations et toutes choses que nous jetons pêle-mêle au hasard des desiderata de chaque parti et même de chaque fraction de parti.

C'est pourquoi nous pensons, à l'encontre d'excellents républicains — et malgré les débris des vieux partis vaincus — que le rejet de la revision n'est pas une défaite appréciable pour nous; qui sait, dans l'état actuel, au milieu des anarchies de personnes et de gouvernement, ce que le parti socialiste aurait gagné à la revision ! Nous n'y voyons pas un gain appréciable. Et puis, ce refrain nous revient en tête : « J'attends la revision de la Constitution ; » soyons francs, disons le mot — surtout à nos amis, guéris des saltimbanques politiques, — ce refrain-là, c'était celui de la dictature — et la dictature, c'est la fin de la République.

Nous n'avons pas besoin aujourd'hui de la revision pour travailler à l'évolution sociale. La revision viendra en son temps, elle sera le résultat fatal des réformes depuis si longtemps attendues. Lorsque ces réformes seront votées, leur mise en pratique anéantira les menées clérico-orléanistes qui « anarchisent » aujourd'hui la France et sapent la République.

A notre époque tourmentée, de toutes parts les dangers nous menacent, mais le temps est proche où le socialisme aura ses pilotes au gouvernail ! il faut clore l'ère des scandales et aborder franchement les grandes questions humanitaires ; à la manœuvre, camarades ! et préparez-nous sérieusement, par de sages réformes sociales :

« La revision de la Constitution ! »

25 mars 1891.

L'ESPRIT SOCIAL

(HÉROISME)

Ils sont passés les « Temps héroïques » ! Adieu, les époques glorieuses, les épopées sublimes, les abnégations grandioses et les vertus civiques !

L'héroïsme est aujourd'hui remplacé par le « j'm'enfoutisme ». Vive la finance ! A bas la politique et les nobles sentiments ! L'histoire de nos Héros ne vaut pas un chèque !...

Kossuth, le grand patriote hongrois qui vient de mourir, était à peu près inconnu de la jeune génération. Kossuth ! Qu'était-ce que Kossuth ?

Si l'histoire des héros hongrois, italiens, polonais et allemands révoltés contre leurs oppresseurs vous échappe, si vous l'avez oubliée, rapprenez-la bien vite, ô jeunes gens ! Vous y puiserez les nobles enthousiasmes et l'enseignement indispensable aux hommes libres ! Avec le j'menfoutisme, on devient commerçant adroit, industriel expérimenté, financier roublard ; avec l'étude de l'histoire des Temps héroïques, on a la chance de devenir bon citoyen, ce qui n'est pas très commun de nos jours, où les réactions se font républicaines pour atrophier « l'Esprit social ».

L'Esprit social, que nous opposons à l'Esprit nouveau, apporte avec lui tous les désintéressements et tous les héroïsmes, à l'encontre de l'Esprit nouveau, qui n'a pour but que de ressusciter l'ignorance des siècles passés et de perpétuer les erreurs de notre époque. L'Esprit social est largement ouvert à tous les progrès pacifiques dont l'objectif est l'affranchissement humain. Et ces progrès, dus à l'Esprit social, sont en même temps le résultat des héroïsmes.

Kossuth fut un héros, et si la Hongrie n'a pas recouvré son indépendance avec la forme républicaine, c'est qu'elle n'a pu compter que sur ses propres forces, mais sa victoire n'en est pas moins éclatante si l'on considère que l'Autriche, jusqu'alors sa dominatrice, se trouve être aujourd'hui tout au plus son égale, et qui sait si l'Autriche ne sera pas un jour hongroise?

Les nationalités, mutilées par les grandes guerres et soumises en 1815, végétèrent jusqu'en 1848, époque grandiose, derniers temps héroïques où les Peuples luttèrent pour recouvrer leur autonomie et leur indépendance.

En Italie, en Allemagne, en Pologne, en Hongrie, on sentit le souffle chaud de la Liberté : un air vivifiant ranima l'âme des patriotes ; alors l'Esprit social cracha sa mitraille contre le despotisme et proclama l'égalité politique à la face des tyrannies.

En 1848, la Hongrie, irritée des empiétements des empereurs d'Autriche, voulut recouvrer son indépendance. Elle courut aux armes. Grâce aux efforts des généraux Bem, Klapka, Dembinski, Gœrgey et du Président Kossuth, elle était sur le point de réussir, lorsque l'Autriche sollicita l'intervention de la Russie. Écrasée par des forces supérieures, l'armée hongroise dut mettre bas les armes. Nous sommes en 1849. Après un an de résistance héroïque, la Hongrie vit abolir ses institutions nationales et réduire son territoire ; elle ne fut plus qu'une province autrichienne.

Mais l'Esprit social avait survécu ; les revendications d'indépendance éclataient de toutes parts. Kossuth était une menace avec laquelle il fallait à tout prix pactiser. En 1861, l'Autriche restitua à la Hongrie une partie de ses franchises ; en 1865, elle établit une Diète et un ministère hongrois; enfin, en 1867, François-Joseph promulgua la Constitution actuelle qui rétablit le royaume de Hongrie, lequel forme, avec l'empire d'Autriche, la monarchie austro-hongroise.

Si l'héroïsme des Kossuth ne valut pas à la Hongrie la forme républicaine, la faute en revient entière aux Peuples étrangers (y compris la France), qui laissèrent écraser les patriotes allemands, polonais et hongrois à Berlin, à Varsovie et à Pesth.

Kossuth vivra dans la postérité comme tous les héros qui ont vaillamment lutté pour l'affranchissement de leur Patrie. Kossuth aura toujours pour lui la grande et juste voix de la conscience humaine, car si les grands Peuples n'ont pas su encourager ses efforts, entravés qu'ils étaient eux-mêmes par leurs gouvernements despotiques, il n'en reste pas moins évident que les républicains du monde entier et les lutteurs de l'affranchissement social admireront toujours Kossuth dans son œuvre de grand patriote. Il est impossible d'étudier cette époque historique de la Hongrie sans citer François Deak, mort en 1876. Nous n'établissons aucun parallèle entre ces deux hommes politiques, car Deak ne resta pas jusqu'au bout purement hongrois ; il finit par se rallier au gouvernement et le soutint dans les principales questions de politique autrichienne.

Cependant, il ne fut pas toujours animé d'un esprit de rallié. Avocat à Zala, il entra dans la vie politique en 1832, comme député de Pesth, à la Diète de Presbourg, et devint bientôt le chef de l'opposition hongroise contre le centralisme autrichien ; la révolution de mars 1848 en fit un ministre de la justice, mais il se retira lors de l'arrivée de Kossuth au pouvoir.

Ces deux hommes ne pouvaient s'entendre; Deak était animé de l'esprit d'autorité et de routine, l'Esprit nouveau de M. Spuller; Kossuth, au contraire, voyait au loin et de haut. L'Esprit social le dominait.

Ils sont rares ces infatigables dont la route est si longue, qu'ils marchent toute leur vie à la conquête de l'idéal sans jamais se reposer, sans autre ambition que le triomphe de leurs idées généreuses; ils vont la tête haute, bravant les dangers, dédaigneux des embuscades, semant leur héroïsme aux aspérités du chemin et n'ayant à compter que sur l'ingratitude humaine.

O jeunes j'm'enfoutistes! abjurez vos erreurs! Repassez bien l'histoire de tous nos héros révolutionnaires, de tous les martyrs politiques qui font notre gloire. Songez que nous leur devons les Révolutions et que les Révolutions ont engendré la Liberté!

Nous connaissons beaucoup de jeunes Français j'm'enfoutistes qui, sans la Révolution, piocheraient aujourd'hui la terre « sous les coups de fouet du seigneur ». Et ceux-là sont, ô honte! les plus fervents apôtres de l'Esprit nouveau, c'est-à-dire des réactions!

Jeunes gens! Vous êtes les fils de la Révolution française; ne reniez pas votre mère! Souvenez-vous que vos pères, pour faire de vous des hommes libres, ont fécondé le sol de leur sang généreux. L'ingratitude est mortelle; prenez garde! L'Esprit social est votre unique salut: sachez-en profiter!

1er avril 1894.

ÉDILITÉ

Comme il n'y a rien de nouveau sous le soleil, même dans l'histoire des Édilités, il résulte de nos recherches qu'à Rome l'édilité était une des charges par lesquelles on débutait dans la carrière des honneurs. Les Ediles furent institués en 493 avant Jésus-Christ.

En 1894, à Paris, le but et l'ambition sont de même farine qu'en 493, car on n'est pas plutôt conseiller municipal qu'on voudrait être député. A Rome, on était nommé pour un an. Les principaux devoirs de la charge étaient le soin des édifices, l'entretien des bains publics, la réparation et le nettoyage des aqueducs, l'approvisionnement de la ville et le règlement des marchés.

Les premiers Édiles furent choisis parmi les plébéiens, mais l'état modeste de leur fortune ne leur ayant pas permis de subvenir aux frais de la création de nouveaux jeux, on leur adjoignit des Ediles praticiens capables de pourvoir à leurs propres dépens, aux exigences de leur charge.

Aucune indemnité n'était accordée aux Édiles, et les historiens rapportent que le Sénat ne marchandait pas les supplices aux prévaricateurs.

Terrible époque pour les potdeviniers! — à cet égard les temps ne sont plus les mêmes, les supplices n'existant plus! et si, par exemple, nous n'avons pas à Paris des « chalets de nécessité gratuits pour dames » en plus grand nombre, c'est peut-être parce qu'il faut compter avec les influences et les exigences de certains édiles qui, sous prétexte de mauvaises odeurs, refusent leur indispensable appui à cettte œuvre démocratique.

A Paris, les conseillers municipaux se sont alloué 500 francs par mois ; et nous comprenons bien que, si nous voulons avoir d'autres hommes qûe des praticiens privilégiés et monopoleurs, il est indispensable d'assurer l'existence de nos Édiles par un traitement; et 500 francs pour un mandat de cette importance, c'est le strict nécessaire.

Le mal est que rien n'a été fait régulièrement ; que les pouvoirs publics ont simplement toléré la chose ; que le sieur Constans, en rusé chef de brigands, approuvait le crédit de la main gauche, prêt à le biffer de la main droite, aux premiers cris d'indépendance du Conseil ; et que, depuis ce temps, nos pauvres conseillers ont toujours la frousse de se voir enlever leur pain par le nommé Conseil d'État.

Les conflits qui s'élevèrent à Rome entre les Édiles et les Tribuns furent nombreux, mais les mandats étaient de si courte durée que le Sénat n'en avait cure.

A Paris, le mandat est beaucoup trop long ; les fonctions directes de la charge sont absorbées par la politique ; ce mandat n'est qu'un marche-pied aux honneurs ; il donne au plébéien le temps de s'aristocratiser, et c'est un mal. Le conseiller municipal de Paris ne songe qu'à s'individualiser.

Nous avons le grand tort de passer notre temps à créer des notoriétés qui, presque toujours, travaillent à leur profit, contre nos intérêts futurs, et sans contrôle. Nous nous amusons aux détails, aux paroles, perdant l'objectif de vue, poussant aux sommets des idoles qui nous abandonnent en route. Et nous nommons les mêmes hommes, et les mêmes conflits s'éternisent avec les mêmes obstacles sur les mêmes chemins.

La lutte ouverte entre le Conseil municipal et l'administration gouvernementale ne date pas d'hier, mais cette lutte, les divers Conseils municipaux qui se sont succédé depuis 1872, l'ont-ils courageusement soutenue ? Ne l'ont-ils pas plutôt abandonnée ? Ils se défendent, Messieurs du Conseil, alors que le Préfet frappe à la porte de l'Hôtel de Ville : mais qu'ont-ils fait, depuis vingt ans, pour éviter ce coup de théâtre ? rien de sérieux, des mots et des paroles, *verba et voces !*

Ils n'ont rien fait pour se dégager des lois monarchistes et bonapartistes de 1837, 1855 et 1867; ils songent au danger quand ils ont sur leurs têtes les démissions, les suspensions, les dissolutions et la nomination d'une commission municipale pour trois ans — équivalant pour eux au coup de balai final!

Ils invoquent le spectre des commissions municipales de l'empire, et pourquoi ? Parce qu'ils ont enchaîné leur liberté pour 500 francs par mois !

Nous n'aimons pas l'injustice, rien de mieux que le traitement : tout travail mérite salaire. Mais telle qu'elle est, la situation des Édiles est critique, et critiquée! Critique, en ce qu'elle est à la merci des combinaisons ministérielles et des parfums réactionnaires qui nous entêtent de plus en plus et qui accompagnent l'esprit nouveau cher à nos gouvernants ; critiquée par tous les partis, parce que son indépendance se trouve d'elle-même annihilée.

Nos Édiles devaient-ils renoncer aux 500 francs mensuels et soutenir toutes les luttes? Ont-ils bien fait de faire trêve aux revendications en s'adjugeant un traitement qui n'a pas de sanction légale et qu'on peut leur retirer s'ils ne sont pas sages?

Notre avis est qu'ils pouvaient accentuer la lutte contre les pouvoirs publics au risque de se voir supprimer l'indemnité. Ce qui nous froisse, ce n'est pas le coup des 500 francs, c'est la tiédeur des revendications de nos Édiles parisiens.

Après tout, que M. Poubelle couche là ou ailleurs, à l'Hôtel de Ville ou à l'hôtel du numéro trois, peu nous importe; il ne manque pas d'issues pour le faire filer le jour où l'autonomie communale ne sera pas un vain mot. Ce jour-là, le Maire de Paris lui dira : « Veuillez, Monsieur le Préfet de la Seine, porter votre oreiller et votre bonnet de coton chez M. le Ministre de l'Intérieur, il vous trouvera un lit, car votre place n'est pas à la Mairie. »

Mais jusque-là, et tant que nous aurons au Conseil des aristocrates d'affaires, des timorés et des pauvres onteux en trop grand nombre, M. Poubelle, qui a élevé la boîte *dito* à la hauteur d'une institution politique et sociale, pourra dormir en paix à l'Hôtel de Ville! Nos Édiles toucheront les cinq cents francs mensuels, et l'autonomie communale sera ajournée aux calendes grecques!

Le Conseil municipal de la ville de Paris ne manque pas de communards; mais ces communards-là, à quelques exceptions près, sont des apprentis politiques qui ne crieront plus jamais : « Vive la Commune! »

8 avril 1891.

DÉSARMEMENT

Si les sentiments pacifiques animaient également les États autoritaires, si l'union des monarchies n'avait plus pour objectif l'égorgement de la République française, il serait certainement absurde de maintenir l'Europe en armes. A quoi bon le ridicule apprentissage du soldat, si l'humanité ne devait plus être meurtrie par la terrible guerre ?

Malheureusement, les gouvernements despotiques ont horreur du droit humain, et les guerres sont les outils dont ils se servent pour enrayer le socialisme ; les pasteurs de peuples dont les intérêts sont divisés ne réunissent leurs forces que contre les tentatives d'affranchissement ; les calculs dynastiques luttent contre les aspirations démocratiques d'une République ; c'est pourquoi, les bruits de désarmement qui courent aujourd'hui nous apparaissent comme un piège tendu à notre patrie par la triple alliance.

Il est incontestable que tous les peuples désirent la paix. Adieu les rayonnements de gloire des combats ! Ils ne sont plus les temps où l'idée chevaleresque de la guerre enflammait les cerveaux, faisait bouillonner le sang, où l'on rêvait d'héroïsme, de coups frappés d'estoc et de taille, où l'avidité de la gloire étouffait la peur de la mort, où les folles bravoures narguaient les dangers. On montait à l'assaut, on enlevait les redoutes ; on se battait en courant de soi-même au-devant des blessures, avec l'initiative et le courage, ces armes morales du Français. A ces époques-là, on subissait bravement les guerres!

Aujourd'hui, l'industrialisme, le perfectionnement des armes, le raffinement dans l'art de s'entretuer sur place, le soin de faire de la mort l'humble esclave du despotisme, tout cela a transformé la guerre. La poésie des combats est morte; elle est remplacée par le positivisme industriel et les canons géants qui crachent, à gueules béantes, leurs amas de mitraille sur l'humanité immobile et muette.

Le champ de bataille ne sera plus désormais que la salle d'attente de la mort; on ne se battra plus; au hasard du poste occupé, le boulet fera son œuvre d'une façon pour ainsi dire automatique, lugubre dans son éloignement! On prétend que les hécatombes humaines seront terribles; que peu d'hommes reviendront des guerres et qu'il en restera soixante-quinze pour cent sur le sol!

S'il en est ainsi, ceux qui estiment que cette purge est utile, seront satisfaits...

Mais il en ira tout autrement... Le perfectionnement des armes, le tir à longue portée reculent les grandes guerres et diminuent le courage du soldat en annihilant l'initiative individuelle; l'élan, qui constituait la qualité primordiale du Français, se trouve paralysé; il ne s'agit plus de courir au-devant du danger, mais d'attendre inconsciemment la mort; dans ces conditions, la volonté humaine la mieux trempée s'atrophie et l'instinct de la conservation s'impose aux plus courageux.

Lorsque les armes portaient à 300 mètres, on se mettait à 400 et ainsi de suite... désormais, on se reculera d'autant plus que les armes sont plus meurtrières; la panique et la déroute seront terribles dans les deux camps et il restera peut-être moins d'hommes sur le carreau que jadis!

Ne vaudrait-il pas mieux faire des charrues et labourer les terres incultes? La guerre n'est qu'un acte de criminelle sauvagerie et d'odieux servilisme. Mais les gouvernements estiment qu'il est plus simple de tuer l'homme que de le nourrir! Nous sommes encore aux époques barbares de la résignation humaine, et nous devons, hélas! nous, Français, courber la tête sous peine d'invasion des soudards du Nord ; et celà jusqu'au triomphe des évolutions sociales.

Nous espérons que nos gouvernements, malgré leur « Esprit nouveau », ne tomberont pas dans le filet « désarmement ». Le coup a été bien préparé. Les journaux anglais, hypocritement au service des tyrannies, ont insinué que le Pape, ce vieux roublard, préparait une encyclique pour faire triompher les idées d'amour et de paix, éteindre les haines séculaires, étouffer les passions belliqueuses et porter chez tous les Peuples la bonne parole déjà symbolisée chez nous par l'Esprit nouveau de M. Spuller.

Puis, M. de Caprivi a fait entendre un langage d'apaisement : « Je puis affirmer, aurait dit le chancelier, « d'après la *Gazette de Dantzig*, que l'empereur n'a pas « seulement regardé le traité de commerce avec la « Russie comme quelque chose qui nous est utile au « point de vue économique et qui nous rapproche d'un « de nos voisins.

« L'empereur ne considère pas seulement ce traité « comme une nouvelle garantie de la paix, mais il a « prévu et envisagé comme possible que le siècle qui « s'approche nécessitera l'union des peuples européens « et que certains d'entre eux n'auront pas la force « nécessaire pour être armés vis-à-vis de toutes les « éventualités. »

Que signifie ce galimatias? Jadis, Bismarck annonçait au Reichstag qu'il fallait se préparer à saigner la

France à blanc; c'était brutal, mais précis; cela valait mieux que la politique tortueuse qui, sous prétexte de désarmement, n'a pour but que de détacher la Russie de la France.

Enfin, les empereurs de Russie et d'Allemagne seraient tout acquis à la cause du désarmement afin de réduire les dépenses militaires. L'Italie et aussi l'Espagne, qui manque de castagnettes, adhéreraient à cette nouvelle politique; l'Autriche, en nouvel Artaxercès, vient d'offrir, sous forme de ruban, ses présents à M. Carnot qui ne pouvait qu'accepter « l'ordre du désarmement ». Il est clair que le mot d'ordre de toutes les monarchies et de tous les empires est aujourd'hui « désarmement ».

Quant à la France, elle serait exposée, si elle désarmait, à voir marcher sur elle une coalition formidable, composée de l'Allemagne, la Russie, l'Autriche, l'Italie et au besoin l'Espagne. L'Angleterre ne broncherait pas; elle assisterait flegmatiquement à l'égorgement de la France, pourvu que cette quintuple alliance ait soin de ne pas lui créer de difficultés dans ses possessions coloniales et de ne point s'opposer à l'énorme accroissement de ses forces navales.

Pour nous résumer, cette campagne pour le désarmement repose sur les espérances que nourrit l'Allemagne, à la suite de son traité de commerce, d'un rapprochement avec la Russie. Le but, c'est de former avec la Russie l'alliance des trois empereurs, nouvelle Sainte-Alliance contre la République française considérée comme un obstacle au désarmement.

Et l'adhésion de l'empereur de Russie ne se ferait guère attendre, s'il croyait à la sincérité des sentiments pacifiques de ses solliciteurs; nous n'aurions plus qu'à armer notre fusil et à nous défendre. Mais il paraît qu'Alexandre III voit clair; il entend maintenir l'équilibre ; le rôle d'arbitre de l'Europe ne lui déplait point, et comme le Peuple qui déclarerait la guerre aurait à compter avec la Russie, il est probable que nous n'entendrons pas de sitôt le cliquetis des armes et le bruit du canon.

Il n'en faut pas moins rester sous les armes, et bien nous convaincre que nous sommes isolés et livrés à nos propres forces ; sachons aussi que nous sommes en état d'infériorité numérique et que notre budget pour cette année est plus restreint que celui des Allemands.

Les chiffres ci-dessous ne sont un secret pour personne ; ils sont connus et ont été livrés à l'appréciation publique. Nous les signalons à notre tour, car le devoir du Gouvernement et des Chambres est de se préoccuper d'une situation qui est loin d'être brillante et qui, dans tous les cas, nous doit enlever toute idée de désarmement.

En France, le budget de la guerre est, pour 1891, de 633 millions, tandis qu'en Allemagne il est de 879 millions, c'est-à-dire 245 millions de plus qu'en France.

En *France*, sur le papier, officiellement, l'armée s'élève à *361,603* hommes. Depuis l'augmentation de l'*armée allemande*, l'Empereur peut disposer, à toute heure, avant d'avoir assemblé les réservistes, de *593,000* hommes.

Dans ces conditions-là, nous n'avons pas à songer au désarmement ; notre infériorité tout au moins numérique nous en tient compte.

Quoi qu'il en soit, on peut dire que l'Europe dort sur un baril de poudre ; ne troublons pas son repos, le réveil serait terrible ; n'ébréchons pas notre muraille humaine ; gardons-la intacte, puisque nous y sommes contraints. Mais plus de guerres ! il faut clore les époques de barbarie.

Que le réveil social nous trouve armés pour la paix !

nos effectifs colossaux nous fourniront des citoyens robustes, capables de forger le fer, non plus pour des canons aux lugubres lointains de la mort rapide, mais pour des socs de charrues aux grincements joyeux de la vie féconde.

La race des tyrans s'épuise; les despotismes vont disparaître dans le gouffre du passé, entraînant à leur suite l'ignorance, le chauvinisme et les guerres. Les progrès de la civilisation ont triomphé de la peste et de la famine; les sociétés modernes auront également raison des guerres, au fur et à mesure que disparaîtront les tyrans, ces fléaux dévastateurs. Il ne saurait y avoir d'effets sans causes; plus de despotes, plus de guerres!

Alors, l'esprit social traitera diplomatiquement des droits des peuples; des congrès, des arbitrages régleront les questions internationales, et la fraternité humaine, enfin délivrée de ses oppresseurs, n'ayant plus que faire des engins de destruction, mais instruite de ses droits et de ses devoirs, travaillera utilement au triomphe de la justice et de la liberté.

15 avril 1894.

RISETTES DE SOUVERAINS

Quand les tyrans se font « risette », c'est pour mieux conspirer contre l'indépendance des peuples.

Ces entrevues d'empereurs cachent toujours quelque trahison : leurs risettes, reproduites pompeusement et en termes laudatifs par les gazettes officielles, ne ménagent aux peuples inquiets que de désastreuses surprises.

Mais il est passé le temps des folles tendresses populaires pour les princesses en couches de sang royal ; les rendez-vous des pasteurs de peuples rêvant le bonheur de leurs sujets nous laissent indifférents. L'expérience est faite de ces conciliabules, prélude fatal des grandes guerres.

Au moins, sommes-nous, en France, délivrés de la vermine impériale et royale, mais il n'y a pas si longtemps, et nous savons ce que coûtent les déplacements princiers et les réceptions qui s'ensuivent. L'Allemagne et l'Autriche, dont les souverains se font aujourd'hui de si belles risettes, peuvent s'attendre à payer la carte par des augmentations d'impôts et sans doute par de nouvelles charges qui viendront alléger le porte-monnaie du contribuable.

Les risettes d'empereurs coûtent fort cher aux peuples! Les bonnes gens disent : « Ça fait marcher le commerce! » cette réflexion n'est pas juste aujourd'hui. Aux pays où les empires sont florissants, les entrevues de souverains sont fréquentes, les princes sont prodigues de risettes, et jamais chez eux le commerce n'a souffert d'un marasme plus désolant.

Nous nous plaignons en France — et avec raison! — car il s'en faut que les affaires marchent à souhait avec les gaffeurs qui nous gouvernent; cependant, la misère n'est pas encore endémique comme au pays des despotes, et malgré les hypocrites risettes de « l'Esprit nouveau », notre République, en s'inspirant de « l'Esprit social » peut facilement déjouer les allures louches et les noirs complots des empereurs.

Une entrevue à sensation vient d'avoir lieu : celle des deux compères Guillaume d'Allemagne et François-Joseph d'Autriche.

Le souverain allemand a été reçu à Vienne, à la Hofburg, par l'empereur d'Autriche, dix archiducs (pourquoi pas la douzaine?), les hauts fonctionnaires civils et militaires, le bourgmestre et le personnel de l'ambassade d'Allemagne.

François-Joseph et les archiducs portaient des uniformes prussiens... Guillaume II était vêtu du costume des hussards autrichiens. (Allons, tant mieux!)

Tous ces costumes militaires devaient être superbes; si ces chefs d'Etat, ces pasteurs de peuples s'étaient mis en simple redingote, quelle révolution! les pékins, croyant au désarmement, auraient au moins pu crier : « Vive la Paix! »

Cependant, il parait qu'une foule délirante a, sur tout le parcours de la gare à la Hofburg, prodigué des vivats enthousiastes aux deux empereurs.

La plupart des maisons étaient pavoisées, nous disent les dépêches de Vienne : pavoisées, c'est possible, mais officiellement, par ordre!

Quant aux vivats, on peut affirmer que le vrai peuple est resté muet, et c'est le moins qu'il pouvait faire. Les enthousiasmes dont il s'agit viennent des soldats;

de la police et des crieurs à gages. — On ne crie plus Vive l'empereur » même en Autriche et en Allemagne — et surtout en Autriche — sur le passage d'un Prussien. — L'Autriche n'a pu oublier Sadowa !...

Non, ce n'est pas le peuple autrichien qui a crié : « Vive Guillaume II ». Les sifflets, au contraire, étaient sur les lèvres, et s'ils n'ont pas éclaté stridents, c'est que l'heure n'était pas venue, c'est que l'occasion n'était pas propice, c'est que les despotes avaient su se ménager une garde prétorienne prête à étouffer, sabre au poing, toutes manifestations hostiles d'une population sans armes. De même qu'à Rome les enterrements des riches sont suivis par un grand nombre de pleureurs à gages, ainsi, à Vienne et à Berlin, Guillaume et François-Joseph sèment sur leur passage une foule d'acclamateurs salariés !

Pour ne pas en perdre l'habitude, l'empereur d'Allemagne a prodigué ses risettes aux traîneurs de sabres, et les dépêches de Vienne nous apprennent encore « qu'il a passé en revue, dans la cour de la caserne de Josephstadt, le régiment de hussards qui porte son nom »; il s'agit sans aucun doute des « Hussards de la Mort » ! Avec un tel patron, voilà un régiment qui fera son chemin.

Guillaume « a félicité les officiers, a déjeuné à la caserne, a toasté, a décoré de sa main les héros d'une course à cheval entre Vienne et Berlin, puis a quitté la caserne au milieu d'acclamations interminables et a regagné le Hofburg ».

« Dieu ! qu'en termes galants ces choses-là sont dites ! » mais comme tout cela sent le boute-selle et le crottin, plutôt que le désarmement et la paix que les deux confrères font hypocritement prêcher par toute l'Europe ! il ne peut échapper à personne que l'Allemagne et l'Autriche font les plus grands efforts pour attirer à elles la Russie. Les plus belles risettes sont pour le czar, car avec lui tous les projets contre la France sont réalisables ; sans lui, pas moyen de bouger! continuer la paix armée, c'est pour l'Allemagne la faillite à bref délai. La France, seule, est assez riche pour payer son luxe et supporter les charges de son budget militaire.

Les tyrans courent à la faillite! il y a des siècles que le peuple fait crédit aux empereurs et les risettes n'ont plus cours! c'est de la fausse monnaie! Les peuples d'Allemagne et d'Autriche sont las d'attendre. Au jour de l'échéance, ils se paieront eux-mêmes — justes représailles! — sur le dos de leurs tyrans!

Et ce sera justice; car, tant que nous serons entourés d'États autocratiques, la guerre sera une menace permanente; aussi longtemps que les peuples voisins n'auront pas effectué leur lessivage politique et fondé la République, nous serons entravés dans notre évolution sociale.

Il est facile de comprendre que les empereurs n'ont qu'une planche de salut : l'égorgement de la France. C'est par une vaste coalition qu'ils veulent tenter de supprimer le pays qui a sonné le tocsin des Révolutions, de paralyser tous les progrès et de reculer les tentatives d'affranchissement humain.

Nous disons : de reculer! car on ne lutte pas longtemps contre le flot qui monte!

La France a proclamé les « Droits de l'Homme », et l'Europe a profité, dans une certaine mesure, chaque pays, selon ses besoins et ses aspirations, des progrès de notre immortelle Révolution.

Les formes de gouvernement importeraient peu, si elles laissaient le champ libre à l'évolution sociale, mais les éléments de vitalité du despotisme sont la négation fatale de tous les progrès.

Il ne s'ensuit pas qu'après la chute des oppresseurs, les principes de droit naturel et les lois humanitaires s'imposent immédiatement aux peuples libres ; non, certes, car les révolutions politiques s'accomplissent lentement ; elles sont les longues préfaces de l'évolution sociale, et le despotisme a la vie dure !

En France, un siècle a suffi à peine pour fonder une République bourgeoise; combien de temps faudra-t-il encore pour la constituer conformément à la tradition révolutionnaire, et pour la proclamer « République démocratique et sociale »?

Les réactions n'ont désarmé que pour inventer l'Esprit nouveau, qui fait risette à 1789; attention, c'est le rictus de « Basile ! » Quant aux « risettes de souverains », elles nous rappellent la grimace horrible de la guerre, avec ses canons et sa mitraille, ses ruisseaux de sang, ses plaies béantes et son carnage !

Assez de ces grimaces-là, n'hésitons pas à opposer à ces hypocrites risettes les « radieux sourires » de la Révolution française !

Que nos amis d'Allemagne, d'Autriche et de partout où règne le despotisme travaillent sans relâche à la Révolution politique, tandis que nous, Français, nous marchons droit notre chemin vers l'émancipation sociale !

22 avril 1894.

Au citoyen Henri Rochefort.

LA CULBUTE

Au bout du fossé, tel est le titre d'un remarquable article de l'illustre proscrit Henri Rochefort. C'est sous le charme de cette lecture que je prends la plume pour écrire la *Culbute*.

Dans l'*Intransigeant* du 21 avril, le plus grand pamphlétaire des temps modernes flagelle la politique louche et hypocrite de Guillaume II d'Allemagne recrutant contre la République française l'alliance de la Russie.

Chaque phrase est un coup de fouet qui cingle le despote et l'accule « au bout du fossé » ! C'est ainsi qu'il y a vingt-cinq ans, Rochefort fouaillait l'Empire ; la situation de Guillaume est analogue à celle de Badinguet, et les culbutes, nées des mêmes causes, produisent les mêmes résultats : banqueroutes et découronnements !

Pronostiqueur merveilleux, notre illustre écrivain politique trouve des expressions, des mots qui, sous sa plume, deviennent faits, théories, systèmes et armes redoutables dont les peuples s'emparent contre leurs tyrans.

« Les grandes pensées viennent du cœur », a dit Vauvenargues, le célèbre moraliste français ; le grand citoyen que notre gouvernement de trembleurs tient illégalement en exil, écrit avec son esprit et avec son cœur. Aux despotes, il a voué sa haine ; aux peuples, il a donné son cœur !

Nos neveux reconnaîtront en Rochefort l'agent le plus actif de nos progrès révolutionnaires et de la culbute finale des souverains.

Mes deux derniers articles « *Désarmement* et *Risettes de souverains* », montraient Guillaume II travaillant à la conclusion d'alliances, incitant au désarmement les puissances européennes et formant une vaste coalition dans le but d'égorger la France. Quelque chose comme cent brigands attaquant une malle-poste, ou cinq souteneurs vous dévalisant et vous *surinant* boulevard de Grenelle, à une heure quinze du matin !

Nous écrivions que l'empereur de Russie n'ajouterait pas foi aux sentiments pacifiques de ses solliciteurs et qu'il ne donnerait pas dans le filet du *Désarmement*.

Nous sommes fiers de nous rencontrer avec le grand démolisseur d'empires ; nous lui empruntons les lignes suivantes qui viennent si à propos corroborer nos deux derniers articles :

« La nation ne se doute pas qu'elle vient de traverser et qu'elle traverse encore un immense péril.

« Les tentatives de rapprochement commercial d'abord, ensuite politique, entre l'Allemagne et la Russie ont failli aboutir, et si elles avaient abouti, c'était dans les trois mois l'envahissement de la France.

. . . .

« Par bonheur, la Russie ne pouvait guère plus que nous se prêter à un désarmement qui la réduirait à l'état le plus précaire...

« Le czar a conséquemment fait un accueil plus que froid à la proposition de désarmement imaginée par l'audacieux Guillaume II dans le but de mettre la France dans son tort. »

Ainsi s'exprime le plus lu, le plus apprécié et aussi le plus redouté de nos écrivains politiques.

Ajoutons, avec lui, que tout dépend de la Russie; reconnaissons également que le prolongement de l'état actuel, avec la Paix armée, rend la Triple Alliance incapable de sortir de ses difficultés budgétaires et la conduit rapidement à la culbute finale.

Ce sera le triple saut périlleux, la triple culbute, celle que les gymnasiarques fameux nomment « le saut de la mort ! »

Ce noble espoir nous fait répéter encore que le désarmement est la dernière des mesures à réaliser, et c'est justement parce que nous repoussons la guerre, instrument de réaction au service des despotes, que nous combattons pour l'esprit social contre l'esprit nouveau, pour la Paix armée contre les coalitions et l'envahissement de la France.

Rester sous les armes sans coup férir est la meilleure politique à suivre, le moyen le plus sûr pour user les souverains et précipiter leur chute.

Toutes ces promenades d'empereurs prouvent l'extrême inquiétude du despotisme qui s'agite au milieu de l'indifférence des peuples pour tout ce qui n'a pas pour objectif l'évolution sociale.

Et pourtant ces visites officielles ne sont pas terminées !

C'est pas fini !... comme dit Plessis, le vieux comique de café-concert !... Non, c'est pas fini, mais c'est bien avancé ! Garé là-dessous pour les Guillaume et Cie; le jour de l'effondrement, quelle culbute !...

En attendant, l'empereur et l'impératrice d'Allemagne iront faire leur petit tour en Belgique, « pour une fois, savez-vous ! » Il n'y a pas de petits peuples, il n'y a que de petits rois sollicités par de grands empereurs, car il n'y pas de petits profits, et rien n'est à négliger surtout aux pays frontières.

Monsieur et Madame « de Prusse » arriveront donc

en Belgique le 30 mai prochain. Il faut bien visiter l'Exposition d'Anvers ! Ils profiteront de cette excellente circonstance pour dicter à Léopold sa ligne de conduite en cas de guerre avec la France.

Le Roi-Congo s'inclinera humblement devant les ordres de l'empereur Guillaume II, son chef de file. Ce Léopold-Congo, qui se trouve tout au bout du fossé, est admirablement placé pour faire une gigantesque culbute !

Le couple impérial arrivera à Ostende à bord du *Hohenzollern* (un nom qui nous coûte cher) et, après une visite au roi et à la reine de Belgique et du Congo, se rendra par mer à Anvers. Il paraît que la reine qui adore l'équitation suivra à cheval ; cela n'a rien de surprenant, car elle est très bonne écuyère.

Une grande activité règne au Chalet royal d'Ostende: les habitants supposent que c'est en vue de la réception de l'empereur et de l'impératrice d'Allemagne.

Serait-il indiscret de demander à Congo s'il fera visiter à Guillaume et à sa compagne une de ces mines des bassins de Charleroi ou de Mons où les malheureux mineurs crèvent de fatigue, de misère et de faim ?

Fera-t-il assister ses hôtes augustes à l'une de ces manifestations pacifiques où des flots de créatures humaines, en haillons sordides, traversent lentement, hâves et décharnées, sans un mot, sans un geste, drapeau noir déployé, les admirables villes de Bruxelles, d'Anvers ou de Liège ?

Un tel spectacle serait peut-être un enseignement plus profitable que les promenades aristocratiques sur les plages. Mais les rois et les empereurs sont rebelles aux avertissements ; ils ne veulent pas s'instruire....

Noires ou rouges, les visions ne les épouvantent pas ! Et pourtant les socialistes d'Anvers viennent encore de voter un crédit de 10,000 francs en faveur des grévistes d'Hemixem et afin que ceux-ci n'abandonnent point la lutte ; il n'est donc pas supposable qu'à Anvers, même en temps d'Exposition, la présence des souverains soit l'objet d'acclamations et de vivats enthousiastes.

Quant à nous qui jugeons de la façon la plus indépendante les saines aspirations des peuples vers les révolutions sociales, nous considérons comme des êtres atteints de maladies incurables ces fous d'un autre âge qui s'intitulent rois et empereurs.

Nous les voyons « au bout du fossé » et nous supplions notre cher proscrit Henri Rochefort d'être prodigue de sa bonne encre, afin de hâter le plus possible « leur suprême culbute » !

29 avril 1894.

LE PREMIER MAI

Solvitur acris hiems grata vice veris et favoni.
(HORACE.)

Nous voilà délivrés du rude hiver! Voici venir le doux printemps avec ses espérances et ses joies; avril a revêtu sa tunique verte: mai s'approche, alerte et joyeux!

Premier mai, salut! — Salut, premier sourire de la nature! Salut, mois des amours et des roses! que les chants harmonieux de tes bardes ailés nous transportent au pays des rêves, loin... bien loin des visions rouges!

Que tes fleurs nouvelles parent de leurs plus vives couleurs le front des jeunes vierges! que les fiancés s'unissent! que leurs baisers, vivifiés par les chauds rayons de ton soleil réparateur, se confondent à jamais dans l'éclosion du renouveau! que dans sa joie de vivre, l'humanité meurtrie retrouve ses illusions perdues! que l'hiver soit oublié, avec ses fatigues, ses frimas et ses tristesses!

Premier jour de mai!... que ta sève bienfaisante apporte à l'homme inquiet l'espoir qu'il va trouver enfin — dans l'harmonie sublime de la nature — une large part de bonheur, juste compensation aux inégalités sociales dont il est l'innocente victime!

Le peuple, cet amant de la nature, va célébrer dans ses villes la fête de la Fédération ouvrière; c'est, le cerveau hanté de « visions rouges » qu'il va tenter de faire valoir ses droits.

Peuple, sois calme et digne! — on te guette! les fusils sont chargés: prends garde! Oppose aux provocations policières ton courage civique! et tu franchiras encore une étape sur la route de l'affranchissement social.

La manifestation du *Premier Mai* sera pacifique, partout où cette fête de la Fédération ouvrière ne sera pas traquée par *le vieux monde et sa police.*

Mais là encore apparaissent les « visions rouges », car tous les gouvernements, — en France comme ailleurs, y compris, hélas! la République, — ont voulu et veulent encore avoir *leur journée*; dans ce but, ils ont sans cesse employé les plus odieux systèmes de provocation!

Le sang est, aux yeux des gouvernements, la meilleure garantie de stabilité officielle, et les gouvernements répondent de l'ordre!

Cependant les malheureux accablés par la détresse, hâves, décharnés flétris avant l'âge, hommes et femmes stigmatisés par les rudes étreintes d'un dur labeur, demandent en vain un soulagement à leurs maux.

Et les visions rouges hantent leurs cerveaux, et ils reviennent à la charge, découragés peut-être, mais non vaincus! Et leurs revendications répandent l'effroi et la société tremblante organise la défense. On sème la force armée sur leur passage: — Allons, circulez, misérables!

Les ouvriers voudraient une fête du Premier Mai brillante et pacifique, mais sans la police à leur nez et les curieux à leur dos... Impossible, le gouvernement a répondu que l'ordre ne serait pas troublé.

En conséquence, il faut que lui-même le trouble, afin de prouver qu'il a la poigne assez forte pour le rétablir.

En 1893, les manifestants avaient demandé la Galerie des Machines, — on leur a refusé ce hall superbe! — pensez donc; ces ouvriers sont des socialistes! ils auraient peut-être déboulonné l'édifice?

Ce qu'on a accordé aux vélos, on le refuse aux ouvriers français! On encourage le sport des jambes, on condamne le sport de l'esprit humain.

Et pourtant ces hommes qui se voient refuser pour quelques heures cette admirable Galerie des Machines sont les mêmes qui naguère l'ont construite au péril de leur vie!

L'autorité veut prouver que la vieille société résiste et peut lutter efficacement!

Eh bien, non!... l'édifice est lézardé; gare à l'effondrement!

Pendant ce temps, le socialisme marche; il approche, son pas est assuré; il apporte avec lui les lois égalitaires et fraternelles basées sur les besoins les plus naturels de l'humanité!

L'industrie et la science aux mains du socialisme, tel est le gage de l'indépendance des peuples, et le jour est moins loin qu'on peut le supposer où ce qui était hier encore traité d'utopie deviendra, par l'affranchissement de l'esprit humain, la sauvegarde efficace des sociétés modernes.

Il n'y a pas si longtemps qu'on considérait comme un rêveur et comme un utopiste celui qui prédisait la fin des grandes guerres.

Qui donc aujourd'hui voterait la guerre? quel gouvernement oserait assumer la responsabilité de sa déclaration? — Les enragés guerriers disent qu'il y en aura encore une peut-être, mais ensuite? — Ensuite, ce sera tout! la prochaine sera la dernière! — Quand la moitié de l'Europe aura enterré l'autre, après la peste des champs de bataille, effroyables charniers, l'humanité, affolée par les visions rouges et les hécatombes sanglantes, saura se recueillir, et cet écroulement formidable du vieux monde fera considérer la guerre comme une utopie par les jeunes générations, alors que nous la subissions comme une inévitable calamité.

Nous sommes au dernier terme des époques barbares ; nous vivons dans des temps, non pas de civilisation, mais de transformation sociale.

La France, pays des révolutions et des progrès, ne dort pas, comme les réactions de tout ordre se plaisent à le croire ; elle sommeille !

Bientôt elle sonnera le tocsin à toute volée, non pas pour la guerre stupide, mais pour l'évolution sociale.

Le Premier Mai, fête des travailleurs et des ouvriers est un prélude des revendications humaines. — Que cette fête pacifique ne soit plus troublée par des mesures policières ! — que le gouvernement de la République comprenne enfin son rôle d'émancipation !

Que les vieillards, que les grincheux dorment tout le jour, — et surtout que les fusils restent au râtelier !

Nos vrais défenseurs sont en fête, mais ils boivent à la santé de la République, *que trois fois déjà ils ont sauvée !*

Premier jour de mai, salut !

Salut, mois des amours et des roses ! Que les chants harmonieux de tes bardes ailés nous transportent au pays des rêves, loin, bien loin des « Visions rouges ! »

Que ta sève réparatrice apporte à l'homme inquiet une large part de bonheur, juste compensation aux iniquités sociales dont il est l'innocente victime !

1er mai 1894.

LA BONNE LORRAINE

L'Esprit nouveau vient de se manifester hautement à Notre-Dame de Paris. Sonnant à pleines lèvres au ralliement clérical, il a cherché dans la bénédiction de la « bonne Lorraine » une éclatante consécration de ses éléments réactionnaires et de son caractère rétrograde.

Une ère nouvelle va s'ouvrir! Enfin! clameront les marchands de prie-dieu et les confectionneurs de chasubles, nous n'avons plus peur des socialistes! Vive la République, puisque c'est la République des calotins! Et peut-être apprendrons-nous bientôt sans étonnement que l'État prend à sa charge, c'est-à-dire à la nôtre, l'achèvement de l'église du Sacré-Cœur.

Ainsi donc, la fête de Jeanne d'Arc a eu lieu à la cathédrale, sous la présidence de l'archevêque de Paris. Douze mille personnes se pressaient dans les trois nefs de la basilique. Le clergé oublie sans doute qu'en 1431, à Rouen, il formait, à lui seul, une foule quatre fois plus nombreuse sur la place où il fit brûler la « bonne Lorraine ». Aujourd'hui, les prêtres psalmodient les louanges de Jeanne, qui appartient au peuple et non au clergé.

Tout cela nous importerait peu, si nous n'y voyions les agissements de notre gouvernement réactionnaire d'une part, et de l'autre la grande figure historique de notre héroïne populaire accaparée par ceux-là mêmes qui l'ont brûlée comme sorcière.

Et le gouvernement se prête à ces arlequinades.

En effet, l'armée était représentée au banc d'œuvre par le général Saussier, gouverneur militaire de Paris, les généraux de Charrette, des Garets, de Boisdeffre et une trentaine de généraux en grande tenue, le comte et la comtesse d'Eu, le duc de Chartres, l'amiral Gervais (diable !), chanoines, curés, religieux de tous ordres, etc.

Heureusement que le banc d'œuvre (ainsi nommé parce qu'on peut y dormir à son aise) est solide à Notre-Dame ! car il faut être fort pour soutenir de pareils... personnages !

En outre, et comme bouquet, le duc d'Orléans, exilé de France, avait tenu (sommes-nous assez veinards à s'associer à la patriotique et chrétienne manifestation de Notre-Dame et, dans ce but, s'était excusé par dépêche.

M. et Mme Carnot n'ont sans doute pas osé y aller, dans leur position ! mais je suis convaincu que, tout comme Philippe, ils y étaient de cœur.

Le dominicain Feuillette a prononcé le panégyrique de Jeanne d'Arc ; ce père s'est taillé un très gros succès, et toutes les trompettes de la presse « Esprit nouveau » ont sonné à l'unisson les qualités oratoires de l'ensoutané.

Déclamatoire au premier chef, ayant pour auxiliaire la grandeur du sujet, la majesté du lieu, la solennité de l'expression, l'appui de dogmes incontestés et admis comme axiomes par l'ignorance humaine, l'éloquence de la chaire a toujours remporté de faciles succès. Le père Feuillette nous a montré Jeanne d'Arc vierge, guerrière, martyre depuis le moment où elle entendit « ses voix », jusqu'au jour où, sur le bûcher de Rouen, elle leur rendit, au milieu des flammes, un dernier témoignage : « Non, mes voix ne m'avaient pas trompée » ; tout cela a fourni à l'orateur, pardon ! au conférencier, l'occasion de périodes heureuses et de nature à charmer un public de premières ; mais c'est tout ! la foi mystique, idéale, a fait complètement défaut.

Cette poésie philosophique, cette marche de l'esprit humain vers l'infini, vers l'idéal, on la cherche en vain dans le discours de père Tonneau !... je me trompe... c'est Feuillette qu'il faut écrire.

On sent que l'immense et incontestable talent de ce père est tenu en lisière par des considérations d'esprit nouveau ; au lieu de s'envoler vers l'au delà, il obéit à son prosaïque ordre du jour : la sanctification, la béatification de la « bonne Lorraine ».

Quoi que fasse le clergé : qu'il sanctifie, qu'il béatifie, la « bonne Lorraine » ; qu'il l'élève à son gré sur les autels obscurs de la bêtise humaine, qu'il se l'approprie entière pour en faire une parcelle de l'élément divin !... rien ne modifiera l'histoire.

Jeanne, fille du peuple, est une des plus grandes gloires de ce peuple pour lequel elle a combattu et le peuple a souci de ses gloires et de ses héroïsmes, autant que l'église, son ennemi naturel, appareil tortionnaire de l'idée, conserve l'amour de la routine inquisitoriale et de l'étouffement des progrès humains.

Le peuple se souviendra toujours que la bonne Lorraine a été brûlée vive par le clergé, et si ce dernier demandait sa réhabilitation pour ce crime atroce, qui donc oserait la lui accorder ?... Voltaire, ce génie puissant, universel, dont l'effronté rictus emplit une partie de la Révolution française, eut l'audace d'écrire : *la Pucelle d'Orléans !* Jugeant l'intention malsaine plutôt que l'œuvre même, la postérité considère cet écrit comme un crime de lèse-nation.

C'est que le peuple n'entend pas qu'on joue avec ses

LA BONNE LORRAINE

gloires! il ne les sanctifie pas, il ne les élève pas sur les autels, car il ne connait pas toutes ces grimaces; mais il conserve leur mémoire pure, comme un enseignement idéal et un guide infaillible sur la route des progrès humains.

La glorification de Jeanne d'Arc c'est la glorification de la France elle-même, et la France, c'est le peuple, et le peuple n'a pas fait la Révolution pour être asservi par la soutane.

Les tortionnaires du corps, vêtus de rouge, ne disposent plus de la vie humaine; ils n'ont plus à leur service (du moins en France) des instruments de tortures physiques, mais il faut combattre les tortionnaires de l'idée, vêtus de noir, qui confisquent tout ce qui peut activer la marche en avant et servir les droits du peuple.

L'évolution du clergé vers la politique réactionnaire de ralliement et d'esprit nouveau n'est qu'une complicité dangereuse avec tous les gouvernements pour combattre l'esprit social. Aujourd'hui, c'est la représentation Jeanne d'Arc à Notre-Dame, demain ils nous énonceront leurs théories de socialisme chrétien, et ainsi de suite!... Les hommes noirs prêtent aux gouvernements effarés par les aspirations sociales, l'autorité dont ils disposent, et cette autorité est encore puissante. En échange, les gouvernements accueillent les soutanes. La France, par exemple, est surprise par cette politique nouvelle, mais la République nominative et bourgeoisement réactionnaire s'en contente, par crainte de la révolution qui la menace.

Quoi qu'on puisse faire, tous ces complots seront déjoués. Le progrès marche et se moque des tentatives réactionnaires de l'esprit nouveau.

Quant à Jeanne d'Arc, âme du peuple français, qu'elle soit ou non béatifiée, ce n'est pas sur les autels où les prêtres exécutent des tours de passe-passe, que nous irons recueillir une parcelle de son souffle héroïque.

C'est à Domrémy, dans les Vosges, où naquit cette humble fille du peuple, que, loin des « mouchards et des prêtres », nous rêverons aux sombres jours de notre histoire, en honorant la mémoire de notre « bonne Lorraine ».

6 mai 1891.

TYPES ET PROFILS

L'ABBÉ GARNIER

Trop grand, trop gros, trop gras, Garnier, au physique, figure bien plus un étalier boucher qu'un prêtre. Ses allures sont celles d'un hercule forain qui a raté un poids ou d'un gendarme qui a manqué son homme. Les exercices de la vie spirituelle n'ont pas modifié les exigences du temporel, et rien ne révèle en ses traits bourgeois les pratiques ascétiques du fanatisme religieux.

Riche nature, Garnier, abbé pour les dames généreusement dévotes, ne se contente pas de dire la messe ; il a une marotte : il voudrait reconstituer les corporations du moyen âge, et pour cela, il fait appel à toutes les bonnes volontés, à toutes les bourses, chrétiennes ou non, de l'Union nationale.

Garnier s'est porté à la députation, aux élections dernières, sous l'étiquette de « socialiste-chrétien » à Montmartre. N'ayant pas été nommé, il a répudié le socialisme pour rester chrétien tout court, puis il s'est lancé dans le journalisme et la finance. Pour beaucoup, l'un ne va pas sans l'autre !... il a fondé le journal *le Peuple Français*, et à côté la *Caisse de Famille*, l'*Economat domestique*, etc..., toutes combinaisons financières pour le bien des ouvriers et la gloire de Dieu, qu'il fait passer pour une bourrique ! Il veut le bien du peuple, et le peuple est bien peu soucieux de ses intérêts, s'il ne comprend pas qu'en portant ses sous au clergé, ce dernier lui en payera l'intérêt en messes et en bénédictions ! — Amen !

Garnier fait des conférences ; toutes ne réussissent pas, quoi qu'il écrive !... mais il est content tout de même, et nous aussi.

Serviteur de l'Esprit nouveau, Garnier est un type fin de siècle, un abbé fin de globe !... Comme conférencier, il est médiocre ; comme historien, il a étudié jusqu'au père Loriquet, inclus, et puis, sur certains faits que connaissent des enfants de dix ans, il ment avec l'aplomb de plusieurs régiments de dentistes dont il a, d'ailleurs, toute la carrure.

L'abbé Garnier est un roublard — dangereux et menteur, — qu'il faut aller crosser jusqu'à Montmartre, sur la colline du Sacré-Cœur de Jésus !...

L'ABBÉ GARNIER A NOISY-LE-SEC

(Compte rendu de M. Fr. Choiral)

La réunion publique et contradictoire organisée par M. l'abbé Garnier, à Noisy-le-Sec, a obtenu le résultat que nous en attendions.

A 4 h. 3/4, la salle Bonnevalle est comble et le conférencier n'est pas encore là ; on annonce, enfin, son arrivée.

Tous les regards se portent aussitôt vers l'entrée, mais la curiosité des assistants est bientôt satisfaite, car on s'aperçoit vite que M. l'abbé Garnier n'est qu'un prêtre... comme les autres.

Au début de la réunion, un incident se produit.

Contrairement à l'usage, les organisateurs de la réunion avaient pris place sur l'estrade ; mais l'assemblée proteste et décide de former elle-même son bureau.

Sont nommés les citoyens : Alfred Forest, président ; Péchard et Collot, assesseurs ; Choiral, secrétaire.

Après avoir remercié l'assemblée, le président invite les assistants au calme et constate, avec regret, l'absence des élus de la circonscription. Un citoyen vient alors excuser le député Goussot, empêché, paraît-il.

Puis la parole est donnée à M. l'abbé Garnier.

Celui-ci, au lieu de développer la question des *associations ouvrières* et des *syndicats*, comme il l'avait annoncé, fait une longue conférence, à la façon du père Loriquet, sur la situation des travailleurs aux trois époques de l'histoire.

« Il y a 2000 ans, dit-il, l'ouvrier n'était qu'un esclave; il était victime de la loi romaine qui ne considérait pas l'esclave comme un homme, mais comme une chose privée d'âme, de conscience. On vendait l'ouvrier, indépendamment de la famille, et personne ne protestait contre ce marché de bétail humain : si l'on en croit Suetone et Juvenal, on allait même jusqu'à jeter la chair humaine aux bêtes féroces dans les cirques. Plus de 20,000 esclaves périrent de cette façon !

« Au moyen âge, grâce à l'heureuse influence du christianisme, les mœurs s'adoucissent, l'esclavage fait place au servage. Oh ! servage bien doux, attendu que les ouvriers avaient la faculté de s'affranchir, de s'associer, de participer aux biens communaux. Ils jouissaient de la liberté civile et de la liberté politique ! La plupart des communes avaient une constitution et goûtaient les charmes de cette forme du suffrage universel qu'on nomme le *referendum!* Les femmes même avaient le droit de vote !... Voyez comme nous sommes loin du serf attaché à la glèbe ! Il y a 800 ans, la moitié de la France possédait tous ces privilèges et, il y a 300 ans, la liberté complète existait !

« Aujourd'hui, la situation est, pour ainsi dire, la même que dans l'antiquité. L'homme est libre, il est vrai, mais viennent le chômage, la maladie... et la liberté devient un lourd fardeau ! La situation de l'ouvrier de nos jours est donc bien éloignée de celle de l'ouvrier du moyen âge. A cette époque, si l'on croit M. Taine, un écrivain qui n'est pas suspect, celui-là ! l'ensemble des biens communaux atteignait une valeur de *seize milliards!* Est-ce que les ouvriers de notre époque jouissent d'une pareille fortune ? Et quel est le puissant levier qui a ainsi changé la face des choses ? N'est-ce pas celui qui a dit : Vous êtes tous frères ! N'est-ce pas celui qui, le premier, a jeté dans le monde des paroles de liberté, de charité et de fraternité ?

« Il y a 600 ans, l'ouvrier était donc plus heureux qu'aujourd'hui. Il avait le droit de s'associer et de posséder. Or, la loi de 1884 interdit aux syndicats de posséder aucun bien ! C'est une honte !.. Les hommes de nos jours ont détruit l'œuvre sublime du christianisme. Quand au remède, je défie qu'on le trouve en dehors de ce qu'a fait l'Église obéissant à la loi de l'évangile.

UNE VOIX. — Oui, la Saint-Barthélemy, l'inquisition !

L'ABBÉ GARNIER. — L'Église n'est point responsable de ces faits, pas plus qu'elle n'est responsable de la conduite des catholiques Gambetta, Jules Favre, Jules Ferry, etc, lors des événements du 4 septembre ! ! ! (*Hilarité.*)

« Quant à l'inquisition, nous possédons 52 lettres de papes la condamnant.

« Oui, Messieurs, l'Eglise seule peut résoudre la question ouvrière, car elle a toujours été du côté des faibles ! (*Vives protestations.*)

UNE VOIX. — Elle a toujours été du côté du manche ! (*Applaudissements.*)

L'ABBÉ GARNIER. — C'est pourquoi nous sommes toujours persécutés ! ! ! (*Rires.*)

Le président donne ensuite la parole au citoyen Gelez. Celui-ci affirme que :

La question sociale a existé de tous temps et que, jusqu'à ce jour, il n'y a eu de droit que celui de la force. Il prouve que l'abbé Garnier est, quoi qu'il dise, un homme de parti, puisqu'il est inféodé à l'*Union nationale*. Or, pas n'est besoin de prêtres pour défendre les travailleurs, qui ne seront jamais si bien défendus que par eux-mêmes. Les bourgeois sont des accapareurs qui ont toujours rapporté à eux toutes les jouissances, et les religions ne sont que des partis qui n'ont qu'un but : défendre la part, la très grande part de biens qu'ils détiennent injustement. Quant à la charité chrétienne, nous n'en voulons pas ; nous n'admettons que l'égalité. (*Applaudissements.*)

Or, il y a deux classes dans la société : les travailleurs et les parasites. Il est vrai que les prêtres sont de cette dernière. Il se prétendent persécutés, ce qui fait que l'Esprit nouveau n'est qu'une nouvelle forme de l'esprit ancien. (*Applaudissements.*)

Il importe donc d'arriver le plus tôt possible à la séparation des Églises et de l'État, car les 200 millions du budget des cultes seraient mieux employés par les communes, en créations de routes, d'hospices, etc.

M. Garnier dit qu'il n'est pas l'homme d'un parti, qu'il a fondé 800 syndicats et qu'il sera toujours l'adversaire des gens qui défendent les mœurs païennes de notre siècle de décadence.

Ici un incident :

L'abbé Garnier, affirme le citoyen Mantelet devant la

tribune, vient de murmurer que cet argent serait employé à faire des bombes de dynamite.

L'ABBÉ GARNIER. — Je n'ai pas dit cela.

MANTELET. — Je le jure! (*Bruit, tumulte.*)

Le président, Alfred Forest, rétablit l'ordre.

Le citoyen Forest, passant la présidence au premier assesseur, prononce un discours, dont nous reproduisons les deux passages les plus saillants.

« Citoyens, après la conférence que nous venons d'entendre, nous avons le droit de nous demander si notre République ne s'intitulera pas bientôt *La République des Calotins*. (*Applaudissements.*)

« Si nous n'y mettons bon ordre, le cléricalisme, au service de l'*Esprit nouveau*, aura vite absorbé la société laïque, car le gouvernement réserve ses faveurs au clergé, tandis qu'il emprisonne les socialistes. (*Applaudissements.*)

« Sectaire du célibat, M. Garnier ne connaît ni les questions ouvrières, ni les problèmes de la famille. Il ne peut se complaire qu'à des visions extatiques. Le seul but de M. Garnier est d'enrayer l'évolution sociale; et il y a là tout un programme dont le clergé se fait l'humble exécuteur.

« Dimanche dernier, on sanctifiait Jeanne d'Arc à Notre-Dame. Les prêtres oubliaient qu'en 1431, sur la place de Rouen, ils attisaient eux-mêmes la flamme du bûcher de notre bonne Lorraine. (*Tres bien !*)

« Aujourd'hui, c'est encore une robe noire qui vient ici traiter des questions ouvrières, comme si tout cela avait rapport avec messe et vêpres (*Applaudissements.*) »

L'orateur démontre ensuite que les combinaisons de coopérations de M. l'Abbé ne sont que des calculs financiers sujets aux surprises les plus aléatoires, car sans mettre en doute l'honorabilité personnelle du conférencier, il est bien certain que, plus tard, les placements de capitaux peuvent amener un krach analogue à celui de l'*Union générale*, où le clergé avait, du reste, les deux pieds jusqu'aux aisselles.

M. l'abbé Garnier, reprend l'orateur, a répudié dans un article du *Peuple Français* du 25 décembre dernier, adressé à la *Petite République*, l'étiquette de socialiste chrétien, dont il s'était pourtant servi pour se présenter à Montmartre, lors des dernières élections législatives.

« De telles déclarations prouvent que M. Garnier insulte son Dieu. Jésus-Christ, le sans-culotte, l'illustre propagandiste par la parole, le grand novateur dont vous et les vôtres, Monsieur l'abbé, avez dénaturé le caractère, Jésus-Christ était un socialiste. (*Applaudissements.*)

« Et s'il revenait sur la terre, ce socialiste, vous le combattriez à outrance ; si vous étiez les maîtres, vous lui ouvririez à deux battants les portes de vos prisons. (*Très bien !*)

« Votre tenue m'étonne, Monsieur Garnier ! Lorsque les mouchards et les prêtres veulent faire une *sortie*, ils ont au moins la pudeur de changer de costume. Jetez vos frocs aux orties ! Quittez votre soutane... Peut-être, alors, pourrons-nous discuter ensemble. (*Applaudissements prolongés.*)

M. l'Abbé répond à cette vigoureuse attaque qu'en effet il n'est pas socialiste,... mais sa voix est couverte de cris, de sifflets, de huées et il est obligé de quitter l'estrade pendant que l'assemblée entonne *la Marseillaise des Calotins*.

L'ordre du jour suivant, présenté par le citoyen Jarlat, est ensuite voté à la presque unanimité des assistants :

« Les citoyens réunis à plus de 500, salle Bonnevalle, à
« Noisy-le-Sec, après avoir entendu l'abbé Garnier et ses
« contradicteurs, et avoir constaté l'absence des élus de la
« circonscription, protestent contre l'intervention des prêtres
« dans la question des réformes sociales, et affirment que les
« travailleurs ne doivent compter que sur eux-mêmes pour faire
« valoir leurs justes revendications. »

La séance est levée à 7 heures, aux cris de *Vive la République sociale* !

Allons, Monsieur l'Abbé, quand vous jetterez votre froc aux orties, ce ne sont pas les vestes qui vous manqueront !...

6 mai 1894.

LA RÉPUBLIQUE NOIRE!

Le ciel de la politique est chargé d'orages. Notre société laïque est menacée par l'esprit nouveau qui se charge non seulement d'encourager, mais encore de consacrer officiellement les agissements du cléricalisme au service de la réaction.

Par suite de considérations heureuses — mais bien indépendantes de la volonté même des conspirateurs — la France a pu naguère se sauver de la dictature : saura-t-elle aujourd'hui se garer du cléricalisme qui, sous forme de salut social, prépare audacieusement « la République noire, règne des calotins?... »

La chose n'est pas aussi facile qu'elle peut le paraître, même aux esprits clairvoyants.

En luttant de vive force contre la dictature qui semblait devoir être l'objectif naturel, sinon raisonné, des opérations boulangistes, le gouvernement a défendu sa raison d'être et en quelque sorte sa propre existence; de part et d'autre, les armes employées ont été quelconques, mal essuyées et souvent fort sales.

Dans le combat actuel, c'est d'un côté le gouvernement qui demeure République nominative — mais qui ouvre ses bras au clergé — en confiant à ses appétits les sales besognes de l'esprit nouveau; de l'autre, c'est l'esprit social qui, à lui seul, doit soutenir le choc des menées cléricales et des réactions d'État.

Et le combat est d'autant plus rude que nous avons à lutter contre l'armée formidable des robes noires.

Ce n'est plus une levée de boucliers, c'est une levée de goupillons dont l'avalanche s'apprête à noyer les quelques institutions démocratiques si chèrement conquises depuis vingt ans.

Le clergé qui ne manque pas de roublardise avait trouvé pour sa propagande le « socialisme chrétien ». C'est sous cette rubrique que Lemire siège à la Chambre. Garnier qui s'en est également servi à Montmartre, mais sans succès, aux dernières élections législatives a, comme chacun sait, répudié « socialiste » pour rester « chrétien » tout court!

Le mot d'ordre est sans doute de revendiquer le titre de socialiste-chrétien pour conquérir un mandat politique et de le lâcher, ensuite, dans les questions financières et administratives se rapportant au socialisme d'esprit nouveau.

Tout cela est assez habile; car, en réunion publique, dire au peuple: Je suis chrétien, tout court, c'est un peu maigre comme opinion politique; au contraire, s'écrier: Je suis socialiste chrétien, c'est peu, mais enfin c'est déjà captiver l'attention, même à Montmartre.

Et si l'abbé Garnier vient dire à Mme la baronne: « Madame la baronne, je fais ma petite tournée pour l' « Économat domestique »; je connais votre piété! j'espère que vous allez m'encourager par un don qui vous méritera le Ciel, car je suis socialiste chrétien! » Il est certain que la baronne le f...lanquera à la porte avec tous les honneurs dus à son socialisme! Si, au contraire, ce cher abbé Garnier s'exprime ainsi: « Baronne, je quête aujourd'hui pour la « Caisse de famille », institution qui a déjà réparti en messes 11 fr. 35, je fais appel à votre charité! Je suis maintenant chrétien tout court; si j'ai pris le titre de socialiste à Montmartre, c'était pour rire! c'est-à-dire pour me faire nommer député! »

Il est clair que la baronne lui versera son offrande, non seulement pour la Caisse de famille, mais encore pour « le rachat des petits Chinois jetés au fleuve Jaune par des parents barbares », œuvre de Sainte-Enfance largement pratiquée par la République noire, alors que tant de petits Français crèvent de faim dans nos mansardes !

Quoi qu'il en soit, nous constatons que tout le clan des robes noires renonce au titre de socialiste. M. de Mun, socialiste de sacristie, attaqué à la Chambre par Jaurès, a déclaré l'autre jour qu'il n'y avait pas de socialisme chrétien.

« C'est fort bien », dit M. Paul de Cassagnac, un adversaire assez souvent logique, et qui met une extrême bonne foi au service d'opinions grotesques, » mais, alors, comment appeler l'œuvre à laquelle vous consacrez votre activité et votre talent, mon cher de Mun ?

« S'il n'y a pas de socialisme chrétien, il est certain que vous patronnez un moyen de résoudre les questions sociales, et que ce moyen découle de l'application des principes religieux.

« Il est non moins certain que vous y ajoutez la restauration des anciennes corporations.

« De quel nom désigner cette œuvre, si vous répudiez l'épithète de socialiste ?

« C'est tout bonnement du socialisme, et vous faites du socialisme sans le savoir, comme un autre faisait de la prose. »

Paul de Cassagnac, ennemi juré du socialisme, quelles que soient ses manifestations, s'étonne que les robes noires éprouvent le besoin de faire du socialisme, quand leur unique rôle consiste à combattre le socialisme, leur ennemi naturel.

Il est pourtant facile de reconnaître Basile qui, pour

fonder la République noire, vient se mettre au service d'un gouvernement affolé. Le clergé a grand intérêt à ne pas ménager à l'esprit nouveau son zèle hypocrite.

L'éloquence de la chaire a fait son temps; les paroisses ne regorgent pas toujours de public, et il faut aller porter à domicile la divine parole, sous l'œil indulgent de l'État.

Pour cela, le prêtre vient de créer un socialisme tout neuf, à l'image des réactions, contre les manifestations de l'esprit social; je le connais, c'est bien plutôt une exhumation !

Ce socialisme que le clergé prêche dans la famille, dans des conférences et des réunions, c'est celui du moyen âge qui réservait au peuple le cachot, les tortures et les flammes ! Il commence par la confession et finit par Torquémada ! Sa pression morale, toujours vivace, étoufferait aujourd'hui encore les progrès humains et toutes les aspirations sociales ! Il faut le combattre énergiquement.

La France, qui naguère a pu se défendre contre la dictature, doit aujourd'hui se garer du cléricalisme.

Que le prêtre reste dans son église ; là seulement il nous inspire le respect, parce que nous sommes acharnés partisans de la liberté de conscience.

Mais. . à bas le prêtre politique qui — sous forme de salut social — prépare audacieusement la République noire.

13 mai 1891.

BÉTAIL HUMAIN

Le nommé Charles Dupuy, dit la Bombe, désormais célèbre par son fameux mot : « Messieurs, la séance continue! », nous semble avoir, le 7 mai, fait preuve d'une révoltante partialité en essayant de flétrir l'expression de « bétail humain » si justement employée par le citoyen Jules Guesde.

L'ordre du jour appelait la suite de la discussion sur le projet de loi relatif aux Sociétés coopératives.

Après l'adoption de la disposition additionnelle de M. Goblet mettant les Sociétés de consommation sous la surveillance de l'administration, le citoyen Basly developpa un amendement tendant à la suppression immédiate des économats patronaux.

M. Doumer, rapporteur, expose que le principe de cette suppression est inscrit dans la loi, mais qu'il est nécessaire, dans l'intérêt des ouvriers eux-mêmes, de fixer un délai, pour que les économats puissent se transformer en sociétés coopératives de consommation.

Dans ces conditions, il demande à M. Basly de retirer son amendement.

Le citoyen Jules Guesde répond qu'il maintient l'amendement qu'il a signé avec Basly. Il est nécessaire de supprimer immédiatement les économats patronaux qui sont de véritables instruments de famine et de servage.

De famine, en ce que le patron qui nourrit ses ouvriers a intérêt à ce qu'ils dépensent le plus possible, afin que leur salaire entier reste entre ses mains, de sorte qu'il paralyse ainsi les grèves possibles, puisque les ouvriers n'ont plus d'argent pour vivre pendant le chômage et ne peuvent se procurer les objets nécessaires à la vie, puisque l'économat leur refuse tout crédit; des instruments de servage, car le patron contrôlant les dépenses de ses ouvriers et considérant que quelques-unes de ces dépenses ne sont pas toujours nécessaires, en conclut qu'il les paye trop cher et est amené à diminuer le salaire de son « bétail humain! »

Cette expression, « bétail humain! » a soulevé de vives protestations. Les de Bernis et Cie, la cohue des majoritards pudibonds, les ânes bâtés qui paissent aux râteliers ministériels, les budgétivores de tout acabit ont levé le cou et se sont mis à braire à l'unisson.

J'avoue que Casimir d'Anzin devait faire une drôle de tête, car bétail humain, pour être une expression hardie, n'en est que plus sanglante de justesse.

Jetée, comme un pavé, à la face des représentants du peuple et du gouvernement, elle piquait droit dans la question sociale; fatalement elle devait amener les protestations d'une troupe servile qui craint toujours, à la moindre alerte, de se voir retirer, bon chien de garde, la pâtée, l'os et tout ce qui s'ensuit.

L'hypocrite indignation de la Chambre se manifeste et se traduit par l'affolement de ses membres chaque fois qu'un député socialiste monte à la tribune. C'est un programme exécuté, par ordre!

Or, Charles Dupuy, le Bombé, qui n'a pas hérité des qualités présidentielles de son prédécesseur, Floquet (Charles, pour les dames) (Vive la Pologne, Monsieur, pour les hommes!), Dupuy, l'ancien cuistre, terrorisé par l'expression « bétail humain », n'a pas essayé de faire respecter la liberté de la tribune.

8.

Sacrifiant la vérité et la justice aux considérations d'une majorité réactionnaire, il a rappelé la Chambre au calme en disant que le dédain seul devait être opposé à des formules évidemment préméditées, et que la liberté de la tribune ne consiste pas à y apporter des expressions qui blessent la conscience générale.

Inutile d'ajouter qu'après une courte réponse de M. Doumer, l'amendement fut repoussé par 434 voix contre 81.

Quoi qu'il en soit, la Chambre a été touchée! Tous ceux qui, à la place du cœur ont un sac d'écus, ont frémi! Bétail humain! mais c'est une expression subversive! Diable! Jules Guesde, on ne dit pas de ces choses dont la discussion vise en plein la question sociale.

Si vous faites apercevoir aux ouvriers leur triste condition; si vous leur dites qu'il sont un « bétail humain » au pouvoir des privilégiés et des monopoleurs, il est clair que vous éveillez en eux des idées d'indépendance et d'affranchissement social, et que vous conspirez en même temps contre la sûreté de l'État!

Le gouvernement a la crainte instinctive de l'ouvrier, du prolétaire, aussi bien que des « Sans-Travail » qui grossissent de jour en jour les bataillons de la Misère.

Notre République nominative est avare d'institutions démocratiques et les hommes qui sont au pouvoir ne veulent pas aborder franchement les questions qui de près ou même de loin se rapportent au socialisme.

Jamais on ne reprochera assez vertement au chef de l'État (car enfin, il y en a un qui est le président Carnot, doué d'excellentes qualités représentatives), de ne pas avoir depuis longtemps déjà fait entrer l'élément socialiste aux affaires.

L'expression « bétail humain » blesserait moins les oreilles pudibondes et les consciences anémiques d'une majorité béquillarde, si le groupe socialiste, justement représenté dans le ministère, avait au moins, pour le succès de ses légitimes revendications, l'autorité que concède le pouvoir.

Mais ce serait ouvrir la porte aux aspirations sociales; il faudrait se résoudre à entendre les plaintes du bétail humain, directement intéressé au succès de ses propres affaires! La gaieté ne régnerait pas toujours au Palais-Bourbon; les pasteurs d'hommes et les directeurs de consciences n'auraient plus à s'insurger contre l'expression « bétail humain », mais peut-être contre le bétail lui-même, las des plaies de la servitude.

Voilà pourquoi les socialistes ne seront pas de sitôt appelés au pouvoir.

Quoi qu'il en soit, le progrès marche; mais le chauvinisme ne désarme pas; nous craignons encore la guerre, l'infâme guerre; la guerre, instrument de réaction au service des despotismes, qui jette notre corps en pâture aux noirs corbeaux des champs de bataille.

Esclaves des préjugés tyranniques des siècles barbares, nous sommes le « bétail humain » de la guerre.

Victimes des lois d'obscurantisme et d'ignorance, nous tolérons les sermons des robes noires; à peine avons-nous secoué les chaînes du fanatisme religieux. Dans l'église, au temple, à la synagogue, nous écoutons l'homme de Dieu, comme si l'immuable, l'infini, l'idéal pouvaient être représentés sous une forme matérielle.

Là encore, l'humanité est un bétail qui courbe la tête, par ignorance et par crainte.

Et toutes les hordes déguenillées, sans souliers, sans pain, vaincues par la misère et flétries par la souffrance, subissant les injustices des inégalités sociales, qu'est-ce donc, sinon : bétail humain?

Ce mot a cinglé la Chambre et son président; ils ont courbé la tête comme les jeunes soldats au premier coup de canon. Puis, sachant qu'il n'y avait ni poudre, ni plomb, que ce n'était qu'une simple bourre, ils ont relevé la face pour conspuer l'orateur.

Peu importe! — il y a des mots qui sont des documents instructifs!... — Bétail humain de Jules Guesde est un enseignement dont nous livrons l'étude réaliste aux méditations de nos hommes d'État.

20 mai 1891.

MANGEONS DU PRÊTRE !

On dit que le corbeau fait un excellent bouillon et un pot-au-feu exquis. Je m'étonne alors qu'on donne au prêtre le nom de ce volatile — au sinistre présage — mais estimable au point de vue culinaire.

L'homme est souverainement injuste ! pourquoi insulter un être tout à fait irresponsable et qui, d'ailleurs, ne s'acharne que sur les morts ?

Le prêtre diffère du corbeau : il est coriace, d'une digestion pénible, et ne rendrait aux « Brébant » aucun service. Très difficile à capturer, il attaque l'homme avec des armes paradisiaques très redoutables ; doué d'un infernal toupet (quoique tonsuré), le prêtre qui passe pour ne pas se reproduire, phénomène curieux dans la création, pousse cependant comme la mauvaise herbe et le champignon vénéneux ? — Mystère ! et chasteté !

Entre ces deux animaux, le corbeau et le prêtre, j'avoue que je préfère le corbeau qui ne m'est pourtant que relativement sympathique : cet écumeur des nécropoles de la guerre, cuvant l'ivresse de notre sang « dans le ventre des chevaux morts », a sa raison d'être après tout, et je pense, en voyant cette innombrable armée noire s'abattre sur les campagnes, que les corbeaux sont les fossoyeurs naturels de l'humanité. On ne peut reprocher au corbeau son croassement lugubre ; c'est sa manière d'honorer Dieu ! il ne connait pas d'autres chansons ; il est étranger aux litanies ! somme toute, il mérite notre indulgence.

Mais l'armée noire des frocards, plus sale que la boue des cloaques, plus débraillée dans son déguisement louche — que des soudards de coup d'État, — l'armée des frocards nous semble autrement dangereuse et méprisable !

Manger du corbeau, c'est dur ! mais on n'est pas malade ensuite, et c'est toujours un corbeau de moins !

Lorsqu'on mange du prêtre, on est très malade, quand on n'en meurt pas ! et le prêtre se trouve toujours devant nous, quêtant pour l'entretien de l'Église! Nous croyons l'avoir mangé ?... Eh bien, pas du tout, il est là ; il nous guette comme l'oiseau de proie guette la mort !

Je connais l'histoire (la vraie) ! je n'ai pas oublié les dragonnades, l'inquisition et autres aménités du parti prêtre, ni les terreurs que *les églises de tous les cultes* ont répandues sur le monde. Les religions ont semé la haine et entretenu le servage de l'intelligence en accaparant l'œuvre des grands penseurs pour la dénaturer et en faire l'instrument du despotisme.

J'aime Christ, comme j'admire Socrate et tous les novateurs et tous les propagandistes par la parole !

J'estime le simple moine des IXe et Xe siècles, de *Cluny ou d'ailleurs*, défricheur de bois, piocheur de manuscrits, artiste ignoré ! je plains cet esclave de la foi extatique et des tyrannies abbatiales, parce qu'il était un pauvre homme du peuple et qu'il saignait sous la férule monastique, comme le paysan sous le fouet du seigneur !

Mais je déteste le prêtre fauteur d'obscurantisme, semeur d'ignorance, qui, depuis dix siècles, a enrayé l'évolution sociale, en enseignant aux peuples les lois démoniaques des hypocrites religions.

Le prêtre, c'est le narcotisme de l'esprit humain.

Mais, en vérité, je vous le dis : Mes frères, malgré notre dégoût pour ce gibier, *mangeons du Prêtre* ; aujourd'hui plus que jamais, il faut vaincre nos répulsions et en manger. Il est bien nourri, bien dodu ; il nous coûte cher ! l'Etat l'engraisse (avec notre argent), et ne veut pas *se séparer* de cet ami fidèle. Les services rendus à l'Esprit nouveau en font un bon chien de garde pour notre gouvernement de trembleurs. Pas d'hésitation, du courage, et sus au molosse !

La comédie cléricale qui se joue en ce moment démontre que la majorité de nos représentants est fertile en fumistes. Dans les réunions, les candidats — républicains tout court ou simplement ralliés — ont promis la séparation des Eglises et de l'Etat ; tous ont déclaré qu'ils s'opposeraient aux empiétements du clergé.

L'occasion vient de se présenter de prendre parti pour la société laïque contre le cléricalisme, en soutenant l'ordre du jour suivant, déposé par les citoyens « Roche, Richard, Goujat et Humbert », afin d'empêcher notre gouvernement d'adopter la politique du goupillon :

« La Chambre, convaincue que la séparation des Eglises et de l'Etat est le seul moyen d'éviter les conflits entre les pouvoirs publics et les ministres des cultes, invite le gouvernement à dénoncer le Concordat et à présenter un projet de loi qui, en sauvegardant l'indépendance de la société civile et la liberté des consciences, réglementera l'exercice des cultes et organisera le droit d'association. »

Cette occasion de montrer au gouvernement que le pays répudiait l'esprit clérical, la Chambre s'est bel et bien gardée de la saisir. Elle a, au contraire, approuvé les déclarations du Gouvernement. *334 députés*, dont un grand nombre avaient certainement promis de lutter contre le clergé, ont ouvert leurs bras aux prêtres, pour la plus grande gloire de notre étouffement social.

Les curés doivent jubiler ! à quand la béatification de *Casimir d'Anzin* ?

L'Esprit nouveau triomphe à l'aide des *robes noires* qui vont impunément combattre la société laïque.

Plusieurs députés socialistes ont déposé au budget de 1895 un amendement tendant à réduire de 110,000 fr. le budget des affaires étrangères par la suppression de l'ambassade près le Vatican. Jadis, cette proposition était présentée par tous les députés des groupes de gauche et d'extrême-gauche !

Tout cela prouve que nous reculons et que la France indignement exploitée par la politique de ralliement, compromet de plus en plus la forme républicaine et les quelques institutions libérales qu'elle a su acquérir depuis vingt années.

Et pour enrayer le mal, il faut encore et toujours *manger du Prêtre* ! Commençons par dépecer celui qui sort de son église pour venir nous prêcher morale, histoire et socialisme ! il est assez original, qu'obligés de le payer pour dire des messes dont nous n'avons cure, nous soyons encore contraints de le voir mêlé à notre vie politique et sociale !

C'est pourquoi, je vous le dis : « Mes frères, sus à l'armée noire des frocards — plus débraillée, dans son déguisement louche — que des soudards de coup d'Etat ! »

Mes très chers frères, en vérité, je vous le dis *Mangeons du Prêtre !* »

27 mai 1894.

LE CHAMBARD !

Il ne s'agit pas du journal intitulé *le Chambard!* cette publication obtient un légitime succès avec ses suggestifs dessins fouaillant la société moderne et nous admirons ses audaces !

Ce n'est pas non plus du remède excellent dit « le thé Chambard » dont nous voulons parler aujourd'hui.

Un seul chambard nous occupe, le vrai, le grand chambard, le chambardement d'État ! le chambard fin de siècle, francisé par l'Académie depuis son triomphe à la Chambard.

Sans avoir usé du thé Chambard susnommé, tous nos ministres viennent d'obéir, comme un seul homme, à la grande loi du Chambardement. Rien de curieux comme un défilé de ministres allant rendre leurs tabliers au chef de l'État ! Les uns ont la mine piteuse d'un chat qui s'oublie dans la braise, les autres, le sourire sur les lèvres, comme la danseuse qui salue toujours, bien qu'on ne l'applaudisse jamais ! tous ont l'air de pauvres diables qu'on plaindrait volontiers, si on en avait le temps !

Adieu les honneurs, les réceptions officielles ! plus de suppliques commençant par ces mots : « A Son Excellence », etc., il faut en rabattre, rentrer dans le rang, bien heureux quand, pour quelques semaines d'éphémère triomphe, on a su garder intactes la pureté de ses mœurs politiques et son honorabilité de citoyen.

L'escalier du Pouvoir est plus facile à monter qu'à descendre. Beaucoup, et non des moindres, en ont gravi les degrés, aux applaudissements de la multitude et la tête haute, qui ont dégringolé les marches, sous les huées de la foule, l'oreille basse et le cœur meurtri !

Les ministres qui viennent de tomber d'une façon si piteuse ne laissent aucune place aux apitoiements. Ennemis jurés des institutions démocratiques, propagateurs de l'Esprit nouveau, ils ont fait la triste expérience de la politique de ralliement répudiée par la masse des électeurs républicains.

Les vacances ont du bon en ce qu'elles mettent en présence électeurs et députés, et ces derniers sont revenus de leurs départements avec cette opinion que la France ne veut plus de ministère à poigne décidé à faire de la réaction quand même, en s'appuyant sur les partis hostiles aux tendances démocratiques et aux réformes sociales.

Nos confrères de la presse s'étonnent qu'un pareil chambard se soit produit sur une question d'apparence secondaire, alors que le ministère était sorti victorieux de la grande joute cléricale.

Nous n'avons pas la même manière de juger. Sur la question cléricale, le gouvernement avait pour lui la droite, tous les esprits nouveaux et tous les ralliés qui ont donné comme un seul homme, au mépris des sentiments de la nation... Sa victoire était beaucoup plus facile et plus prévue qu'on aimait à se le figurer ; elle était inscrite d'avance au programme politique d'État.

La Chambre a voté contre la société laïque, mais son vote a été logique puisque notre majorité représentative est cléricale. Elle a vote de bonne foi.

On prétend que la question qui a précipité la chute du ministère est anodine ! à notre avis, elle est de la plus grave importance et si le ministère avait apporté dans sa discussion la moindre bonne foi, le plus humble sentiment de justice, il serait encore debout à l'heure qu'il est.

Il s'agissait du refus des Compagnies de chemins de fer de permettre à leurs ouvriers et employés de se rendre au Congrès national de la Fédération des ouvriers de chemins de fer.

Ce Congrès se tient régulièrement depuis quatre ans et jusqu'ici les délégués ont pu venir. M. le ministre avait promis d'intervenir auprès des Compagnies. « Quel est, dit M. Salis, le résultat des démarches ? Il importe de suivre les traditions des prédécesseurs de MM. Loubet et Viette. »

M. Jonnard déclare maladroitement que le gouvernement ne doit pas agir officiellement auprès des Compagnies, cependant il a invité ces dernières à ne considérer que les nécessités du service.

En ce qui concerne les employés des chemins de fer de l'État, M. le ministre déclare qu'il y a une distinction à faire. Il reconnait le droit de se syndiquer aux employés non commissionnés, mais il le conteste aux ouvriers et employés commissionnés, dont le salaire est réglé par le budget.

Cette affirmation catégorique, empreinte de la plus insigne mauvaise foi, n'a pas été du goût de la Chambre. Les calotins eux-mêmes, peu reconnaissants des services rendus, ont contribué à jeter bas le ministère qui leur avait si généreusement prodigué des gages de son amour chrétien, et c'est bien fait ! quand on recherche l'amitié des frocards, on ne mérite pas d'autre récompense !

On a prétendu encore que l'illustre charbonnier, Casimir d'Anzin, n'avait qu'à intervenir pour repêcher son ministre, qu'il n'avait qu'un mot à dire pour ressaisir une majorité complaisante. Tel n'est pas notre avis.

Casimir qui, d'après une certaine presse, a fait preuve de tant d'excellentes qualités d'homme d'État (nous nous demandons lesquelles ?), d'Anzin, était, quoi qu'on en ait dit, à bout d'expédients.

Le spectre du budget se dressait sans cesse devant lui, menaçant ! Le jeu de l'esprit nouveau manquait d'atouts ; on n'a pas toujours une Jeanne d'Arc à sa disposition, et à moins de demander sa propre béatification à M. l'abbé Garnier, de l'Union nationale, il fallait trouver du neuf ; c'est beau la poigne ! mais contre qui l'employer ? l'anarchie est à la baisse, on ne peut pas lutter dans le vide. Don Quichotte guerroyait, mais il avait au moins des moulins à vent.

En fait de moulins à vent, Casimir, le charbonnier, n'avait que ses collaborateurs ministériels, et, si l'on en croit la chronique, il ne nourrissait pour la plupart d'entre eux qu'une maigre estime ; plusieurs étaient d'une incapacité notoire.

La thèse de ce Jonnart était absurde. Il voulait accorder aux ouvriers des grandes Compagnies ce qu'il refusait aux ouvriers des chemins de fer de l'État. Il n'y a entre les uns et les autres aucune différence. C'est donc au moins ridicule. Il est vrai qu'on ne peut lui attribuer à lui seul la paternité de cette sottise, éclose sans doute en plein Conseil et peut-être même sous la présidence du chef de l'État. Quoi qu'il en soit, c'est une bourde couronnée du succès qu'elle méritait. Si d'Anzin, comme on l'a écrit à droite, au centre et à gauche, avait préparé tout cela pour se débarrasser des crétins qui l'entouraient, il n'a pas manqué son coup. Ce chambard, grand module, restera comme le clou de sa présidence du conseil.

Les applaudissements ironiques de l'extrême gauche, les cris de « Vive la Commune ! Vive la Révolution Sociale ! lui sonneront longtemps aux oreilles et lui rappeleront que la justice et la bonne foi sont les qualités primordiales d'un homme d'État.

La poigne et la roublardise ne suffisent plus. Constans, l'homme à la ceinture, a usé ses forces à ce jeu-là, et il fait aujourd'hui l'objet du mépris public.

Casimir, président de la Chambre ou d'ailleurs, sera toujours, pour les républicains socialistes, M. le charbonnier d'Anzin, l'homme de l'Esprit nouveau, du cléricalisme et du grand chambard ministériel !

4 juin 1891.

CATHOLIQUES
ET FRANCS-MAÇONS

Il vient de se passer un fait de moindre importance sans doute, comparativement à l'éclosion du ministère et au scandale Turpin, mais qui, pourtant, a une signification bien nette.

Je veux parler de la manifestation à la statue de Jeanne d'Arc, place des Pyramides.

Les loges maçonniques avaient décidé de porter au monument diverses couronnes pour célébrer l'anniversaire de la mort de la bonne Lorraine. Il ne s'agissait là ni de béatification, ni de sanctification, ni d'idolâtrie d'aucune sorte, mais seulement d'hommages de respect et de reconnaissance à la mémoire de l'illustre guerrière, patriote et martyre.

Cette manifestation devait être touchante et digne. Elle pouvait être la contre-partie de la mascarade jouée récemment à Notre-Dame par le cléricalisme et l'Esprit nouveau; la Libre-Pensée pouvait espérer qu'il lui serait au moins permis de prendre librement et fièrement sa revanche contre l'obscurantisme du fanatisme religieux et contre l'accaparement de Jeanne par des prêtres en goguette et des chanoines libidineux.

Il n'en fut pas ainsi, hélas! Les catholiques en décidèrent autrement; sans doute « des voix » vinrent les avertir que les francs-maçons et les libres-penseurs (signez-vous, mes frères) allaient à leur tour rendre hommage à la Pucelle d'Orléans, et ils décidèrent que Jeanne leur appartenait et que partout ils revendiqueraient leur bien.

Notre-Dame ne leur suffisait pas. Il leur fallut la place des Pyramides.

C'est pourquoi, les étudiants catholiques, furieux de cette manifestation des maçons et des libres-penseurs, résolurent de protester et de se livrer à une contre-manifestation, et ils partirent en guerre.

Un service d'ordre avait été organisé devant la statue de la Pucelle d'Orléans, mais un service insignifiant, un service pour des catholiques, car s'il se fût agi d'aller cueillir des communards, nous aurions vu toute la préfecture sur pied; là, au contraire, il s'agissait, non plus de coffrer des étudiants « quat'z'arts », mais de rappeler paternellement à l'ordre, par une douce protection et en tapant à côté, des étudiants catholiques, ivres d'*Oremus*.

Les gardiens de la paix du Ier arrondissement, en petit nombre, prirent position sous les arcades de la rue de Rivoli, et les agents de la quatrième brigade de réserve, une trentaine environ, commandés par M. Busigny, officier de paix, se massèrent dans le jardin des Tuileries.

On refoula la foule énorme des curieux derrière les grilles des Tuileries.

C'est là aussi que se tenaient les membres des loges qui venaient déposer leurs couronnes.

Nous remarquons MM. Oswald Wirth, vénérable de la loge « Le Travail et les vrais Amis fidèles »; Pasquier et Vaudémont, secrétaire et conseiller général de la « Fédération de la Libre-Pensée »; Voiret, vénérable de la loge « Alsace-Lorraine »; Ripoche, président de la « Libre-Pensée » de Rosny-sous-Bois, et beaucoup d'autres, perdus dans la foule et non groupés, grâce au service de « désordre », si bien organisé par la police de M. Lépine, qui brillait du reste par son absence. Il est vrai qu'il était magistralement représenté par MM. Gaillot, chef de la police municipale; Touny et Cochefert, commissaires divisionnaires et autres gros personnages du bord de l'eau.

La première couronne portait l'inscription suivante :

« A Jeanne d'Arc, hérétique et relapse, abandonnée par la royauté, brûlée par l'Église »; la seconde : « A Jeanne d'Arc, la Libre-Pensée et la Franc-Maçonnerie »; enfin, une autre couronne portait ces mots : « A Jeanne d'Arc, la grande Française, la loge Alsace-Lorraine, 1891 ».

On attend en vain les discours. Spuller n'est plus ministre, mais il parait que « l'Esprit nouveau » a survécu. Des ordres sévères ont été donnés à la police; des francs-maçons vont parlementer avec M. Gaillot qui, loin d'autoriser les discours, invite les manifestants à arracher les inscriptions portant les mots « hérétique et relapse ».

Les francs-maçons refusent d'obéir. C'est alors que les loges, précédées de leurs couronnes, s'avancent et défilent devant la statue; les couronnes sont attachées.

Plus de deux cents étudiants catholiques suivis de frocards déguisés et de suisses en délire débouchent de la rue des Pyramides et entourent le monument.

Place au bataillon de la République noire! Leur chef (un goupillon superbe) s'approche de la statue, arrache une couronne, en lacère l'inscription en criant : « C'est une infamie! »

Bagarre, intervention tardive de la police. Ah! si

c'était au Père-Lachaise! s'il s'agissait de communards, ça ne trainerait pas; mais des étudiants catholiques, l'espoir de la « France Esprit nouveau », il faut prendre des ménagements.

Cependant, le goupillon superbe qui a, paraît-il, nom Laborde, est emmené au poste, tandis que ses frères gueulent : « Conspuez les loges! conspuez! A bas les francs-maçons! » Deux prêtres passent à ce moment et les étudiants de crier : « Vive la religion! », cri considéré, à l'encontre de « Vive la Commune », comme non séditieux. Pourquoi?

Un autre étudiant, M. Dabry, président de l'Union nationale des Étudiants, brise une seconde couronne.

Nouvelle bagarre, plus violente que la première.

Les agents ne savent plus que faire; sans doute les ordres ne sont pas formels quand il s'agit des catholiques, et M. Gaillot télégraphie à M. Lépine.

Ce dernier accourt. (Il était peut-être à Notre-Dame, priant pour la béatification?) Alors, les agents de la quatrième brigade, restés jusque-là dans le jardin des Tuileries, en curieux, sortent enfin et chargent des deux côtés, rue de Rivoli et rue des Pyramides, jusqu'à l'avenue de l'Opéra.

Mauvaise tactique, car les étudiants ès goupillons reviennent par les autres rues en brandissant d'énormes gourdins. Le combat s'engage de nouveau entre les manifestants.

Enfin, les agents se décident à former le front sur la largeur de la place et à protéger le monument, et deux étudiants obtiennent de M. Gaillot l'autorisation d'attacher une couronne sans inscription. *E finita la commedia!*

Les deux calotins arrêtés pour la forme sont relâchés bien vite, mais francs-maçons et libres-penseurs n'ont rien pu dire, le gouvernement s'y est opposé;

c'est une manifestation muette, dont la police seule a fait les frais en distribuant, de-ci, de-là, quelques horions.

Il résulte de ce fait que la société laïque est loin de jouir de la protection à laquelle elle a droit; qu'au contraire, le cléricalisme est en faveur; que sa politique de ralliement au service de l'Esprit nouveau est une arme de gouvernement contre les tendances démocratiques et les aspirations sociales de la République française.

C'est pourquoi, il est grand temps que l'Esprit social s'affirme, que l'Église soit séparée de l'État et que le franc-maçon et le libre-penseur soient protégés comme doivent l'être les citoyens d'une République enfin dégagée des mômeries religieuses et des hypocrisies cléricales.

Car il est honteux d'assister en 1891, en France, à Paris, cité des « Révolutions émancipatrices et de la pensée libre », à une bataille de rues, autour de la statue de Jeanne d'Arc, entre catholiques et francs-maçons.

MENTEUR !

Dans son journal *le Peuple Français* du 1er juin, l'abbé Garnier, dit « la Réclame », dit « Gueule d'acier », s'exprime ainsi, relativement à la manifestation de Jeanne d'Arc :

« Venir saluer Jeanne, en lui disant qu'elle a été brûlée par l'Église, c'est l'honorer, en lui crachant au visage, en lui enfonçant un poignard dans le cœur.

« Non, elle n'a pas été brûlée par l'Église, mais par les pires ennemis de l'Église.

« Honorer ainsi Jeanne, c'est l'insulter. Et le peuple de Paris ne s'y est pas trompé.

« Il a sifflé les acteurs de la comédie d'hier. »

Voilà comment ces gens-là travestissent l'histoire et dénaturent les faits.

Avouons que, pour un tonsuré, l'abbé la Réclame, dit « Gueule d'acier » ne manque pas de toupet...

Décidément, Garnier est un infâme menteur!

Juin 1894.

DIPLOMATIE ANGLAISE

La science des intérêts et des rapports internationaux, l'étude de documents écrits conférant certains droits, l'ensemble de divers faits concédant aux peuples des garanties réciproques, constituent ce que les gouvernements désignent par ce terme générique : Diplomatie.

Les conventions diplomatiques sont choses sacrées; elles ont force de lois internationales et sont considérées comme telles par les contractants.

Un gouvernement ne peut pas plus se soustraire aux engagements pris, sans y avoir été autorisé par une nouvelle convention diplomatique, qu'un simple particulier ne saurait échapper aux obligations d'un contrat sans le consentement direct des parties.

Mais il en est des gouvernements comme des citoyens. Les uns, esclaves de leur parole et de la foi jurée, sont victimes de leur probité; les autres, cupides et sans scrupules, vont de l'avant quand même, au mépris de la validité des actes diplomatiques, bravant tout, jusqu'aux lois humaines!

La diplomatie anglaise fut toujours empreinte d'une hypocrite fourberie; sous prétexte de porter la civilisation au bout du monde, elle donna impunément un libre cours à son esprit de conquête et se livra aux plus lâches exactions, même dans les colonies où son action ne devrait être qu'accessoire, au vu des traités.

La politique tortueuse de la « pudique Albion » a

toujours incessamment lutté contre les intérêts français, alors même que ces derniers n'étaient pas de nature à porter ombrage aux intérêts britanniques, et qu'ils avaient au contraire été diplomatiquement déterminés, soit par la marche naturelle d'événements prévus, soit par des faits politiques acquis et sanctionnés par les gouvernements étrangers.

La main de l'Angleterre est visible dans tous les incidents qui peuvent inquiéter la France. Elle apparait — comme le bras d'un filou dans la poche d'un honnête homme — partout où il y a un coup à faire! Elle ne néglige aucune occasion de profit et joue à merveille son rôle d'écumeur. Il n'y a pas, dit-on, de petits profits; la nébuleuse Albion le sait bien. De-ci de-là, elle chipe artistement, « fait le mouchoir » d'une façon merveilleuse, et n'hésite pas à exiger des excuses des nations qu'elle vient de dépouiller.

En même temps que les protestations d'amitié se manifestent, les appétits britanniques se révèlent, et les longues dents de nos bons amis d'outre-Manche s'apprêtent à grignoter chez nous, malgré les plus solennels engagements.

L'Angleterre poursuit aujourd'hui sa rancune contre la France en Egypte, à Madagascar, dans l'Extrême-Orient, au Siam, et enfin au Maroc.

Le but du cabinet de Londres est, en ce qui concerne l'Egypte, de dépouiller tous les peuples de leurs droits, puis d'établir un protectorat anglais en maintenant l'occupation militaire.

A Madagascar, les Anglais vont plus loin; ils élèvent l'hypocrisie à la hauteur d'une institution.

Après avoir admis les conventions conclues entre la France et le gouvernement des Hovas, et s'être engagée diplomatiquement à conserver une neutralité efficace à notre action, l'Angleterre ne cesse d'intriguer et de paralyser nos efforts. Voici comment elle s'y prend :

Elle envoie ses pasteurs anglicans prêcher à Madagascar une véritable croisade antifrançaise. Les braves prédicateurs représentent la France comme une nation qui ne se plait qu'aux révolutions et qui ne peut qu'employer la violence dans ses colonies; puis ils enseignent le catéchisme anglais et poussent les Hovas à l'inexécution des conventions conclues.

Tel est le cas que notre blonde sœur fait des traités et des promesses qui ne lui assurent pas l'intégralité des bénéfices. Partout où l'Angleterre n'est pas absolue maitresse, elle s'insinue en apportant sa fameuse action civilisatrice. Pour elle, la civilisation, c'est la clef du vol !

Dans l'Extrême-Orient, les incidents survenus dans le Haut-Mékong, derrière le Siam, nous ont donné la note exacte des sentiments anglais.

Eux-mêmes avaient chargé les canons qui ont tiré sur nos navires, et si nous nous heurtons à Bangkok à des surprises, à des mauvaises volontés, et surtout à la mauvaise foi, il n'en faut pas chercher la cause autre part que dans les agissements de l'Angleterre.

Le rêve anglais, c'est de créer un Etat tampon ; c'est d'empêcher notre commerce de pénétrer dans les provinces sud de la Chine, et d'annihiler les bénéfices que nous pourrions retirer un jour du Tonkin.

Le traité congolais était encore dirigé contre nous par l'Angleterre, qui ne néglige aucune occasion d'atteindre les droits français en Afrique. MM. les Anglais voudraient enfin confisquer le Maroc, s'implanter à Tanger et tenir avec Gibraltar les clefs du détroit. Nous serions alors à leur merci en Algérie et dans la Méditerranée.

Il importe de réagir contre cet esprit-là et contre

toute possibilité de ces empiétements ; il faut faire respecter nos droits, coûte que coûte. Certes, nous ne sommes pas partisans de la politique coloniale ! Plus de conquêtes lointaines ; mais sachons du moins conserver intactes nos possessions qui nous ont coûté tant de mal à acquérir.

Pas de faiblesse devant MM. les Anglais ! Ils en prennent par trop à leur aise, et il serait grand temps de les rappeler à la pudeur.

A les entendre, ces monopoleurs de l'eau salée, il n'y a qu'eux qui puissent étendre leur puissance et porter au loin « le flambeau de la civilisation » !

Nous le connaissons le « flambeau de la civilisation anglaise » ! Il brille d'un vif éclat ! Ce flambeau est une torche rouge de sang ! Et c'est bien plutôt la dévastation et la mort que la vieille et cupide Albion s'en va porter au bout du monde.

Il serait superflu de rappeler les scènes de massacres auxquelles se livrèrent ces pseudo-civilisateurs et l'effroyable carnage qu'ils exercent encore dans leurs colonies. Les Anglais sont plus sauvages que les sauvages qu'ils vont civiliser ! Ils sont les sauvages du monde moderne !

Il leur sied mal d'envoyer à Madagascar des pasteurs prêcher la bonne parole, au mépris des traités français ; ils sont mal venus à guetter le Maroc, et nous nous moquons sans doute de leurs agissements ténébreux et de leur politique louche.

Quoi qu'il en soit, notre gouvernement devra se souvenir que, si d'autres peuples ne lui sont pas sympathiques, il faut surtout se méfier de la « diplomatie anglaise ». *Juin 1894.*

DEUIL NATIONAL !

La France entière est en deuil !

Carnot, Président de la République, petit-fils de « l'Organisateur de la victoire », fils d'un illustre vétéran de nos luttes républicaines, et remarquable lui-même par ses vertus civiques et son dévouement à la Patrie, Carnot n'est plus !....

La stupide vengeance a lâchement armé le bras d'un vulgaire assassin ! C'est avec stupeur qu'on enregistre un pareil crime : on se demande si le raffinement de la civilisation moderne ne nous ramène pas aux sanglantes époques de la barbarie !...

Carnot est mort dans l'accomplissement de son mandat ; il est mort à la peine, en héros ! Honneur à l'innocente victime ! Honneur au martyr !

Partout où battent des cœurs français, on pleure l'honnête homme, le grand citoyen que fut Carnot, Président de la République !

Et le monde entier se recueille, car la France entière est en deuil !...

25 juin 1894.

PROPOS DE CUISTRE

L'interpellation Thierry-Cazes sur l'attitude de M. le ministre de l'instruction publique à l'égard des membres de l'enseignement nous a donné l'occasion de constater l'étroitesse de vues du nouveau Cabinet et le libéralisme à l'envers de notre gouvernement.

Le déplacement injustifié d'un professeur du lycée d'Auch, M. Lebret, qui a eu le courage, en réunion publique, de préconiser la substitution d'une société démocratique à notre société bourgeoise, a servi de prétexte à l'interpellation.

Tel fut, répétons-le, le prétexte ; car le véritable motif de cette longue discussion, il faut l'aller trouver dans ce fait que, depuis trop longtemps, le personnel universitaire est soumis à un régime de terreur politique dont il est difficile de prévoir la fin.

Sous l'Empire, le corps enseignant à l'Université, au lycée, à l'école, était étroitement espionné. Le maire et le curé étaient, en outre, les mouchards naturels du pauvre instituteur ; gare à lui s'il n'était pas strictement officiel ou s'il chantait faux à l'église, gare à la révocation s'il prononçait le mot de « République » !

Mais au moins, en ce temps-là, était-il prévenu ; il savait ce qui l'attendait s'il ne criait pas « Vive l'Empereur » ! c'était à prendre ou à laisser.

Sous notre République « aux pâles couleurs », on traque le maître qui se mêle de parler et d'écrire pour fortifier cette République qu'il a promis de servir fidèlement, moyennant un maigre salaire !...

Les membres de l'enseignement public sont l'objet de vexations inouïes et de poursuites injustifiées, dès qu'ils font acte de citoyen, dès qu'ils parlent dans les réunions et qu'ils entrent en relations avec des socialistes.

Et lorsqu'ils sont défendus par des hommes de progrès, quand, à la Chambre, des accents généreux se font entendre en leur faveur, que les députés osent s'indigner et dénoncer à l'opinion publique l'application d'une règle de conduite générale contre les professeurs indépendants, il se trouve un ministre pour faire entendre, au nom du gouvernement, quoi ?... des propos de cuistre !

Pour être professeur, on n'en est pas moins homme!... homme, oui, mais pas citoyen, pas socialiste, cuistre seulement! Telle est la volonté du cabinet Dupuy. Il est vrai que ce dernier n'était pas libre citoyen en même temps qu'il était cuistre : à son compte, il était cuistre seulement, car il fait observer, au cours de la discussion « qu'il n'a jamais exercé simultanément des fonctions électives et des fonctions universitaires ».

M. Lannelongue n'est pas l'ami des professeurs (républicains!); il trouve qu'il n'est pas convenable qu'un professeur ou un instituteur, quand il n'est pas candidat, aille dans des réunions politiques exprimer des opinions qui n'ont pas cours dans l'école ; il permet seulement à l'enseignement supérieur la liberté des opinions et de la parole, parce qu'on s'adresse à des hommes.

Jaurès lui répond éloquemment. Il combat la distinction qu'on veut établir entre l'instituteur, le professeur de l'enseignement secondaire et le professeur du haut enseignement. Il réclame pour tous la même liberté.

Il a bien raison; car si l'instituteur, quel que soit son degré d'enseignement, s'est engagé à défendre la République, et s'il ne comprend cette République que sous la forme socialiste, de quel droit le ministre vient-il le frapper ? Tous les cabinets républicains ont jusqu'ici recommandé à l'instituteur de soutenir la République, non seulement dans l'école, mais au dehors. Ce terme « au dehors » laisse entrevoir que l'instituteur fera la propagande dans les réunions, les banquets, etc.

Et c'est tellement vrai que l'école a défendu fièrement la République contre les tentatives dictatoriales du parti boulangiste.

Mais la boiterie chronique de la justice gouvernementale vient toujours enrayer le progrès, au mépris des plus flagrantes contradictions. Il était bon de combattre le boulangisme, c'est bien notre avis. Mais pourquoi, si nos instituteurs ont été encouragés dans leur propagande antiboulangiste par Messieurs de l'État, ces derniers les pourchassent-ils comme des lapins, quand il s'agit de socialisme, but idéal républicain ?...

Le cas de M. Lebret n'est pas isolé. Il y a aussi M. Robin, instituteur du Gers, inquiété pour avoir affirmé ses opinions politiques : M. Rosselin, surveillant général au lycée Condorcet, mis en demeure de cesser sa collaboration à un journal socialiste de la Manche : M. Mathy, professeur à Albi et conseiller municipal, poursuivi et condamné pour avoir voulu défendre les socialistes, etc, etc.

Le ministre de l'instruction publique, M. Georges Leygues, a prononcé un discours fort remarquable de forme, de courtoisie et d'adresse, empreint d'excellentes qualités officielles ; mais il y manque la conviction. M. Leygues nous semble un esprit trop cultivé, trop en dehors, pour ignorer que s'il a rallié la majorité d'une Chambre réactionnaire, il a tenu un langage contraire aux sentiments de la France républicaine.

Le pays marche pacifiquement et avec indépendance vers le socialisme; il entend que les citoyens instruits, les professeurs, les éducateurs de la nation soient à l'avant-garde des progrès humains!

Les arguments de M. le ministre sont « propos de cuistre! » Il déclare, ce brave Leygues, que si les abus signalés se renouvelaient, il y aurait peut-être lieu d'examiner s'il ne conviendrait pas de réclamer des mesures permettant de les réprimer plus efficacement. La Chambre, dans sa servilité coutumière, approuve les déclarations du gouvernement. Elle ne pouvait faire moins dans l'état de gâtisme où elle se trouve.

Mais nous croyons ne pas nous tromper en pensant avec Jaurès que rien ne pourra arrêter, même dans l'Université, le mouvement socialiste: et ce sera tant mieux pour la République, car, seule, l'Université peut faire l'éducation démocratique des jeunes générations, et si elle était empêchée de remplir ce rôle, c'est à l'Église que profiterait son abstention!

Aux de Mun, Garnier et consorts, il faut des Dupuy et des Leygues!

Mais les socialistes veillent, et ils auront toujours avec eux « universitaires, professeurs et instituteurs » pour marcher à la conquête de l'émancipation humaine!

C'est pourquoi des « propos de cuistre », il n'en faut plus!

14 JUILLET

A mon ami Ernest Roche,
député de Paris.

14 JUILLET !

Quatorze Juillet 1789! — date glorieuse — flamboiement de l'esprit humain, soleil radieux qui réchauffe de tes rayons réparateurs l'humanité meurtrie par des siècles de servilité et d'obscurantisme, que le souvenir ineffable de tes bienfaits guide le Monde à la conquête des libertés sociales!

Nos pères étaient des géants, nous sommes des pygmées. A peine avons-nous déchiffré Montesquieu, Voltaire et Rousseau, ces grands précurseurs de la Révolution politique et de l'évolution sociale. Nous avons peur de « l'au delà ». En politique, nous avons profité des luttes de nos pères qui nous ont, sublime aurore révolutionnaire, délivrés de la tyrannie. En socialisme, nous sommes des rêveurs; nous ignorons les premiers mots de la loi égalitaire et du catéchisme humain.

Quelques pages du *Contrat social*, de Jean-Jacques, mal lues et faussement interprétées, nous ont conduits à des théories et à des doctrines diverses, et le livre a été fermé. Avouons-le, nous en sommes à l'A B C; nous vivons sur l'héritage de nos pères et nous n'avons pas fait un pas vers l'émancipation sociale. Peu d'entre nous ont su bien lire Rousseau. Nous digérons mieux les *Notes d'Alfiéri* sur la tyrannie, parce que nous nous reposons sur les bienfaits de la Révolution politique faite par nos pères; nous restons sourds aux théories des grands philosophes du siècle dernier, parce que la Révolution sociale se dresse devant nous, question géante qui fait peur aux nains; nous sommes des trembleurs voulus, et nous agitons le spectre rouge pour nous effrayer davantage encore, laissant la Révolution aux soins d'événements que le hasard des actes humains peut rendre terribles.

Nous souffrons des violences de l'anarchie; ses actes criminels nous terrorisent et nous les châtions avec les armes rouillées de notre société vermoulue. Mais qu'avons-nous fait depuis soixante ans pour prévenir les révoltes sanglantes de l'humanité meurtrie? Rien! et nous portons la peine de notre incurie.

L'inégalité parmi les hommes divise les intérêts collectifs, et le branle-bas révolutionnaire terrifie ceux là mêmes qui, mal instruits toujours — et souvent mal équilibrés, — fondent des chapelles à théories diverses où quelques adeptes viennent pontifier. La subdivision des intérêts humains (qui sont pourtant les mêmes pour tous) fera-t-elle donc toujours échec aux principes immuables de solidarité et d'égalité?

Nos pères nous ont légué la haine de la tyrannie, puis ils nous ont tracé la route qui doit nous conduire à l'affranchissement de la servitude sociale. Cette route, nous l'avons à peine déblayée; nous avançons sans enthousiasme, avec la crainte des meurtrissures, laissant à la Révolution scientifique et industrielle le soin de faire œuvre utile en nous apportant le contingent de ses progrès. Et privées de flamme, la pensée sommeille, l'imagination s'éteint; c'est la machine qui tue l'homme, c'est la matière qui absorbe l'esprit.

Quand on songe à 1789, à cet élan sublime, à cette nuit du 13 au 14 juillet, à cette séance mémorable qui s'écoula au milieu du trouble et des alarmes, où, à chaque instant, des nouvelles funestes étaient données et contredites, où les projets de la Cour étaient inconnus et les députés menacés, où l'Assemblée, un instant suspendue au bruit lointain des tambours, était reprise pour discuter les travaux de la Constitution, on se demande si ces héros n'étaient pas des dieux qui, dans cette même journée du 14 juillet, allaient clore la porte de l'esclavage et ouvrir l'ère sublime de la liberté.

Et le peuple se porta à la Bastille ; une troupe armée (et de quelles armes!) se campa devant la forteresse en criant : « Nous voulons la Bastille ! » et ce cri de la volonté humaine prit cette Bastille, rempart de la sauvagerie monarchique ; une poignée d'hommes eut raison de cette place vainement assiégée autrefois par le grand Condé. La Cour, qui ne croyait pas à l'énergie du peuple, se riait des efforts de la multitude ; mais quand on vit les clefs de la Bastille au bout d'une baïonnette et le col de Delaunay décapité, ce fut comme le glas funèbre de la royauté qui tinta gravement dans les manifestations plébéiennes !

Flesselles, prévôt des marchands, paya de sa tête sa trahison ; un inconnu le tua d'u coup de pistolet ! on avait saisi une lettre de Delaunay dans laquelle Flesselles lui disait : « Tenez bon, tandis que j'amuse les Parisiens avec des cocardes ! » Ce mot qui coûta la vie à son auteur peut être considéré comme le dernier râle de la monarchie ironiquement agonisante !

Les cocardes ont fait place au bonnet phrygien ; Marat, Danton, Robespierre nous ont montré qu'il y a autre chose que la Révolution politique ; ils ont allumé le grand flambeau qui devait éclairer le chemin au seuil duquel ils sont héroïquement tombés. Ce flambeau, nous l'avons éteint ; des époques monarchiques et impérialistes nous replongèrent, non pas d'idée, mais de fait, dans l'ancienne manière autocratique.

L'application de l'idée républicaine à la stabilité gouvernementale passa bien longtemps pour une utopie. Combien de fois ai-je entendu sous l'Empire, dans les dernières années de ce régime autoritaire, d'excellentes gens affirmer que « la République était impossible en France » !

Mais la guerre arriva ! alors, la trahison et les défaites nous firent recourir à la République; là, devait être le salut, et nous songeâmes à fêter cette République; quelle date choisir? Le quatorze juillet nous parut tout indiqué, la date anniversaire de l'aurore républicaine méritait cette glorification. Qui ne se souvient de cet enthousiasme des premières années pour cette fête de l'affranchissement humain? 1878 vit son 14 juillet dignement célébré; c'est que le peuple avait espoir que le gouvernement de la République saurait s'inspirer des besoins de la cause sociale; il ne ménageait pas ses élans généreux ; l'égalité et la fraternité semblaient devoir naître de ces cordiales agapes. En ces années-là on fêtait encore dignement et loyalement le quatorze juillet ; on ne lui marchandait pas sa gloire !

Depuis quelques années, cette fête est morne; ce n'est plus une fête, c'est une apparence de fête ; les divertissements, les illuminations, les plaisirs abondent, mais comme une fête officielle et de commande ; on ne songe plus au 14 juillet de nos pères, au berceau de la République naissante, à nos aïeux qui chantaient et dansaient de joie et de bonheur et versaient de douces larmes au souvenir de leur servilité passée! Aujourd'hui, on s'amuse en pensant à tout, excepté à cette fraternité que pratiquaient nos ancêtres. La gaieté civique est morte, qui la ressuscitera ? Qui nous rendra la franche cordialité de nos aïeux, et leurs figures enrubannées, et leurs bonnets et leurs cocardes, et leurs sauteries, qui, bien mieux que nos danses réglées et silencieuses, attestaient la sérénité de leur âme, la bonté de leur cœur et la franchise de leurs caractères enjoués?

Escholiers, gardes françaises, ribaudes, milices bourgeoises, aristocrates devenus citoyens, tous étaient confondus, mêlés et amis dans ces fêtes; les rangs n'existaient plus, tous étaient égaux!

Les riches accueillaient les pauvres avec bonté. Les femmes, du haut des croisées, jetaient à pleines mains des cocardes patriotiques.

Il se trouvai, dans ces fêtes-là des nobles, des bourgeois, des abbés, du peuple.

C'est qu'on venait de prendre la Bastille et que, d'une extrémité de la terre à l'autre, on crut, « comme dit Esquiros » entendre tomber le pouvoir monstrueux de la force! Les temps sont bien changés!

Oserons-nous parler des quatorze juillet de ces dernières années? Hélas! quoi qu'on fasse, officiellement parlant, on n'enlèvera pas de la tête du peuple l'idée qu'il est encore dupe de vaines promesses, qu'on se moque de lui et que toutes les réformes depuis si longtemps annoncées seront encore lettre morte. Et voilà pourquoi le peuple veut bien fêter le 14 juillet, mais voilà aussi pourquoi le peuple ne peut plus rire et repousse les amusements fraternels d'autrefois. Et puis, le gouvernement « de cette République » est pareil aux États autocratiques; il fouaille, sabre à tort et à travers les citoyens, jeunes ou vieux, valides ou malades, sème l'émeute (on fait ce qu'on peut pour vivre!), s'en laisse imposer par l'étranger, et déconsidère, par son idiote politique de ralliement, l'idée républicaine elle-même.

Aussi, les vrais Français sauront-ils se souvenir! des 14 juillet ils retiendront le premier, celui de 1789, symbole de l'affranchissement humain, toujours jeune d'enseignements, et à tous les 14 juillet à venir, ils pousseront d'une voix vibrante, *complétant 1789 par 1793*, ce cri de sublime espoir : Vive la République démocratique et sociale!

LA VEUVE

LA VEUVE

C'était un « lendemain de Quatorze Juillet ! » Les derniers échos de la Fête nationale répétaient les refrains joyeux d'un Peuple en liesse. Triste effet de la loi des contrastes, cette gaieté m'attristait ; elle apportait à mon imagination fébrile comme le tintement lointain des Révolutions disparues !

Je me promenais, esclave d'un rêve, dans notre grand Paris ; j'étais sur la ci-devant place Louis XV, plus tard place de la Révolution et actuellement place de la Concorde.

Il serait superflu d'expliquer ces dénominations successives ; elles proviennent de faits historiques fort connus, diversement appréciés, selon les personnes et l'ordre social, mais qui ont légué, et longtemps encore légueront aux générations futures l'exemple du courage et des vertus civiques de nos ancêtres ainsi que la glorification de leurs luttes pour la chute du despotisme et le triomphe de la Liberté.

Un rassemblement s'était formé au milieu de la place, du côté où naguère encore s'élevait le Palais des Rois.

Curieux, je m'approchai du point noir.

Des bourgeois, des gens du peuple, des aristocrates, des prêtres et des soldats formaient ce groupe. Au milieu, haute et droite, malgré son grand âge, une femme, en grand deuil, haranguait la foule ; sa voix vibrait d'émotion

Et tous l'écoutaient, frémissants; et voici les paroles que je pus recueillir :

« O fils de la Révolution française ! inspirez-vous « des Anciens qui sont morts ici pour l'émancipation « sociale ! mais faites en sorte que vos progrès s'ac- « complissent par le Travail et la Paix ! Depuis cent « ans, je pleure sur le triste sort de vos Pères, ces « géants qui vous ont affranchis du joug de la servi- « tude, ces héros incorruptibles qui ont fait de vous « des hommes libres !... Je pleure !... et rien n'a pu « sécher mes larmes. »

Et la foule de s'écrier : — Femme, qui donc es-tu ?

« — Je suis la Justice ! Ecoutez-moi :

« J'étais née pour le bien, la vertu et l'honneur, et si « mes larmes coulent sans cesse, c'est parce que bien « souvent les passions humaines ont étouffé la voix « de ma conscience. Mes sympathies étaient pour les « persécutés contre les persécuteurs, pour les victi- « mes contre les bourreaux, pour Socrate contre « les Héliastes, pour Jésus-Christ contre les Gentils, « pour les Templiers contre Philippe le Bel, pour « Ramus contre ses assassins !... Mon admiration « était acquise aux hommes qui ont usé leur vie à la « recherche des vérités éternelles, à tous les martyrs « de la foi de l'Humanité, à tous les héros sans épée « et sans cuirasse qui ont donné leur corps aux tortu- « res et leur âme au Peuple, à tous ceux, enfin, qui « ont laissé d'héroïques exemples à suivre !

« Ils sont les jalons de la route parcourue, comme « d'autres doivent être les jalons de la route à parcou- « rir. J'arrive à la période de la grande Révolution, à « ceux qui devaient aussi payer de leur sang l'ardeur « de leurs convictions, alors que le flot révolutionnaire « que j'étais impuissante à repousser, m'apporta d'in- « nocentes victimes.

« Jeune et fière de mes premiers succès, je les étrei-
« gnais, « inconsciente vengeresse », de mes bras
« puissants, et ceux qui vous ont fait libres disparu-
« rent ainsi sous mon baiser mortel. »

— Qui donc es-tu, criai-je à cette femme, pour tenir un pareil langage ? — Ton nom, oui, ton nom ? clama la foule impatiente.

Mais la femme en grand deuil nous imposa silence d'un geste, et c'est comme cloués au sol que nous entendîmes la suite de son discours :

« Le moment n'est pas venu, poursuivit-elle, de
« vous dire qui je suis. Vous le saurez assez tôt ! Il faut
« aujourd'hui faire trêve aux sentiments de haine et
« de vengeance. J'ai servi vos pères et je viens vous
« supplier d'être les missionnaires de la paix et les
« apôtres de l'affranchissement social.

« Soyez les pionniers de la Démocratie, les prê-
« cheurs du socialisme, les censeurs inconnus de la
« loi nouvelle, les apôtres énergiques de la grande re-
« ligion de l'Humanité ! Ayez foi dans l'avenir du
« Peuple et du Monde ! N'oubliez pas que le despo-
« tisme, quelle que soit sa forme, quel que soit son
« nom, ne pardonne jamais aux penseurs dévoués qui
« prétendent arrêter dans sa rotation infatigable la
« machine hideuse qui a broyé déjà tant de généra-
« tions, et qui, pour mieux en briser les rouages, y
« placent résolument leurs têtes.

« Souvenez-vous, jeunes générations, que votre rôle
« est de marcher pacifiquement à la conquête des li-
« bertés sociales et de l'affranchissement humain.

« Quant à moi, je ne veux plus vous servir ; je suis
« trop vieille ; j'ai fait le bien par le mal, j'ai fini ma
« tâche. Et maintenant... pardonnez-moi !... il y a
« cent ans que je pleure vos Pères !... Fils de la Ré-
« volution, pardonnez-moi ! »

Telles furent les paroles de cette inconnue. Pénétrés d'émotion, nous allions lui tendre la main, lorsque le soleil éclaira de ses rayons ardents le visage décharné de cette femme en grand deuil. Nous vîmes alors, ô stupeur ! « deux larmes de sang » figées sur ses joues creuses. Et ce ne fut qu'un cri parmi nous :

— Femme, quelles sont ces larmes, et qui donc es-tu ?...

— Ces larmes datent de 1794 ; elles sont faites du sang de Robespierre et de Danton !

— Que nous disais-tu, dans un noble langage, que tu étais la Justice, que tu étais l'Humanité ? Femme, pour la dernière fois, qui donc es-tu ?...

— On m'a surnommé « la Veuve ! » — Je suis l'Échafaud !

Je me précipitai pour la presser dans mes bras, pour lui pardonner ; pour tâcher de recueillir une gouttelette de ces « larmes rouges », semence féconde de l'Esprit social, pour sécher ses yeux pleurant le sang de nos deux héros révolutionnaires !... Hélas ! plus rien... la vision rouge s'était évanouie !... la femme en grand deuil n'était plus là !

Et c'était au lendemain du « Quatorze Juillet » ! les derniers échos de la Fête nationale répétaient les refrains joyeux d'un peuple en liesse, et, triste effet de la loi des contrastes, cette gaieté m'attristait ; elle apportait à mon imagination fébrile comme le tintement lointain des Révolutions disparues.

LA JUSTICE DU PEUPLE

Avant la Révolution (celle que le Peuple nomme « la grande Révolution »), la justice était rendue selon le bon plaisir des rois, des princes, des puissants de la terre, pour la plus grande gloire des pasteurs d'hommes et de notre sainte mère l'Église.

L'homme était une machine qu'on supprimait à volonté, comme on arrête le balancier d'une pendule. Heureux temps où l'on payait de sa tête un sonnet à la reine ou un madrigal à la favorite, sans qu'il fût besoin aux rois d'inventer des lois et d'instruire des procès.

Le cachot, les tortures, les oubliettes étaient de rudes armes ; nous n'avons pas l'intention, j'imagine, de les ressusciter ; mais comme elles étaient rapides dans leur fonctionnement et infaillibles dans leur action ! les douleurs physiques arrachaient aux patients les plus résolus les aveux réclamés par les accusateurs ; les vérités et les mensonges se succédaient, au gré des tortionnaires ; et, pour la sainte cause, les coins, les tenailles et les clous, bien mieux que les arrêts, les décrets et les lois, rendaient des jugements incontestés de nature à sauvegarder l'ordre social, en consolidant « le trône et l'autel » !

Mais tout a une fin, même les privilèges des papes et des rois ! Trop longtemps, on avait entendu cette phrase lugubre : « Laissez passer la justice du roi ! » on lui substitua cette autre phrase vengeresse : « Laissez passer la justice du peuple ! »

Des géants prirent la Bastille, et cet acte d'héroïsme répandit sur le monde comme un souffle de liberté! L'humanité meurtrie pansa ses blessures; l'homme régénéré releva la tête, l'esclave se fit citoyen!

Au glas funèbre du despotisme succéda le clair tocsin des révolutions; et ces « querelles de tonnerres » firent, comme une muraille lézardée, s'écrouler le vieil édifice social. De ces décombres fumants, de ce chaos épouvantable naquit la République.

Le corps nu, les pieds dans le sang, mais belle et fière, elle songea à se vêtir, à s'humaniser. Elle essuya son épée rougie et rechercha les moyens de pratiquer la justice. Il lui sembla que tout homme avait le droit et le devoir de juger ses semblables, et que la justice, issue du peuple, devait être rendue par le peuple.

Aussi, est-ce bien en partant de ce principe « qu'il n'y a de véritable justice que celle qui est rendue par le peuple », que la Constituante, en 1790, a établi le jury comme véritable et seul juge du droit commun.

Les adversaires les plus acharnés du jury reconnaissent les bienfaits de cette institution démocratique. Le jury a tranché à son honneur les plus graves questions qui puissent agiter l'humanité; sans faiblesse, il a dénoué les plus grands scandales et n'a pas craint d'envoyer à la mort les malfaiteurs et les assassins; en outre, à l'abri des passions politiques, il a su s'inspirer utilement de l'opinion, lorsque des délits de parole ou de plume ont été soumis à sa sagesse. Et c'est toujours sans révolte que le peuple accepta les délibérations et la sentence des jurés.

Les événements douloureux que nous subissons, grâce à une poignée de déments ou d'assassins anarchistes, ont inspiré à notre gouvernement des lois de répression qui ont pour objet de retirer au jury la connaissance de certains délits de presse et de parole;

nos hommes d'État estiment que le péril sera conjuré, lorsque les tribunaux correctionnels et les juges ministériels auront, pleine et entière, la juridiction de ces délits.

Nous pensions que le Code pénal et les lois de 91 et 93 suffisaient largement à combattre et à exterminer l'anarchisme qui, Dieu merci, compte encore dans le monde une infime minorité d'adeptes, au point de vue complot. Nous avions également la fatuité de croire que la police était suffisamment armée contre les solitaires, les égarés, les isolés et les fous. S'il n'en est rien, et si des lois nouvelles sont si indispensables, nous trouvons le moment mal choisi pour enlever au peuple son droit de justice, car le peuple est le premier intéressé à se défendre contre l'anarchie. Supprimer le jury, c'est lui enlever sa meilleure arme de combat, car le jury, c'est « la justice du peuple ».

Les excellents discours prononcés à la Chambre renferment tous des arguments irréfutables en faveur du jury. M. Brisson, M. Goblet et d'autres ont déclaré que la nouvelle loi porterait atteinte aux droits des accusés. Le député Viviani a fort bien développé l'idée de justice lorsqu'il a dit :

« Quand un citoyen vient siéger aux assises comme « juré, ce n'est pas seulement un devoir qu'il remplit, « c'est son droit qu'il exerce, le droit le plus haut, le « plus imprescriptible du souverain, le droit de rendre « la justice ».

Le citoyen Viviani frappait juste ; il restait dans la tradition républicaine, dans l'esprit de la Constituante de 1790 établissant le jury (nous l'avons dit plus haut) comme « véritable et seul juge du droit commun ».

Après tant de flots d'encre répandus sur cette loi nouvelle, après tant d'éloquentes paroles si impatiemment attendues et qui ont mis en lumière le talent de nos orateurs socialistes, il serait superflu de reprendre la question de haut et d'en discuter l'inutilité ou l'opportunité.

Dès le rapport, l'opinion était faite à la Chambre, et les plus beaux discours ne pouvaient avoir une bien sérieuse influence sur le résultat final. Mais, dans le public aussi, l'opinion était faite, et la déception a sans doute été bien amère.

Il résulte de tout cela que le peuple a perdu un de ses privilèges, une arme que la Constituante de 1790 avait eu quelque peine à acquérir, et cette perte (nous conservons bien je pense le droit de le déclarer ici) n'est pas de nature à fortifier le principe républicain.

La justice du peuple a perdu sa principale force et son autorité est affaiblie. La République n'est plus en pleine lumière, il y a de l'ombre sur elle.

La politique des ralliés sème dans le peuple encore solidement attaché aux principes de « la Révolution et des Droits de l'homme », une sorte d'affolement très préjudiciable aux affaires. Et quelles compensations ces républicains d'hier apportent-ils en échange des lambeaux de liberté confisqués aux grands principes de solidarité humaine ? Aucune.

Les écrivains, les journalistes politiques seront sans doute les seuls à souffrir des lois nouvelles, mais le commerce, paralysé par la peur et la méfiance n'en continuera pas moins à s'agiter dans un marasme de plus en plus désolant. Si encore quelques réformes sociales, quelques dégrèvements d'impôts étaient discutés à la Chambre, mais non, les députés filent en vacances, et l'année législative aura inspiré aux électeurs désillusionnés : le désintéressement des affaires publiques et le dégoût de la politique, choses qui conduisent un peuple, même le nôtre qui est encore sanguin, au plus terrible des maux : l'anémie.

Mais ne soyons pas pessimistes ! La France, aux plus sombres jours de son histoire, a fait fi du découragement..... L'évolution se fera quand même et pacifiquement.

Et nos ennemis, vaincus, courberont la tête sous cette phrase vengeresse : « Laissez passer la justice du peuple !.... »

LA MUSELIÈRE

5 août 1894.

La voilà donc votée cette fameuse loi ! on peut dire que l'accouchement a été laborieux !

Le gouvernement ne prévoyait pas de si long débats ; il ne comptait pas qu'il se produirait d'aussi vives résistances dans tous les rangs de l'opinion, et surtout il ne pensait pas avoir à lutter contre des politiciens de la droite et du centre dont l'habitude n'est pas de marchander au pouvoir des armes de réaction.

Mais en France, où la liberté prit racine, les lois de répression sont toujours mal accueillies et par cela même fort discutées. Et c'est un bien, car la terreur anémie les peuples ! Cette loi a été votée à la condition qu'elle viserait seulement les délits, les complots et les crimes anarchistes répudiés par tous les Français dignes de ce nom, et que le gouvernement n'en ferait pas usage contre ses adversaires politiques.

L'opinion des citoyens les plus résolus à combattre l'anarchisme et les plus ardents au triomphe des réformes sociales est que cette loi est dangereuse pour la république, contraire aux principes de liberté et d'une efficacité douteuse pour le but qu'elle se propose d'atteindre.

Ce n'est qu'en tremblant qu'on envisage cette loi, sorte de muselière sociale, qu'il sera peut-être difficile d'appliquer uniquement à ceux qui la méritent et sans s'exposer à atteindre des innocents.

Le gouvernement a beau promettre qu'il saura éviter la confusion, il a beau exciper de sa bonne foi et la Chambre la reconnaître en votant une loi qui ne doit frapper que l'anarchisme, le peuple n'en conserve pas moins le souvenir des arrestations arbitraires et la crainte, si justifiée par des événements récents, que des erreurs puissent encore se glisser dans les accusations et frapper des républicains socialistes, victimes de leur foi politique et de leur propagande humanitaire.

La muselière ne va pas à tout le monde, et ceux-là même qui sont à l'abri de ses étreintes n'en éprouveront que plus durement peut-être les blessures morales.

Le plus terrible en tout cela est que les dénonciations calomnieuses se produiront de plus belle (comme il est arrivé après toutes les mesures répressives) et qu'elles pourront provoquer l'arrestation de citoyens parfaitement innocents d'anarchisme et de complot contre la sûreté de l'État.

L'incarcération de ces citoyens odieusement dénoncés, la prévention qu'ils auront à subir développeront dans les cerveaux terrorisés des germes de colère et de vengeance.

C'est à la suite de ces déplorables erreurs que le citoyen libre devient un esclave révolté, et la colère de l'esclave est autrement terrible que les pacifiques revendications du citoyen.

On peut dire, il est vrai (et tel fut le seul argument du ministère), que cette loi ne vise que l'anarchie. Nous voulons en être convaincus et, pour l'honneur du caractère français nous ne supposons pas qu'un député ayant voté la loi puisse invoquer, pour expliquer son vote à ses électeurs, d'autres raisons que la lutte entreprise contre les crimes anarchistes.

Il faut enrayer la propagande par le fait : et, si pour y arriver, la loi nouvelle doit être une arme si précieuse, que ne fut-elle présentée et votée plus tôt ? Ils eussent donc été évités, ces crimes qui ont répandu l'affolement et la terreur.

Ce n'est pas nous qui, à cette même place, avons réclamé les châtiments les plus terribles pour une secte abominable dont chaque crime recule les progrès de l'évolution sociale, ce n'est pas nous qui jamais nous plaindrons de la rigueur des lois contre l'anarchisme. Mais, en ce qui concerne cette loi de sûreté générale, et sans en discuter l'esprit, nous ne pouvons nous empêcher de craindre que, quelles que soient ses limites en principe, l'application n'en ait pas été suffisamment discutée dans les détails.

Des discours superbes ont été prononcés ; nous connaissons aujourd'hui nos hommes, nous apprécions leur valeur, et d'aucuns qui se trouvaient dans la pénombre, brillent en pleine lumière depuis ces débats mémorables. Il y a des défaites plus honorables que certaines victoires et qui apportent pour l'avenir d'utiles enseignements. Les députés socialistes ont gagné là des chevrons que les électeurs sauront coudre à leurs bras vigoureux, car ils ont conquis dans cette bataille le respect de leurs adversaires politiques et l'estime du pays tout entier.

Toutefois, il nous semble qu'on ne s'est pas attaché aux détails d'application de cette loi. Il n'y a rien de net, rien de précis, par exemple, au double point de vue du rôle de la police et des délais imprévus de la prévention.

Supposons qu'un monsieur me dénonce comme anarchiste, moi, *l'ennemi juré de l'anarchie* ; cette loi nouvelle, *qui ne vise que l'anarchie*, m'aidera-t-elle à sortir plus vite qu'avant sa promulgation des griffes de la police ? Hâtera-t-elle mon instruction, ma mise en liberté ? Motivera-t-elle le recours contre mon dénonciateur ? M'aidera-t-elle à découvrir cet ignoble personnage ? Non ; comme précédemment il me faudra subir les lenteurs des enquêtes policières, la durée de l'instruction, la mise en liberté provisoire, la surveillance et l'espoir du non-lieu tardif.

Je sais bien que le but de la loi est seulement de frapper plus sûrement les anarchistes ; mais, si je suis victime de la loi nouvelle dirigée contre les seuls anarchistes, comment admettre que cette même loi, soucieuse de son objet, ne me fasse pas, moi, innocent, bénéficier rapidement d'une ordonnance de non-lieu ? Ne lui était-il pas facile, destinée à frapper les seuls coupables et comme tels à les retenir, d'établir une procédure spéciale permettant d'élargir au plus vite les citoyens arbitrairement arrêtés et même à les indemniser, sinon pécuniairement (ce qui devrait être), au moins en les aidant à retrouver et à punir leurs dénonciateurs ?

Autre exemple : un monsieur lie conversation avec moi sous un prétexte quelconque et nous faisons ensemble un bout de chemin. Cet individu qui était filé est arrêté, et comme je parais être son compagnon, je suis également cueilli.

Se contentera-t-on, eu égard à la loi nouvelle, qui ne veut inquiéter que les anarchistes, de me garder au poste, et sur mes indications, procédera-t-on immédiatement à une enquête ? Pas le moins du monde ! et si la fatalité m'a conduit à converser du temps qu'il fait ou de la cherté des vivres avec un anarchiste, je goûterai les douceurs du Dépôt, tout comme si j'étais moi-même propagandiste par le fait.

La loi nouvelle qui dispose utilement contre l'anarchisme ne nous paraît pas avoir suffisamment prévu les dangers qui peuvent résulter des difficultés de son application ; elle est exposée à atteindre des innocents.

Et voilà pourquoi, muselière sociale, elle est de nature à terroriser les meilleurs citoyens en les confondant dans une répression tout au moins préventive avec les pires malfaiteurs.

Pour nous, républicains socialistes, nous plaçons notre indépendance au-dessus des attaques de la calomnie ; forts de notre conscience, nous saurons, quoi qu'il arrive, trouver en nous-mêmes, en dépit des muselières sociales, le courage indispensable au triomphe de la liberté.

LA COUR DES MIRACLES

Parisiens, mes frères, il ne s'agit pas ici de la Cour des miracles célébrée par Eugène Sue et poétisée par les hauts faits d'illustres escarpes ; elle n'était, après tout, que le rendez-vous des déchéances sociales, la souricière du crime où le comique se mêlait au tragique, pour la joie ou l'effroi de nos grands-parents.

De nos jours, la mendicité, la spéculation, le vol, ont élargi leur cycle. Une nouvelle Cour des miracles, autrement puissante et terrible, s'est fondée pour la grande gloire de Dieu, qui doit être bien humilié d'avoir donné la vie à un si grand nombre d'imbéciles.

La nouvelle Cour des miracles a pour fondateur direct le cléricalisme, représenté par l'armée noire à chasubles et surplis, nonnettes et petits frères, frocards et goupillonneux, desservants, prêcheurs, diacres, sous-diacres, bedeaux, mendiants, etc., etc.

Elle a pour but de catéchiser les masses en favorisant l'ignorance, en semant l'obscurantisme dans la société moderne, en luttant contre tous les progrès humains, de faire rentrer beaucoup d'argent, d'employer cet argent en miracles, conversions, etc., de tâcher de capter les testaments, de multiplier les pèlerinages (tunique de Jésus, Notre-Dame des Anges, Notre-Dame des Gourdes, non... de Lourdes).

Les prêtres sont spécialement chargés de pratiquer et d'enseigner le mépris des institutions républicaines et démocratiques : ils n'en touchent pas moins un traitement de la République sur l'argent du peuple, s'il y a contestation, ils font du scandale jusqu'à parfait payement, jusqu'au décret, s'il est utile ; tous ceux qui manquent à leurs engagements sont livrés au supplice du pal.

Une politique purement rétrograde et monarchique est enseignée par la nouvelle Cour des miracles, sous l'œil bénin des États affolés par la crainte de l'évolution sociale.

La France, disent les statuts, est la terre classique des miracles. (Bien aimables, les statuts !)

La France est la fille aînée de l'Église, et toute la cléricaille de cette Cour des miracles enrégimente les poltrons et les simples, puis elle syndique et administre à son aise.

L'argent des gogos afflue, et dans cette Cour miraculeuse, où les étouffeurs de l'idée trônent en princes de l'Église, on discute capital et intérêts, et les miracles sont décrétés.

La puissance de la foi est mise en balance avec les écus qui l'emportent toujours, et le miracle opère.

L'ancienne Cour des miracles avait son siège à Paris, sans succursales.

La nouvelle, celle des curés, a pour siège la France. Elle possède des succursales dans le monde entier.

C'est que la France, cette fille aînée de l'Église, a bon caractère : elle est la plus riche de la famille et ne regarde pas à la dépense : chez elle, on opère avec succès. Sa jupe est suggestive ; les « retroussis » sont fructueux ; sur cette terre privilégiée, nombreux sont les miracles, fréquents les pèlerinages.

Les prêtres de la nouvelle Cour des miracles déclarent aujourd'hui que la France, malgré sa richesse, « est une grande malade, et qu'il faudrait un grand miracle pour la guérir ».

Allons, en route! crient-ils à la fille aînée de l'Église, lève-toi et marche! En route, les pèlerins de France! Lourdes vous attend. En avant, les simples d'esprit! Bernadette vous appelle! Videz vos poches et allez ensuite, les bras en croix, vous prosterner devant la sainte en vous écriant: « Pénitence! pénitence! Jésus, Marie, Joseph! Pénitence! » et le miracle opérera, et la résurrection chrétienne de la France, la guérison de la société malade seront, avec le salut de votre âme, les célestes récompenses de vos efforts.

Et les pèlerins obéissent, tant est nombreuse, hélas! l'armée des faibles d'esprit, des hallucinés, des fanatiques, des inconscients et des fous! Il leur faudrait Ville-Évrard, le prêtre leur offre Bernadette. Singulière façon de calmer la démence!

Respect aux croyances lorsqu'elles résultent d'une philosophie quelconque et qu'elles ne jurent pas avec la raison. Croire ou ne pas croire en Dieu, expliquer les phénomènes physiques par la matière ou l'au delà, tel doit être l'apanage des hommes sensés, car la liberté est le souverain bien dont la conscience humaine doit jouir en paix, sans contrôle.

Mais, je le demande à tout être intelligent, n'est-il pas honteux, après la Révolution, après la proclamation des Droits de l'homme, de voir le prêtre semer sur les routes de l'avenir des obstacles aux progrès sociaux, alors que les religions, dégagées de leurs erreurs, de leurs superstitions et de leurs mensonges, devraient n'être que l'appui moral de l'affranchissement humain?

Espérons que la marche à l'émancipation s'effectuera malgré les efforts réactionnaires du cléricalisme.

Il ne peut y avoir, en 1891, pour grossir l'armée des goupillons, que boiteux, idiots et culs-de-jatte!

Bernadette, malgré toutes ses vertus, sera impuissante à leur rendre l'esprit et les jambes.

La Cour des miracles, autrefois célèbre par ses mendiants, ses policiers et ses escarpes, fut expropriée pour cause d'*utilité publique.*

La nouvelle Cour des miracles, avec ses pèlerins, ses mouchards et ses prêtres, succombera à son tour ; elle sera chassée pour cause de *salubrité publique !*

COUPS DE JARNAC

Nos prédictions se réalisent: la loi nouvelle dont le gouvernement ne devait faire usage que contre des anarchistes se manifeste arbitrairement et frappe à tort et à travers des citoyens inoffensifs.

Ceux-là mêmes qui ont salué avec enthousiasme la promulgation de la loi sont les premiers à recevoir ses coups. Nous qui sommes aussi les ennemis jurés de l'anarchisme, nous continuons à penser que le Code pénal suffisait à punir les assassins, les malfaiteurs et les propagandistes par le fait, sans qu'il fût besoin d'une loi dont nous avons prévu les difficultés d'application. C'est pourquoi nous ne sommes nullement étonnés que le nouvel état de choses engendre l'illégalité et sème partout la peur.

Les mesures répressives ont frappé à faux, soit que la police ait déployé un zèle aveugle, soit qu'elle ait prêté trop facilement l'oreille aux dénonciations calomnieuses et procédé à des enquêtes avec le parti pris de découvrir des coupables quand même.

Le seul résultat atteint — et il est déplorable! — est que le gouvernement a multiplié ses coups de Jarnac à tort et à travers.

Si le véritable caractère de la loi est de répandre la terreur dans le peuple; si, pour arrêter des anarchistes qui savent s'abriter, elle embastille des innocents, il faut convenir que les bienfaits sont peu appréciables et trop aléatoires, tandis que les abus et les erreurs menacent quotidiennement la sécurité publique.

Les coups de Jarnac finissent par impatienter ; toutes ces gaffes deviennent un danger permanent et on en arrive à redouter les erreurs de la police qui veut voir de l'anarchie partout où il n'y en a pas et qui ne sait pas en découvrir là où peut-être elle se cache.

Rien, en réalité, de plus terrible que cette « loi des suspects » ! Un citoyen soupçonné d'anarchisme ne devrait pas être mis en état d'arrestation sans preuves que la loi a devant elle un coupable ; les dénonciations d'immondes goujats qui profitent de la terreur panique pour exercer leurs basses vengeances devraient être poursuivies et punies. Mais il n'en est rien ! la calomnie arme trop souvent, au contraire, le bras de la police contre des citoyens qui n'ont commis que le crime d'exprimer trop librement leur pensée ou qui ont eu maille à partir avec leurs voisins et leur concierge.

Après l'affaire Lenepveu viennent les affaires Bruno et Girard : autant de « coups de Jarnac » qui enlèvent aux lois contre l'anarchisme leur prétendue efficacité.

Ce Girard, cultivateur à Sully-sur-Loire (Loiret), a été trop expansif au cabaret ; il a prétendu que, sous la présidence de Carnot, l'agriculture n'avait pas prospéré ; il fut bientôt accusé d'avoir tenu des propos anarchistes. Les perquisitions et l'enquête ne fournirent aucun résultat, et, malgré ses protestations, il fut arrêté et conduit à la prison de Gien. Nous n'affirmons pas qu'on lui ait mis les menottes, mais cela est fort probable, car le Loiret est un département avancé, tout comme le département de la Seine, où les menottes sont fort en honneur.

Interrogé par le procureur et le sous-préfet, Girard prouva qu'il n'avait rien de commun avec les dynamiteurs et les assassins, fidèles clients de M. Deibler. Malgré cela, il subit douze jours d'emprisonnement, au secret, après quoi il fut mis en liberté, sans qu'on lui adressât les plus banales excuses. La langue a été donnée à l'homme pour déguiser sa pensée ! Girard, à l'avenir, devra tourner sept fois sa langue dans sa bouche !... et se taire !...

Garder un citoyen douze jours au secret parce qu'il émet l'opinion que, dans ces dernières années, l'agriculture n'a pas été prospère, c'est raide!... les anarchistes s'occupent peu des progrès de l'agriculture, et la nature même de ce propos tenu au cabaret, aurait dû épargner à la justice le ridicule d'un pareil coup de Jarnac.

Le procès contre l'*Intransigeant*—la punition fût-elle exceptionnellement sévère — sera encore, pour les entrepreneurs de poursuites, une gaffe, grand module!

Les deux articles incriminés, « les Hommes au masque de fer » et « le Vomissement » des 9 et 10 août, tombent, paraît-il, sous le coup de l'article 33 de la loi de 1881 sur la presse qui punit d'un emprisonnement de 6 jours à 3 mois et d'une amende de 16 à 500 francs, ou de l'une de ces deux peines seulement, l'injure commise par discours, écrits, imprimés, dessins... envers les cours, tribunaux, corps constitués, etc...

Nous ne voyons pas quel prestige la magistrature pourra tirer de ces poursuites.

S'il y a condamnation prononcée par la cour d'assises, l'*Intransigeant*, journal riche, paiera l'amende, le gérant fera tranquillement sa prison, mais le journal en sortira plus brave, et Henri Rochefort n'en enverra pas moins de Londres ses articles d'avant-garde.

Si, au contraire, il y a acquittement, la cour de Paris n'échappera pas au ridicule.

Rochefort et Drumont ont certainement un avantage sur leurs confrères : c'est d'être eux-mêmes hors portée des coups de la police.

Nous avons déjà dit qu'en France on s'accommodait mal de ce régime de terreur qui traîne à sa suite la calomnie, la haine, et qui paralyse les réformes sociales au profit de la réaction.

Il est impossible qu'une nation qui, depuis vingt ans, a donné tant de preuves de courage en même temps que de sagesse, ne réagisse pas contre la peur.

Extirpons l'anarchisme qui vient entraver les efforts de la démocratie, mais luttons sans relâche contre ces répressions arbitraires qui sont un danger permanent pour les meilleurs citoyens et pour la République.

LES PÉTOMANES DEVANT LA LOI

Septembre 1894.

Les récentes manifestations dynamitardes et les fumisteries anarchistes, dont les auteurs restent toujours introuvables, apportent un regain d'actualité à « l'affaire L'Anar » qui illustra les plus beaux jours de la présidence Casimir-Perier et inaugura sensationnellement l'ère des fameuses lois contre la Presse.

Nos lecteurs nous sauront gré de publier, à nos risques et périls, les débats puisés aux meilleures sources.

Les arrêts de la justice ne sentent pas toujours la rose, témoin le jugement rendu par le tribunal correctionnel de la petite ville de M..., en Poitou.

Les citoyens Torjus, Daufler et L'Anar, dit *Largepet*, étaient inculpés tous trois d'anarchisme.

Voici, dans leur touchante et naïve simplicité, les faits relevés par l'accusation :

Nos trois amis se promenaient à 10 heures du soir, dans les prairies, où fleure comme baume le foin coupé, quand L'Anar, dit *Largepet*, quittant ses compagnons, se baissa tout à coup derrière une haie, pour... déclamer un monologue à la lune... avec accompagnement de grosse caisse !...

Fatale imprudence ! Le brigadier Beaupoil faisait en ce moment sa ronde !... apercevant Torjus et Daufler en conciliabule, il voulut savoir ce que ces gaillards-là pouvaient bien, à une heure pareille et en plein air, comploter contre le magistrat, le prêtre et le soldat — la justice, la religion et l'armée — ces remparts de la société moderne !...

A la vérité, Torjus et Daufler font partie d'un Comité qui, aux élections dernières, soutint le candidat socialiste, lequel fut élu, et Beaupoil, depuis « la dure loi », surveille incessamment les citoyens qui professent des opinions socialistes, confondant, le niais ! autour avec alentour !

Pour ne pas en perdre l'habitude, il interpella grossièrement Torjus et Daufler.

— Nous ne faisons rien de mal, répondirent ces derniers ; nous causions des curiosités de Paris : du Moulin-Rouge et du *Pétomane*, en attendant L'Anar qui est ici près.

— Ah ! oui, L'Anar, dit *Largepet*, encore un politique !... un joli monsieur !... un sale individu qui ferait bien mieux de travailler !...

— Mais il y a temps pour tout ! En ce moment, il ne s'agit pas de politique, et nous vous affirmons que l'*Anarchie !*...

Torjus et Daufler avaient à peine prononcé ces mots l'*Anarchie !* qu'une forte détonation éclata, pareille à un coup de fusil tiré à ras de terre et faisant balle !...

Torjus et Daufler éclatèrent de rire et ils s'apprêtaient à fournir des explications au brigadier...

Mais Beaupoil, affolé, prit ses jambes à son cou et rentra plus mort que vif à la commune ; puis il ramena avec lui une partie du village terrorisé !...

Bref, nos trois amis furent cernés, arrêtés, conduits comme des assassins à la prison et prévenus de *crime contre la sûreté de l'État, usage d'engins explosifs et propagande par le fait !*

L'abondance des matières nous empêche d'entrer dans le menu de cette mémorable cause qui fit trembler la magistrature assise, debout ou couchée, et qui menaça un instant la stabilité gouvernementale, en semant l'effroi dans la petite ville de M... en Poitou, d'ordinaire si tranquille et où l'on distingue à peine six cochons sur trois rangs les jours de foire!...

La justice se mit rapidement en devoir d'appliquer la loi: *Dura lex, sed lex!* s'écria même le président qui, dans tout cela, flairait un mystère impénétrable! Mais le moteur de cette détonation?... l'engin, où est-il?... se demandait le brave magistrat...

L'avocat (mauvaise réputation!... un socialiste!) prononça une éloquente plaidoirie dont nous sommes heureux de citer le passage suivant:

« Messieurs,

« Lorsque Louis XIV — qui était anarchiste à sa manière — s'écriait: « l'État c'est moi! » il trouvait rarement des contradicteurs; mais, s'il s'en présentait, il les foutait — si j'ose m'exprimer ainsi — purement et simplement à la Bastille. En 1891, cent cinq ans après la prise de cette même Bastille, mon client vous répète, par ma bouche: « l'engin c'est moi! » et vous restez sourds au cri de l'innocence sottement accusée!... Vous n'ordonnez même pas d'intelligentes enquêtes sur le terrain du prétendu crime, enquêtes qui, sans doute, amèneraient la découverte de pièces à conviction fournissant matière, non pas, messieurs, à la culpabilité, mais bien à l'innocence de ce pauvre L'Anar!...

« Messieurs, Louis XIV se contentait d'enfermer à la Bastille ses sujets rebelles... Vous ne voudrez pas couper le cou à un pauvre homme victime d'une foule de circonstances contraires et que la fatalité semble accabler en appelant à son aide toutes les rigueurs des lois.

« L'Anar est un pétomane distingué, je le reconnais. Mais il n'est pas coupable d'anarchisme ; il y a détonation et détonation, comme il y a fagot et fagot!

« Beaupoil a l'ouïe très fine, mais il a le nez bouché ; autrement il aurait senti qu'il y avait peut-être un semblant de « propagande par le fait » mais sans poudre, ni bombes contre la société. D'ailleurs, Beaupoil n'avait-il pas été prévenu? Sa terreur n'est-elle pas injustifiée ? Torjus ne lui avait-il pas dit : « *L'Anarchie!* » mot qui, par lui-même, n'avait aucune portée politique, mais faisait tout comprendre, étant donné la situation de mon client L'Anar qui, loin de conspirer contre la société, obéissait, au contraire, à un impérieux devoir de la nature, en *posant culotte derrière un buisson*...

« Messieurs, c'est au Tribunal de simple police que nous répondrons de ce délit — de droit commun — et il nous renverra absous, j'en suis convaincu. »

Une éloquente péroraison valut à l'avocat les félicitations d'un journaliste avancé qui, on n'a jamais su comment, avait réussi à se faufiler dans la salle.

Le substitut répliqua. Il reconnut que tout cela était fort bien échafaudé, mais que, malgré l'immense talent de Me Pochardin et la petite historiette du *posage de culotte derrière un buisson!* L'Anar, dit Largepet, et ses deux complices étaient de vils assassins ; qu'il y avait eu complot et association de malfaiteurs ; que ces anarchistes avérés ne pouvaient, d'ailleurs, parvenir, si ce n'est par le mensonge, à détruire le flagrant délit de propagande *par le fait,* délit constaté par un héros dont la défense n'a pas craint de dénaturer le caractère, par l'illustre Beaupoil, etc.

C'est sous cette impression défavorable que le Tribunal rendit le jugement suivant, qui donnera aux citoyens... pressés... de faire leurs affaires... la force de se retenir quand même, ou de... prendre leurs précautions avant d'aller en promenade... :

« Attendu que Torjus, Daufler et L'Anar, dit Largepet, ont été saisis et arrêtés en flagrant délit d'anarchisme ;

Qu'il résulte de l'accusation même que la détonation provient bien du fait de L'Anar et qu'elle s'est produite au moment même où Torjus et Daufler donnaient le signal en prononçant ce mot : « L'Anarchie » ;

Qu'il y avait donc entre ces malfaiteurs complot contre la société ;

Que si Torjus et Daufler se contentaient de faire le guet, ils n'en sont pas moins des malfaiteurs ;

Qu'ils ont, d'ailleurs, déclaré que si L'Anar a, seul, fait le coup, c'est qu'eux-mêmes n'avaient pas envie pour le moment, mais que ce n'était que partie remise... ;

Que L'Anar, dit Largepet, a poussé le cynisme jusqu'à demander, en pleine audience, la permission de recommencer, accusant traîtreusement l'Etat dont la sûreté se trouve ainsi menacée, de donner aux prévenus une nourriture trop laxative... ;

Qu'il a joué une comédie infâme en s'écriant, à plusieurs reprises, au cours des débats : « Mais, en France, on ne peut donc plus *faire à son aise ?* »

Que tout cela constitue propagande par le fait et matière à anarchie, conformément aux articles 1, 2, 3 et 4 de la Loi..., etc. ;

Condamne :

L'Anar, dit Largepet, à la peine de mort, avec relégation et vingt ans de surveillance ;

Torjus et Daufler au bannissement perpétuel, plus, à l'expiration de leur peine, à vingt ans de travaux forcés à la Compagnie des vidanges inodores. »

Ce jugement a produit une émotion profonde. La Cour elle-même pleurait... en se bouchant le nez !

Inutile d'ajouter que le substitut a été immédiatement bombardé procureur et que Beaupoil a reçu les félicitations de ses chefs.

C'est ainsi que les lois se manifestent jusqu'au fond de nos provinces et que leurs arrêts ne sentent pas toujours... la rose !

LE CHAR DE L'ÉTAT

La métamorphose qui consiste à comparer l'État à un char solidement construit, les ministres qui le traînent, à de robustes chevaux, et le chef qui le conduit à l'automédon mythologique, revient fort à la mode depuis quelque semaines.

Je l'ai relevée plus de vingt fois en moins de quinze jours dans plusieurs journaux bien pensants. Elle date de Louis-Philippe : cet automédon pacifique la justifiait royalement, car il conduisit le char de l'État, en taquinant du bout de son parapluie ses prud'hommesques coursiers.

En 1848, le char de l'État fut remisé. Sous l'Empire, il reparut, tout flambant neuf; des escarpes le traînaient, passant sur le ventre des républicains. Le nouvel automédon n'avait pas un parapluie, mais des canons balayant tout sur la route.

Cependant, malgré la vigueur de l'attelage, le char de l'État impérial subit des heurts inaccoutumés: la métaphore sembla tout à coup grotesque, et, seule, la presse reptilienne osa l'employer.

Quand Badinguet voulut imposer les carrosses, l'opposition s'empara de la métaphore; elle lança au gouvernement cette satire qui fit à cette époque le tour de la presse indépendante :

« Toi qui veux taxer nos carrosses
Et nos chevaux d'apparat,
Épargne le char de l'État,
Il n'est traîné que par des rosses ! »

En 1870, le char de l'État végéta de nouveau sous remise. Au 16 Mai, Mac-Mahon, mal conseillé, essaya bien de lui faire prendre l'air, mais les dorures étaient défraîchies, les chevaux fourbus à l'attelage et poussifs avant la marche; dans ces conditions, le chef de l'État ne voulut pas monter sur le siège : il refusa de jouer ce rôle

« Où Mandrin mal lavé se déguise en César ! »

Et le 16 Mai avortant, le char de l'État attendit une occasion meilleure d'effectuer sa sortie, et la métaphore disparut de la presse, et Joseph Prud'homme s'habitua, non sans regret, à ne plus voir s'étaler ces mots « Le Char de l'État », dans les colonnes de son journal.

Vous me direz que le *Figaro*, le *Gaulois*, le *Temps*, et le *Petit Journal*, aidé du *Petit Parisien*, qui marchent de l'avant — comme des écrevisses — ne dédaignèrent pas cet esprit rétrograde qui séduit les concierges et facilite des abonnements; mais je vous rappellerai qu'il y a des feuilles comme l'*Intransigeant*, la *Petite République* et le *Rappel*, qui n'usent pas de la métaphore « Le Char de l'État » et qui jouissent d'une réputation plus honorable auprès du grand public.

Aujourd'hui, nous sommes loin des carrosses de Badinguc, mais le char de l'État, métaphore bourgeoise, s'étale à nouveau dans la presse officielle. On le sort de la remise, ce vieux char! On nous le montre!

Il apparaît, gris de poussière, à nos yeux étonnés; qui donc oserait monter sur son siège? Où trouverait-on des chevaux capables de le traîner? Il semble si lourd qu'il n'y a plus que des dentistes forains susceptibles de lui imprimer le mouvement; la race des ministres qui traînaient ça doit être à tout jamais éteinte, et ce char de l'État de Joseph Prud'homme peut aller rejoindre les carrosses du grand roi Louis XIV dans les halls de nos musées nationaux.

Cependant si le char n'existe plus réellement, nous employons encore cette comparaison, car nous avons les ministres et le conducteur.

En ce moment, tout ce grand monde est en vacances. Il tâte l'opinion, et ce travail n'est pas le moindre. Depuis la mort du regretté Carnot, pas mal de ralliés se sont pris à réfléchir, et cette halte dans l'essor républicain a pu diminuer les naissants enthousiasmes. Beaucoup qui avaient pris place dans le char de l'État conduit par Carnot, ont profité des événements pour descendre et suivre peut-être une orientation nouvelle dans un des vieux véhicules des anciennes monarchies.

Dès la rentrée pourtant, nous verrons l'encombrement se produire autour du char moderne, et il ne sera peut-être pas facile de le faire démarrer droit. Cette diable de loi contre les menées anarchiques a semé la terreur dans le peuple : toutes ces arrestations à tort et à travers ont embourbé les roues du char et la situation n'est pas sans offrir de grands dangers.

La conscience humaine n'est pas morte, mais elle est certainement malade, et la probité politique pourrait souffrir de ce malaise, si le fameux char de l'État n'était entouré que d'ennemis et d'hommes des régimes déchus.

Jusqu'ici les coups de la nouvelle loi ont frappé à faux ; elle n'a su atteindre ceux qu'elle vise ; l'anarchisme que nous avons toujours combattu et contre lequel nous lutterons sans relâche parce qu'il fournit à la réaction les armes répressives dont tout le monde souffre et qu'il enraye les réformes sociales, l'anarchisme, disons-nous, se rit des poursuites. Infime minorité, il se fait impalpable et sait échapper aux répressions qui causent aujourd'hui une sorte de malaise social.

Le nouveau Président a une lourde tâche à accomplir; qu'il commence par effacer l'ombre que répand sur la France la terreur des lois nouvelles; puis, placé en pleine lumière, qu'il marche résolument avec les hommes de progrès à la conquête des libertés sociales; qu'il laisse sur la route les hommes des anciens régimes qui ne viennent à la République que pour mieux la compromettre, et qui veulent le nom mais pas la chose.

Disons, pour ressusciter à notre tour la vieille métaphore, que M. Casimir-Perier fera bien d'atteler au char de l'État des citoyens résolus à continuer la tradition républicaine telle que nous l'a léguée la Révolution française.

Si la Révolution politique a dit son dernier mot, si, comme nos dirigeants le proclament, la République est pour la France le gouvernement inviolable et sacré, il est urgent, afin de fortifier cette République, de rompre avec les traditions qui la combattent; et pour que notre République soit à l'abri des assauts de ses ennemis, il est indispensable qu'elle devienne *démocratique et sociale.*

On pourra alors, sans friser le ridicule, parler tout haut du « char de l'État » : on ne pensera plus aux carrosses Louis XVI, ni aux pataches Louis-Philippe, ni aux landaus badingueusards !

Mais on saluera bien haut le char de la République française semant les progrès sociaux sur les routes de l'Humanité !

2 septembre 1894.

TERREUR PANIQUE

Les peuples doivent se mettre en garde contre l'affolement qui résulte des émotions violentes; il serait dangereux de nous abandonner plus longtemps à la terreur panique que nous traversons, si nous voulons que la France républicaine soit toujours la nation par excellence de progrès et de liberté.

Notre devoir est de combattre l'anarchie, de la punir, d'enrayer la propagande par le fait, cette arme brutale qui détruit nos institutions démocratiques et qui paralyse le mouvement socialiste.

Mais il importe d'agir avec discernement pour ne pas confondre une minute les citoyens qui luttent pour le triomphe des revendications humanitaires avec les bandits qui, sous le manteau de la politique, agitent les plus noirs desseins et accomplissent les crimes les plus odieux.

Par malheur, la terreur panique règne en ce moment en France et tout le monde en ressent plus ou moins les effets. Il y a comme de l'oppression et de l'étouffement. Le commerce et l'industrie, qui ne marchent guère bien, s'accommodent mal de ces craintes qui viennent enrayer leur développement, alors que la tranquillité d'esprit et l'apaisement pourraient seuls faciliter la reprise et donner enfin aux affaires l'essor tant souhaité!

Les événements douloureux qui ont ému la France, notre deuil national partagé du monde entier, le réspect que notre attitude digne et calme a su inspirer à tous les peuples sans exception, semblaient nous réserver une ère de travail et de paix, plutôt que d'inquiétude et de terreur panique.

La nomination du nouveau président n'a pas été accueillie par les partis avancés sans peur de voir la réaction relever la tête et occuper dans l'orientation de la politique de ralliement une trop large place.

Le crédit accordé au nouvel élu n'a pas été long. Aussi bien, a-t-il inauguré sa politique par un fait qui n'était guère de nature à lui attirer les sympathies populaires : l'affaire de l'archevêque de Lyon n'a pas été un heureux début; cette première signature du premier magistrat d'une République qui porte la laïcisation à son programme n'a guère été approuvée de la démocratie. Le calotin pouvait attendre que de plus graves questions fussent discutées, et il n'y avait pas péril en la demeure à rétablir le traitement et à sôlder les arriérés de Monseigneur. M. Casimir-Perier a peut-être trop hâté la solution de cette affaire.

Le peuple, toujours attentif aux premiers mouvements, a pu voir là un système de protection trop large au clergé; il a pensé que le Président prenait, avant tout, le soin d'attirer sur son septennat la bénédiction de l'Église.

Ce don de joyeux avènement a produit le plus mauvais effet sur la démocratie, qui a cru devoir le considérer comme une sorte de cérémonie du sacre!

Cependant, on pouvait espérer encore que tout cela serait un prologue à l'amnistie et que la satisfaction donnée à l'Église ne serait pas refusée au peuple qui veut rouvrir à tous ses enfants (à tous ceux qui n'ont pas fait acte de propagande par le fait) les portes de la Patrie.

Hélas! on sait que le gouvernement a combattu cette

amnistie et que la Chambre l'a encore une fois repoussée. Et pourtant, la terreur panique disparaissait de cette proposition « Goblet et Pelletan » qui exceptait bien justement des délits de presse à amnistier ceux qui se trouvent visés par la loi du 13 décembre 1893, votée par les Chambres après l'attentat de Vaillant.

L'amnistie réclamée s'appliquait exclusivement : 1° aux deux condamnés de la haute cour actuellement en exil et moins coupables que leurs complices qui n'ont cessé de fouler l'asphalte de nos boulevards; 2° à des ouvriers entraînés par la misère à des actes d'une gravité relative et déjà punis, d'ailleurs, par une longue détention.

Il nous semble que l'accord eût pu se faire sur cette proposition d'amnistie, de nature à sceller un pacte entre toutes les fractions de la politique républicaine, à ramener les esprits au calme et à dissiper cette terreur panique si préjudiciable aux intérêts de la France.

L'incohérence de la politique actuelle, la division entre les partis a proscrit toute logique de la Chambre, et le gouvernement a remporté un brevet de vitalité qui n'est pas le signe certain d'une victoire durable.

Les esprits sont justement alarmés dans tous les rangs de l'opinion publique. Les arrestations dernières qui ont dû confondre pas mal de républicains-socialistes avec des anarchistes militants ont contribué à propager la terreur panique dans le peuple.

Et l'état des affaires qui est mauvais ne trouvera pas dans la fête du 14 un allégement matériel et moral à ses embarras et à ses douleurs.

Le gouvernement a décidé qu'il ne prendrait part que partiellement à la fête nationale du 14 juillet.

Certes, la mort du président Carnot nous a plongés dans le deuil et nous n'avons pu si vite oublier ce noble martyr.

Mais notre fête du 14 juillet est une date que notre devoir civique nous ordonne de célébrer. C'est la fête de l'affranchissement humain!

Elle plane, radieuse, au-dessus de toutes les considérations de deuil; elle est le flambeau qui éclaire la société moderne et ce flambeau nous ne devons pas le perdre de vue; nous devons sans cesse en rajeunir l'éclat.

C'est pourquoi, il faut, ce jour-là, chasser la terreur panique! car rien ne doit empêcher des citoyens français de fêter le souvenir des aïeux qui, en 1789, ont su prendre la Bastille et mourir pour la Liberté!

LES ÉCUMEURS

LES ÉCUMEURS

Parasites de l'humanité, les Écumeurs forment une vaste famille dont les types nous apparaissent entourés de « visions rouges » !

Tous ne sont pas méprisables ; le courage leur est une vertu commune. Vivant en marge de la société — la poitrine aux balles et les pieds dans le sang — ils offrent aux psychologues de curieux sujets d'étude et de méditation.

Les Écumeurs de mer, par exemple, sans nationalité, citoyens du monde et de nulle part, éveillent plutôt notre sympathie que notre haine.

Les pirates qui pillent et volent, en bravant les dangers à bord des corsaires de contrebande, appartiennent à la catégorie des Écumeurs ; ils excitent au plus haut point notre émotion : qui n'a lu ces romans d'aventures où les pirates, Écumeurs de mer, jouent un rôle héroïque dramatisé par l'imagination merveilleuse de nos conteurs ?

L'attrait de ces récits a poétisé les pirates. Les stupéfiantes bravoures de ces enfants perdus ont excité notre admiration et pour ainsi dire réhabilité le crime.

Nous ne marchandons pas non plus nos enthousiasmes aux contrebandiers, ces Écumeurs de l'État, qui trafiquent sur des marchandises prohibées ou soumises à des droits ; c'est en fraudant le Trésor qu'au péril de leur vie, ils introduisent ces marchandises.

Malgré tout, nous nous sentons indulgents pour le contrebandier aux allures chevaleresques ! Nous suivons passionnément ses luttes et nous le tirons, s'il est possible, des griffes de l'autorité.

Mais il est d'autres Écumeurs, monstruosités phénoménales de l'espèce humaine, dont les « visions rouges » des sinistres champs de bataille évoquent le néfaste souvenir. Ce sont les Écumeurs de la mort !...

C'est après la bataille : une bataille géante qui a coûté la vie à des milliers d'hommes ! Les plus braves de nos soldats jonchent le sol d'une plaine immense bordée par des collines frontières.

Français et ennemis, officiers et soldats, hommes et chevaux gisent pêle-mêle dans l'égalité de la mort. La nuit est venue ; la lune éclaire de ses rayons d'argent les sillons de sang vermeil.

Pourtant, çà et là, sur la terre rouge, des cris de désespoir, des plaintes lugubres et vite étouffées : c'est le râle des mourants ! Des chevaux affolés hennissent, blessés, ils cherchent leur maître, se traînent sur les cadavres et trébuchent dans le sang chaud !

Ce sont des amoncellements, des mains se tendent, des bras se dressent ; vains efforts ! Le tronc est immobilisé, la mitraille a fait son œuvre !... les appels désespérés se taisent et les corps mutilés retombent pour la dernière fois !

Vous apparaissez alors, ô inoubliables « visions rouges ! » car à travers les crinières éparses des coursiers, la lune au disque d'argent a semé des lueurs fauves dans les sillons de sang !

Des larves semblent sortir de terre ; des créatures

immondes s'avancent; un rictus effronté sillonne leurs faces glabres. Ce sont les Écumeurs de la mort, précurseurs des noirs corbeaux, qui se glissent en rampant; ils ont franchi les collines frontières pour s'en venir dépouiller les morts et les mourants!

Ils arrivent jusqu'aux amoncellements de cadavres; ils se baissent, écartent les corps, cherchent et choisissent à travers ces amas de créatures, les plus riches officiers! Pour cela, ils tâtent, palpent, fouillent et volent. Argent, armes, habits, papiers, ils pillent tout!

Avant le jour, ils s'enfuient, regagnant en hâte les collines frontières, abandonnant les corps nus de leurs victimes aux noirs corbeaux des champs de bataille.

La nécropole des combats leur a fourni de quoi s'enrichir. Le même jour ils revendent dans leurs pays, fusils, sabres, revolvers, armes de luxe. Avec les porte-monnaie volés, ils augmentent leur *bedit gommerce*.

Encore ceux-là sont-ils les moins dangereux; ils n'opèrent qu'isolément ou avec leur famille.

D'autres, plus hardis, forment comme une Société des Écumeurs de la mort; ils opèrent en grand.

Après Sedan, ils ont promené leurs entreprises à Givonne et à Bazeilles. Ils ont porté au commerce belge et luxembourgeois tout leur butin ramassé à terre et dans la poche de nos soldats. Ils ont volé nos chevaux valides, errant après les batailles, dans les plaines, et les ont revendus sur les marchés de la Belgique et de la Hollande. Ils se sont enrichis du désarroi de la défaite! Ces Écumeurs-là sont la honte du genre humain! Nous les avons vus deux fois à l'œuvre, bien organisés et en grand nombre, opérant sous la rubrique: « Soins aux blessés! »

Puissions-nous ne les revoir jamais, ces Écumeurs

des champs de bataille qui dépouillent les morts et les abandonnent tout nus, en proie aux noirs corbeaux, sur la terre rougie !

Plus de grandes guerres ! Plus de ces inoubliables « visions rouges » où, à travers les crinières éparses des chevaux, la lune au disque argenté sème des lueurs fauves dans les sillons de sang !

LE FUSILLEUR!

Si notre livre pénétrait au fin fond de l'Asie Mineure, les lecteurs de ces contrées lointaines chercheraient peut-être vainement le nom du héros de notre article.

Mais à Pantin, près Paris, comme à Paris près Pantin, pas de danger qu'on s'y trompe, car on sait qu'il y a fusilleur et fusilleur, comme il y a fagot et fagot, et l'opinion publique ne saurait s'égarer.

Le nom du « Fusilleur-type » de la semaine sanglante est dans toutes les mémoires. On n'a pu si vite oublier le bel écuyer caracolant autour des cadavres; on n'ignore pas que celui qui, depuis quelques jours, fait couler des flots d'encre fit jadis couler des flots de sang!

Les veuves et les mères ont voué à la haine son nom abhorré, et l'on s'étonne que la France républicaine ait osé maintenir dans les rangs de ses armées nationales cette larve à laquelle on ne peut songer sans frémir.

Il eût été au moins convenable de faire le vide autour de cet être qui a fanatisé la consigne de la mort, et d'épargner à la population parisienne le souvenir des exactions versaillaises; au contraire, le gouvernement s'est plu à conserver par devers lui ce fusilleur, défi permanent! comme si, loin de vouloir effacer les images d'émeutes et de fusillades, il fût indispensable de montrer au peuple la gueule du dogue et de rouvrir des plaies encore saignantes.

Les faits incriminés au fusilleur et la part qu'il prit

en 1871 aux crimes qualifiés « répressions » étaient de nature à attirer sur sa tête les représailles et les vengeances, et il faut reconnaître que le peuple s'est montré bon enfant.

D'aucuns, pour excuser le fusilleur, ont allégué l'inexorable consigne! Mais il y a une distinction à établir entre le soldat qui, dans les temps d'émeutes, exécute cette consigne en y apportant quelque discernement et cet autre qui tue pour tuer, pour le plaisir de massacrer femmes, vieillards, enfants! et notre fusilleur apporta dans la répression de la Commune sa cruauté de soudard, sa rancune contre la République et sa *haine du peuple*, bien plutôt que le contingent de son obéissance et son devoir de soldat au service du gouvernement de Versailles.

La consigne! mais c'était lui qui en était l'auteur, de la consigne! *Vengeur de l'Empire*, il lui sembla bon de massacrer les républicains. Un geste, un mot, une plainte constituaient un crime qu'il punissait de mort, sans autre forme de procès! A combien de fusillades a dû se livrer notre héros pour justifier la haine encore si vivace des Parisiens?...

Ce sabreur galonné, astiqué, ciré, pommadé, faisant piaffer son cheval *dans le sang des communards*, semble un revenant du *deux décembre* se livrant à des hécatombes humaines, impunément, *par ordre!* Tout l'impatientait, le beau fusilleur! Ceux qui n'étaient pas fusillés *sur place* devaient marcher vite et droit!

Allons! en route pour Versailles! C'est ainsi que, conduisant une troupe de fédérés au conseil de guerre, il se serait rendu coupable d'un acte de barbarie comme on n'en connaît pas de plus lâche dans les annales de l'Histoire! Voici :

La colonne, exténuée de fatigue, n'avançait pas assez vite, au gré du général. Beaucoup ne pouvaient plus suivre; les blessures mal fermées se rouvraient! (Ceux qui y ont passé savent qu'on ne lutte pas longtemps contre ces souffrances-là!) Halte! cria le général, et il fit sortir des rangs les plus malades et les plus vieux.

Alors, *il les fit fusiller*, et la colonne, allégée de ces traînards, se remit en marche!

C'est ainsi que de « pauvres vieux » qui, en 1830, en 48 et en 52 avaient bravement combattu pour la liberté, tombèrent en 1871, lâchement assassinés par le fusilleur de la Commune!

Nous ne sommes pas les premiers qui citons ce fait ignoble. D'autres, mieux renseignés, l'ont rapporté plus exactement, peut-être avec plus de détails; il faut croire qu'il est bien historique et non une pure légende, puisque le fusilleur lui-même s'est gardé de le démentir.

On a dit avec raison que la justice avait ses amours de prostituée! Elle devrait au moins choisir ses galants et ne se point livrer à un fusilleur!

Le temps qui guérit tout (excepté les blessures du peuple) n'a pas encore permis que le général portât la peine de ses exactions. Bien loin de là; tout a paru lui sourire : les amitiés de notre République nominative, les courbettes ambitieuses de la politique de ralliement, les caresses de nos hommes d'État, rien n'a manqué à sa réputation d'illustre guerrier.

Et pourtant, sa plus grande gloire militaire repose dans le rôle abject de *fusilleur de la Commune*.

Est-ce donc à cause de ces services-là, qu'il y a quelques années, des républicains haut cotés avaient résolu d'en faire un ministre de la guerre? On ne craignait pas une nouvelle Commune, mais on songeait à la possibilité de certaines répressions, conséquences fatales des provocations dont les ministres à poigne ont le secret, et dame! il n'y avait encore que lui pour entrer sans honte dans des combinaisons véreuses où le fusil pouvait être appelé à jouer le premier rôle. Le fusilleur avait fait ses preuves!... Mais ce fut un tollé unanime dans Paris; les consciences se soulevèrent. L'État, n'osant pas braver à ce point l'opinion publique, dut renoncer au projet de faire entrer dans la politique l'homme le plus impopulaire de France!

Aujourd'hui, le fusilleur ne peut pas rester tranquille; il parle! et dans son langage, on retrouve le vrai badingoin, fouaillant la République, et prêt à coucher en joue la Patrie, pour un morceau de la soutane de Basile ou pour une plume de l'aigle impérial.

La presse réactionnaire, qui rapporte anonymement les paroles du drôle, se fait la complice du fusilleur de 1871, si bien démasqué par le public.

Nous pensons, au bout de ces misérables affaires qui inquiètent le pays, qu'une enquête s'impose; le département de la guerre, qui, depuis quelque temps, fait beaucoup trop parler de lui, nous doit des explications. Faut-il ajouter foi aux discours du fusilleur? La haine que lui inspire la République lui a-t-elle suggéré des révélations appréciables? Oui ou non, sommes-nous prêts? Si oui, qu'on châtie l'imposteur.

Si nous sommes dans l'état d'infériorité qu'il signale, que deviennent les impôts de guerre? où passe notre argent? Il importe que le public soit exactement renseigné; il ne suffit pas de prendre parti pour le député contre le fusilleur! il fallait que ce dernier fût chassé de l'armée, si réellement il avait calomnié la France républicaine!

Car souvenons-nous des « pauvres vieux »!

En 1830, en 48, en 52, ils combattirent héroïquement pour les « droits du peuple ».

En 1871, ils tombèrent, lâchement assassinés par le fusilleur de la Commune et leur mémoire crie : « Vengeance! »

L'exécution de ces vieux fédérés eut lieu dans les fossés de Passy ; elle est rapportée au cours du procès de l'almanach Raspail, en 1874 (1).

Les éphémérides contenues dans l' « almanach Raspail », pour 1874, motivèrent des poursuites contre leur auteur, âgé de 80 ans.

F.-V. Raspail fut défendu par Me Forest, mon père, son avocat et son ami depuis trente ans, le 12 février 1874, devant la Cour d'assises de la Seine.

Dans ce « calendrier ou éphémérides des hommes et événements célèbres », on lit, à la date du 21 mai, page 72 de l'almanach de 1874 :

« *Rentrée des Versaillais à Paris et commencement du massacre des innocents et des incendies coupables, mais commis par qui? 1871.* »

« Je lis », dit Me Forest, au cours de sa plaidoirie, dans un journal publié à Versailles, le 31 mai 1871 :

« *Sur plus de deux mille fédérés, cent onze d'entre eux ont été fusillés dans les fossés de Passy.* »

— Que ceux qui ont des cheveux blancs sortent des rangs, dit le général qui présidait à l'exécution, et le nombre des fédérés à tête blanche monta à cent onze. »

« Ces hommes à cheveux blancs, ajoute Me Forest, étaient désarmés et l'humanité aura toujours à gémir sur des atrocités pareilles. A propos des massacres, j'ai là dans mon dossier d'autres faits très nombreux, appuyés sur des pièces plus nombreuses encore, qui n'ont jamais été contestés ; mais je m'arrête, ma preuve est faite ; il n'est que trop vrai que des innocents ont été massacrés ! »

F.-V. Raspail fut condamné à deux ans de prison et 1,000 francs d'amende.

(1) Lire le procès de l'almanach Raspail, 1874, publié par l'éditeu des ouvrages de M. Raspail, 14, rue du Temple, à Paris.

Le 2 mai 1874, après l'arrêt de la Cour de cassation du 6 mars, Raspail fut renvoyé devant la Cour d'assises de Seine-et-Oise.

Voici le résumé des débats :

COUR D'ASSISES DE VERSAILLES

AUDIENCE DU 2 MAI 1874

Présidence de M. Henriquet

Conseiller à la Cour d'appel de Paris

Un nombreux auditoire encombre la salle des assises, dont les abords ont été laissés libres ; il se compose en grande partie d'habitants de Versailles, parmi lesquels se trouvent mêlés quelques soldats venus là comme simples auditeurs. Les journaux n'ayant pas eu occasion d'annoncer que le procès Raspail dût avoir lieu aujourd'hui, très peu de personnes sont venues de Paris pour assister au dernier acte de ce procès, vraiment émouvant pour ceux qui n'oublient pas qu'il s'agit de la liberté d'un octogénaire. Une condamnation, ne fût-elle que de quelques mois de prison, ne peut frapper un vieillard à cet âge extrême, sans menacer de ravir les derniers jours qui lui restent d'une noble existence arrivée à son couchant.

A dix heures, M. Raspail entre dans la salle, accompagné de Me Forest et de deux de ses fils, Camille et Emile. On se découvre sur le passage du vénérable octogénaire, qui va s'asseoir sur le banc des accusés.

Quelques instants après, l'audience est ouverte.

Par suite de l'arrêt de la Cour de cassation, la Cour d'assises de Seine-et-Oise siège sans l'assistance du Jury.

M. le président, en considération du grand âge de M. Raspail l'invite à rester assis. Celui-ci déclare se nommer François-Vincent Raspail, âgé de quatre-vingt-un ans, né à Carpentras, habiter actuellement Arcueil-Cachan et exercer la profession d'homme de lettres.

Le greffier donne lecture du verdict du jury de la Seine, de l'arrêt de condamnation et de l'arrêt de renvoi rendu par la Cour de cassation le 6 mars dernier.

M. le Président. — Prévenu Raspail, veuillez, ainsi que je vous l'ai déjà dit, rester assis. Avez-vous quelque observation à présenter?

M. Raspail. — Je m'en rapporte complètement à ce que dira Me Forest.

RÉQUISITOIRE

M. Harel, procureur de la République, prononce le réquisitoire. Il donne lecture et discute le degré de culpabilité de six éphémérides incriminées dans l'almanach de M. Raspail. L'organe du ministère public termine ainsi : « Sans doute, le prévenu a vu ses précédentes condamnations annulées par l'amnistie, et par conséquent vous ne devez pas le considérer comme étant en état de récidive; mais nous ne pouvons oublier que deux fois déjà il a attaqué les gouvernements établis, et en présence de la déclaration du jury de la Seine, vous reconnaîtrez qu'il y a lieu, malgré l'âge de M. Raspail, de lui faire une application rigoureuse de l'article 3 de la loi du 27 juillet 1849. »

PLAIDOIRIE DE Me FOREST

Messieurs, les explications que j'ai à vous donner seront aussi courtes que celles que vous venez d'entendre. Je ne reviendrai sur les faits reprochés à M. Raspail que parce que le ministère public vient de m'y rappeler, et je ne le ferai qu'avec la même modération qu'il y a mise lui-même. Je vais donc étudier à nouveau cette cause et vous démontrer, je l'espère, la parfaite bonne foi de mon client. M. Raspail, en effet, n'est coupable que d'une chose : d'un amour ardent pour le bien public.

Laissez-moi vous faire connaître M. Raspail. Il vous a dit

qu'il était homme de lettres ; cela est vrai, et ses livres ont une valeur littéraire reconnue par tous les hommes de goût ; mais avant d'être un littérateur, M. Raspail est surtout un savant distingué. Personne n'ignore ses travaux scientifiques, qui ont été une révélation et qui ont fait de M. Raspail un des plus grands chimistes de son époque (1).

Il y a encore à considérer en lui l'homme politique ; je n'en veux dire qu'un mot : c'est que chez lui le patriotisme est au-dessus des passions des partis. Et si M. Raspail s'est occupé beaucoup de politique dans sa vie, ce n'a été que pour travailler, dans la mesure de ses forces, à l'amélioration de l'espèce humaine et au bonheur public. Sa politique se résume en ces deux mots.

Je ne veux pas vous dire son caractère; mais permettez-moi de déclarer hautement ce qui est à ma connaissance personnelle : c'est que sa bonté, la loyauté, la sûreté de ses relations lui ont fait des amis de tous ceux qui l'ont connu.

M. Raspail n'a jamais fait partie d'aucune coterie, je dirai même d'aucun parti politique ; aussi a-t-il été en butte aux attaques de toutes les coteries.

Ses travaux en médecine sont considérables, et ces travaux ont eu pour but non seulement de guérir les maladies, mais encore de moraliser la classe la plus nombreuse des citoyens, la classe malheureuse.

(Me Forest donne lecture d'une page éloquente de M. Raspail sur la tolérance générale et sur l'arbitrage remplaçant la force brutale dans la solution des questions. Cette lecture produit une impression profonde. M. le président demande communication du livre.)

Je vous disais, reprend Me Forest, que la politique de M. Raspail pouvait se résumer en un mot : *patriotisme*, car M. Raspail aime avant tout son pays. Vous voyez ici deux de ses fils ; les deux autres sont absents, et vous savez le motif qui retient l'un d'eux loin de son père : il est en ce moment à Sainte-Pélagie. Ces quatre fils ont fait leur devoir pendant la guerre. Le plus jeune, celui qui est détenu, était à Sedan ; il s'engagea ensuite dans les francs-tireurs Mocquard, et vous connaissez les états de service de ces volontaires. Un de ceux

(1) Raspail avait découvert ce que Pasteur a appliqué sous d'autres formes et d'autres noms ; l'un a semé, l'autre a récolté.

A. F.

qui l'accompagnent aujourd'hui était chef d'escadron d'artillerie. On a été jusqu'à accuser ces messieurs d'avoir favorisé la Commune. Eh bien, j'ai là un rapport contemporain du 18 mars qui établit que Camille Raspail avait été préposé, par l'état-major général de Paris, à la garde des canons du parc Wagram, et que, lorsque le 103e bataillon de la garde nationale se présenta pour enlever les pièces, Camille Raspail s'y opposa avec la plus grande énergie, en attendant du renfort qu'il réclamait de l'état-major et qui ne vint pas. Avec les faibles forces dont il pouvait disposer, il lutta pendant deux jours et réussit néanmoins à sauver la moitié du parc.

Je tenais à vous faire connaître cette conduite, messieurs, parce que, si beaucoup des canons du parc de Wagram ont été enlevés et conduits à Montmartre, c'est parce que Camille Raspail a dû céder à une force plus puissante que celle qu'on avait mise à sa disposition.

L'autre des fils de M. Raspail présent à l'audience a pris part à la défense, pendant tout le siège, en qualité de capitaine d'une compagnie de marche.

Ai-je besoin, après cela, de vous dire que M. Raspail, lorsqu'il a entendu interpréter et commenter ses éphémérides, comme elles l'ont été devant le jury de la Seine par le procureur de la République, a constamment protesté contre ces interprétations ! Est-ce qu'il est possible de lui faire dire quelque chose qu'il n'a pas dit, de lui prêter des intentions qui ne sont pas les siennes? Si ces éphémérides avaient été écrites par tout autre que M. Raspail, il est certain qu'on ne s'en serait pas occupé.

Les éphémérides contenues dans ce petit livre sont au nombre de 920. Devant la Cour d'assises de la Seine, on en a pris un certain nombre ; on les a groupées autour de celles qui étaient incriminées et on en a fait une lecture, qu'on a représentée comme donnant l'esprit général du livre, mais qui ne pouvait évidemment en être qu'une représentation tout à fait imparfaite, puisque sur 920 éphémérides, on n'en a ainsi soigneusement trié, pour les mettre habilement en relief, qu'une quarantaine tout au plus; puis de cette lecture on a tiré la conséquence que M. Raspail avait voulu faire appel aux mauvaises passions ; qu'il avait eu pour but de déconsidérer l'armée; que toutes les fois qu'il s'agissait de nos soldats, c'était un blâme au lieu d'un éloge qui tombait de sa plume. Eh bien ! je trouve dans cet almanach 120 éphémérides qui font l'apologie de l'armée française à toutes les époques de notre histoire.

(L'honorable défenseur entre ensuite dans la discussion des faits de la cause ; il s'efforce de détruire, à l'aide d'une logique serrée et de nombreuses preuves indiscutables, le sens appliqué par l'accusation aux éphémérides incriminées.)

Et maintenant, messieurs, un mot encore ; il est relatif à l'entraînement que peut subir celui qui écrit ou qui parle sur des faits contemporains.

Voici, dans la déposition du maréchal de Mac-Mahon, au sujet de l'insurrection, ce que nous lisons :

« Quelques-uns de ces gens-là se sont battus avec une énergie « extraordinaire ; il en est qui, leur drapeau rouge à la main, « se sont fait tuer sur leurs barricades. Ils paraissaient croire « qu'ils défendaient une cause sacrée, l'indépendance de Paris.

« Dans leur exaltation, quelques-uns pouvaient être de bonne foi. »

Eh bien, si M. Raspail, qui est accusé d'avoir fait l'apologie de faits qualifiés crimes par la loi, s'était servi des expressions dont se sert le maréchal de Mac-Mahon quand il représente les fédérés le drapeau rouge à la main, combattant avec courage et énergie ; s'il avait dit « qu'ils croyaient défendre une cause sacrée », que dirait-on à M. Raspail ? Je suis tenté de dire, moi, que, s'il y a eu une apologie de tous ces faits, ce n'est pas par M. Raspail, mais par des personnes que la justice ne peut pas poursuivre.

(Mᵉ Forest établit ensuite que les premiers juges n'ont prononcé une condamnation à deux ans de prison que parce qu'ils se sont crus liés par les règles de la récidive, qui édictent une peine de deux à quatre ans de prison pour le délit actuellement visé ; ils ont donc appliqué ce qu'ils croyaient être le minimum.)

Quant à vous, ajoute-t-il, dégagés de cette question de la récidive, vous ne pouvez être mus par des sentiments autres que ceux qui ont guidé les magistrats de la Cour d'assises de la Seine, après des débats complets et l'assistance du jury ; vous appliquerez aussi le minimum, vous souvenant de l'impression ressentie par les hommes de cœur de tous les partis, lorsqu'on apprit qu'une condamnation à deux ans de prison venait d'être prononcée contre un vieillard de quatre-vingt-un ans, contre un savant qui est l'honneur de son pays.

Les journaux anglais, les journaux belges, les journaux américains se sont émus de cette condamnation ; tous ont trouvé la peine excessive, extraordinaire; vous pourriez y voir de quelle estime et de quelle considération M. Raspail jouit à l'étranger.

Je ne veux pas aller plus loin; mais, je le répète, messieurs, cette condamnation a eu un écho immense, à ce point que des gens des États-Unis que je ne connais pas, mais qui avaient vu probablement mon nom dans les journaux judiciaires, m'ont adressé, avec prière de la transmettre à M. Raspail, l'expression de leurs regrets de le voir, lui, à son âge, avec ses antécédents, ses idées si humanitaires, et dans la bonne acception du mot, condamné à deux ans de prison.

Avant de terminer, je vous demande la permission de vous lire une lettre que m'adressait ces jours-ci M. Raspail, à moi son avocat et son ami depuis trente ans; vous verrez quelle a été la pureté de ses intentions, et c'est, messieurs, d'après les intentions que vous devez vous déterminer :

« Mon cher maître,

« Je ne puis toucher au terme de ce procès sans vous témoi-
« gner mes sincères remerciements pour les peines de corps
« et d'esprit que vous a infligées cette inconcevable affaire. Il
« faut plus que du dévouement pour y suffire : la conviction
« seule peut vous y engager.

« En publiant ce modeste petit livre, je pensais n'avoir fait
« qu'un livre utile et scientifique; si je me suis trompé, c'est
« bien de la meilleure foi. Quelque fin qu'ait ce procès, je n'en
« garderai pas moins la même conscience, et je n'en serai pas
« moins enchanté d'avoir été si hautement défendu par vous.

« Continuez, je vous en prie, votre tâche dans le même sens,
« et vous en aurez toute ma gratitude.

« Dire en tout hardiment la vérité équivaut à la vraie justice.

« Je vous serre les mains,

« F.-V. RASPAIL.

« 30 avril 1874. »

Voilà, messieurs, ce que m'a écrit M. Raspail, et, je ne crains pas de le dire, j'ai en effet la conviction qu'il a été de la meilleure foi du monde, et que ce qu'il a fait, il l'a fait pour le bien et dans des vues excellentes. Et j'ajoute devant lui que j'ai une autre conviction, celle que la loyauté et l'honnêteté de son caractère ont fait et feront toujours pour lui des amis dévoués de toutes les personnes qui l'ont connu et le connaîtront.

M. le Président, au prévenu. — Vous avez entendu les éloquentes paroles de votre défenseur. Avez-vous quelque chose à y ajouter?

M. Raspail. — Non, monsieur le président; je n'ai rien à ajouter, si ce n'est que mon défenseur a plaidé avec sa conscience encore plus qu'avec son éloquence.

La Cour se retire dans la salle des délibérations et en ressort au bout d'une heure, rapportant un arrêt qui condamne, pour apologie de faits qualifiés crimes, M. F.-V. Raspail à un an de prison, 1,000 francs d'amende et un mois de contrainte par corps.

Et, tandis que le vieux républicain expiait en prison son inaltérable foi en la vérité et la justice, le beau fusilleur, rallié au gambettisme, « opportunisait » les crimes de la semaine sanglante et le massacre des cent onze fédérés à tête blanche!...

LAVAL QUI RIT

Laval, qui réclama si furieusement l'exécution de l'assassin Bruneau n'aura rien perdu pour attendre. La fête a été splendide! M. l'abbé s'est montré courageux et la région gardera longtemps au cœur le souvenir de ce brillant spectacle *« rouge sur noir »!*

Voilà une date qui figurera en lettres de sang aux annales de ce pays, jusqu'alors célèbre par ses chapons et ses vaches, et qui inspirera aux générations futures le saint amour des exécutions capitales.

De mémoire d'homme, jamais fête, fût-ce même une foire (*et à Laval, ils ont souvent la foire!*) ne fit courir les habitants de si bon cœur, comme cette exécution de Bruneau que les suppliques du haut et bas clergé n'ont pu sauver de la guillotine. Jamais, à aucun spectacle, *« la vile multitude »* n'applaudit si frénétiquement.

Dieu et la Jeannette ne voulurent point que l'abbé échappât au dernier supplice. Rien cependant n'avait été épargné pour compromettre la représentation; un instant même, les lenteurs judiciaires et administratives, les droits de la défense, les arrêts de la commission des grâces et l'attente de la décision présidentielle donnèrent à penser que la fête n'aurait pas lieu et que *« Mansiots et Lavalais »* seraient privés du régal si réconfortant de voir guillotiner un prêtre!

Pendant ce temps, le condamné attendait en claquant des dents! Cette effroyable torture, prologue de la mort, est un sinistre écho du moyen âge! Si l'humanité n'a pu trouver mieux que la peine de mort pour châtier le crime, qu'au moins elle exécute de suite les condamnés, qu'elle ne les torture pas!

Le condamné appartient à la justice et au bourreau, la foule ne doit plus le voir. La société, qui commet un crime pour en punir un autre, donne procuration à Deibler d'accomplir l'horrible sentence; elle devrait avoir au moins la pudeur de se voiler la face au passage du moribond.

Au contraire, elle assiste aux exécutions capitales, elle paye sa place, elle escompte la coquetterie, la lâcheté, la bravoure et le cynisme du condamné. Cette prétendue civilisation qui tourmente la mort n'est-elle pas un écho des temps barbares? A quand les combats de gladiateurs?...

A Laval, comme au théâtre, où le public frappe des pieds en criant : *la toile*! la foule impatiente hurlait : *A mort Bruneau*! La pièce promettait d'être intéressante : *Rouge sur Noir ou le Sang du prêtre*. Titre très alléchant, avec décors et trucs. Il ne s'agissait pas là d'un vulgaire assassin, mais d'un prêtre jouisseur, meurtrier, incendiaire; d'un prêtre condamné à mort! ça vaut la peine d'être vu; une lucarne d'où l'on apercevait la guillotine fut louée cent francs.

O cruauté humaine! la foule s'acharnait à ce spectacle, parce qu'il s'agissait d'un prêtre. Rouge sur noir! du sang sur une soutane! quel spectacle imposant! J'ai suffisamment tapé sur la cléricanaille pour qu'on ne me suspecte pas de tendresse à son égard. Cette secte m'horripile; c'est la nuit, et j'aime la lumière. Mais lorsque j'entends dire qu'un prêtre qui « a déraillé » est d'autant plus coupable « qu'il doit donner l'exemple de toutes les vertus », je suis presque tenté de le défendre.

Non, un prêtre ne peut pas donner l'exemple de toutes les vertus ; étranger aux joies de la famille, abruti par les visions... mystiques, il devient vite l'ennemi de la société dont, par état, il lui est interdit de partager les plaisirs ; l'hypocrisie qu'on lui reproche est le résultat de la réclusion dans laquelle le confinent les grimaces de son métier. Cependant, comme pour être prêtre, on n'en est pas moins homme (n'en déplaise au pape infaillible), le jour où ce prêtre, ne pouvant étouffer ses passions, se lance dans la grande vie, ce jour-là, c'est une noyade criminelle dans le tourbillon des plaisirs profanes ; alors, je le plains ; car, avec toutes les audaces coupables, il dégraffe sa soutane, et c'est encore au nom de Dieu que son inconscient mysticisme lui fait accomplir les plus vils forfaits.

Les exigences idiotes de l'inepte religion catholique placent le prêtre en marge de la société ; on parle de la vocation !... il n'y en pas ; c'est bien malgré lui qu'un enfant devient prêtre ; à l'âge où l'on commence à l'instruire, il ne comprend pas qu'on veut faire de lui un chaste... un paria... d'ailleurs, on ne lui parle pas de cela.

Les influences cléricales qui s'exercent dans les familles nombreuses y puisent les bambins et les façonnent ; mais il arrive souvent que l'enfant n'a pas été suffisamment anémié par les pratiques ascétiques, et que la dislocation morale n'est pas complète ; alors, dans l'âge adulte, les passions naissent, les habitudes louches se perdent, les jouissances veulent être assouvies conformément aux lois de la nature, et, dans les conditions où vit le prêtre, il est exposé à devenir libidineux ; l'ignorance sociale et le fanatisme passionnel conduisent au vol et à l'assassinat.

Je suis donc loin de partager l'enthousiasme des

gens de Laval au sujet de l'exécution de Bruneau, parce qu'il était prêtre. Un prêtre n'est qu'un homme d'autant plus accessible aux passions humaines qu'elles lui sont interdites.

Laval qui rit me dégoûte!... je préfère *la Walkyrie* de Wagner.

Quant à MM. les curés, ils voudraient bien faire de Bruneau un martyr, et rien ne dit que plus tard ils ne trouveront pas le truc en faisant surgir des mystères de la confession les soi-disant véritables assassins, afin d'innocenter l'homme de Dieu; ce serait alors saint Bruneau II, car il en existe déjà un, mais on ne dit pas qu'il ait assassiné; il s'écrit autrement, c'est *Bruno*, comme la vache classique, la pauvre Bruno.

En somme, les frocards se moquent de « Bruneau de Laval » comme de leur première culotte! c'est pour la religion et les blagues qu'ils nous content qu'ils ont la frousse; il paraîtrait que ça nuit à l'Église que Bruneau ait tant aimé les femmes, qu'il ait incendié et assassiné! ces goupillonneux tremblent que leurs ouailles n'ajoutent plus foi à leurs balivernes.

Messieurs du Saint-Ciboire, je partage vos craintes, car enfin Dieu, qui voit tout, peut tout, a été, avouez-le, un rude mufle en ne sauvant pas Bruneau! Que ne lui a-t-il envoyé à gogo, argent, femmes, vin et tout ce qui fait que de dignes prêtres bien constitués chérissent la vie et rendent hommage au créateur?

Dieu n'est pas toujours juste, je le reconnais quand je vois des étoiles au ciel et tant de malheureux sur la terre. Mais, en somme, Dieu est assez bon Diable pour ses ministres de paix et de charité, et il faut, Messieurs du bénitier, que vous lui ayez fait de sales blagues pour qu'il vous mette ainsi dans l'embarras.

Quand on pense que si le Père Eternel eût voulu, il lui suffisait de téléphoner au pape Léon XIII: « *Donnez argent à Bruneau, moi envoie femmes à l'œil* », et ces scandales (fort désagréables, j'en conviens, pour l'Eglise) étaient évités, car l'abbé possédant toujours « argent de poche et femmes à l'œil », n'aurait pas eu besoin de recourir au crime pour se procurer de la braise et du linge.

Mais plus le bon Dieu vieillit, plus il devient rosse !... et moins il s'inquiète des boniments d'Eglise !...

Et voilà pourquoi Bruneau fit connaissance avec Deibler, homme très affairé depuis quelque temps, et comment les Lavalais, curieux (ô honte !) de voir mourir un prêtre assassin, continueront à engraisser leurs chapons et leurs vaches, en gardant au cœur le joyeux souvenir de cette brillante représentation.

9 septembre 1894.

CHRONIQUE « DE VACANCES »

Les privilégiés de la fortune peuvent s'offrir des vacances; les flâneries aux plages, les excursions à la montagne calment les plaisirs énervants de la grande Ville: à ce compte-là, la vie est douce, et les riches sont d'heureux mortels.

D'autres, pas riches du tout, profitent, dans une certaine mesure, du temps des vacances. Les écoliers, les professeurs, les employés sont de ce nombre; l'air pur qu'ils peuvent enfin respirer à pleins poumons les repose des fatigues de l'hiver. Et c'est justice.

Nos députés, eux aussi, prennent des vacances; ils en usent et même en abusent. Car (bien que leur absence procure au pays cette tranquillité dont il a tant besoin) si nous comptons les vacances, les congés et les fêtes, nous trouvons relativement peu nombreux les jours consacrés aux affaires publiques.

Présentement, nos honorables prennent du repos dans leurs terres; ils emploient les loisirs des vacances à chasser, à pêcher et surtout à pérorer sur les bienfaits de la loi nouvelle et autres arguties de nature à consolider dans le fond de nos provinces les principes d'autorité gouvernementale. Il va sans dire que nous parlons seulement ici des députés qui prennent le mot d'ordre dans les ministères, et non pas de ceux qui profitent des vacances pour porter la bonne parole aux humbles et aux déshérités.

Le député majoritard fait, en pleine nature, son apprentissage de grand homme. Chassant en amateur, le fusil sur l'épaule gauche et la main droite levée au ciel, il s'entraine à de prochains discours sur de nouvelles lois contre la presse; puis il esquisse, avec une grâce infinie, de nombreuses demandes de bureaux de tabac. C'est à peine s'il prend garde au gibier; il le dédaigne; pour lui, la vraie chasse ne consiste pas à mais à *poser des lapins* aux électeurs !

Nos députés ne chassent pas tous : beaucoup vont à la pêche. Le député pêcheur est silencieux; généralement fort apprécié, il passe pour un fin diplomate, il a le geste noble et assuré, le même qu'il emploie pour jeter sa ligne. C'est souvent un vulgaire fumiste, bête comme une oie, mais le silence est d'or, et le député pêcheur est estimé à la Chambre. Ami du gouvernement, c'est avec conviction qu'il pousse les *très bien* quand le ministre parle; il vote les lois contre la presse aussi flegmatiquement qu'il taquine le goujon. Enfin, il pêche aussi l'écrevisse dont il imite la marche à s'y méprendre.

Donc, tous ces gens-là pêchent, chassent, se promènent, et bientôt nous les reverrons à la Chambre, mieux que jamais disposés à renouveler les scandales et à étouffer les reformes promises. Comme par le passé, ils imiteront l'écrevisse et nous poseront des lapins!

Les vacances ne profitent pas seulement à nos députés. Deux personnages d'Angleterre et de Belgique ruminent chaque soir en retirant leurs bottes, et chaque matin en mettant leurs chausses (chacun de son côté et sans se voir) que la France est un pays très chic et Paris une ville très chouette. Et chacun de ces deux personnages prétend, l'un comme roi, l'autre comme empereur, y rétablir à son profit la Royauté et l'Empire.

Ces deux bougres-là ne doutent de rien, parole d'honneur ! ils se nomment *Philippe* et *Totor*. *Philippe*, duc d'Orléans (comme le vinaigre !) aspire à la royauté, rien que ça ! Philippe d'Orléans, dit Bouffe-

Gamelle Ier ! ça sonnerait très mal. Croyez-moi, mon jeune ami, vivez très largement dans le luxe; entouré de fortes chanteuses, videz la coupe des plaisirs ; qu'elle soit pour vous, non pas amère, mais enivrante et inépuisable, mais renoncez au trône ; la France n'a pas besoin de vous.

Toutefois, voyez au val d'Andorre : peut-être réussirez-vous à vous faire nommer président de cette petite république pour commencer! Vous verrez ensuite à la transformer en royauté, auquel cas vous, deviendrez Boufle-Gamelle Ier, roi du val d'Andorre, pays célèbre par ses chèvres et un opéra de M. Halévy.

Totor, qui porte très correctement la redingote noire, s'appuie sur la légende napoléonienne pour démolir la République française et rétablir l'Empire. A moins de combinaisons à l'étranger, *savez-vous!* et de calculs qui m'échappent, je cherche où peuvent bien se cacher les partisans de ce prétendant de malheur! Il y a deux légendes napoléoniennes : celle de *l'homme au petit chapeau* est aujourd'hui aussi vieille que la culotte du roi Dagobert, d'estimable mémoire ; quant à celle de *l'homme de Sedan*, elle est lugubre, et *Totor* serait bien aimable s'il voulait interrompre ses macabres plaisanteries.

On prête à *Philippe* et *Totor* l'intention de lancer un manifeste; qu'ils se contentent de lancer les jolies filles, car leurs manifestes politiques signifieraient : *rigolade et honte!*

A propos de honte, une certaine presse ne manque pas de flétrir le jury relativement à l'erreur dont le docteur Laffite a été victime à la suite d'une misérable affaire d'avortement. Au moment où le jury est battu en brèche par le pouvoir, cela tombe à pic, mais le jury, étant la seule institution démocratique de notre code, survivra aux attaques des légistes du gouvernement; d'ailleurs, si le jury se trompe, c'est parce qu'on l'a trompé lui-même, à l'aide d'instructions erronées et de faux rapports.

Dans l'affaire Laffite, l'entière responsabilité remonte à MM. les médecins légistes qui ont conclu à la culpabilité. Pour ces gens-là, qui dit inculpé dit coupable, et les plus déplorables erreurs résultent trop souvent de leurs fausses manœuvres.

Des manœuvres plus justes sont celles qu'exécutent en ce moment nos soldats. Espérons que la paix armée éloignera l'horrible guerre et que ces répétitions générales des combats suffiront désormais à nos instincts belliqueux.

Cependant, il est utile d'expérimenter nos forces afin de savoir si, le cas échéant, nous serions bons à la riposte.

Le potentat de « derrière les Vosges » peut avoir une idée de derrière la tête, et il faut être prêt à lui cracher notre mitraille. Le mois de septembre est bien choisi pour montrer à la France, si prodigue de ses deniers quand il s'agit de la défense nationale, de quoi peut être capable l'armée de la République.

Nos goupillonneux, qui ne l'aiment guère, cette République, profitent, eux aussi, des vacances pour donner en plein air leurs grandes représentations, dans notre contrée; N.-D.-des-Anges fait tomber l'argent, dru comme grêle, dans le giron de la *Sainte Mère l'Eglise*, si habile à exploiter la crédulité et l'ignorance.

La bêtise humaine, dit-on, est éternelle! c'est malheureusement possible; mais tant qu'on n'aura pas maté les calotins, l'armée noire sera toujours un puissant obstacle à l'affranchissement social.

Jusque-là, MM. du Bénitier s'offriront des vacances à nos dépens, et pour eux la vie sera douce, et ils la béniront! Amen! *16 septembre 1894.*

BICORNE ET CALOTTE !

Ces couvre-chefs coiffent on ne peut mieux le gendarme et le prêtre.

Bicorne, c'est la loi, l'État ; calotte, c'est la religion, l'Église ; et tout cela est bonnet blanc et blanc bonnet sur le chef de l'État-Prêtre.

Nous n'avons pas envie de dénigrer le pouvoir ; sa route n'est pas semée de roses ; elle est, au contraire, couverte de ronces inextricables, et ce n'est pas trop d'un bicorne et d'une calotte pour parer aux rhumes de cerveau si fréquents à notre époque.

Mais ce qui nous choque, c'est de voir la République tendre la main aux prêtres, ses pires ennemis. Jusqu'alors, chacun de son côté livrait son combat, et faisait de son mieux pour se garantir des courants d'air. Le gouvernement républicain laïque se contentait de son bicorne ; il n'en est plus de même aujourd'hui : bicorne et calotte fraternisent ; cette union d'essence et de nature si différentes, aux forces variées et contraires, se manifeste chaque jour, au mépris de nos institutions démocratiques, par ses attaques contre les meilleurs républicains.

Sans tenir compte de l'opposition d'intérêts qui semble les dominer devant la foule, l'État et l'Église, diversement attaqués dans leur action commune, ont consenti une sorte de pacte en vertu duquel, réunissant laïcité et ignorance, lumière et ombre, dans le même creuset, ils ont résolu de forger pour leur usage une arme nouvelle.

C'est de cette alliance louche que naquit l'esprit nouveau.

Ce fils de Pandore et de Basile fut mal accueilli; son air rampant n'annonçait rien de bon. Il végéta tout d'abord, soigna ses scrofules et ses tares et s'exerça à de petits coups sur des êtres sans défense, révoquant par-ci, par-là, l'un ou l'autre laïque, comme un apprenti Mandrin s'essaierait à détrousser une pauvre vieille au coin d'un bois. Mis en goût par de faciles succès, vivant à l'écart des grosses questions politiques, il se fit humble; mais rampant toujours et flairant sans cesse, l'Esprit nouveau devint tout à coup sensationnel et finit par révéler au monde indigné la puissance astucieuse de son incohérent atavisme.

Les luttes soutenues jadis pour fonder une société laïque dégagée aussi nettement que possible de l'esprit clérical et de l'immixtion religieuse ont laissé dans nos esprits d'ineffaçables souvenirs. Nous payons aujourd'hui les faiblesses d'hier et les combats inachevés. Les demi-mesures de Jules Ferry, jetant à la porte les frocards, mais tenant la fenêtre ouverte et une échelle contre le mur, ne nous ménageaient pas autre chose que l'Esprit nouveau de M. Spuller et les infâmes représailles de l'abjecte cléricanaille.

C'est pourquoi, comme au premier jour, les revendications de la calotte, louches et hypocrites d'abord, chantent clair aujourd'hui, et le bicorne apporte aux menées cléricales la consécration de sa suprême puissance. L'État et l'Église marchent ensemble contre toutes les tentatives d'évolution sociale, en foulant aux pieds les programmes radicaux de nos représentants qui portent en lettres grasses : « Séparation des Églises et de l'État ». Et le gouvernement répond aux desiderata du pays en lui décochant l'Esprit nouveau qui cimente l'union des Églises avec l'Etat, loin de songer à vouloir les séparer.

Si l'alliance « Bicorne et Calotte » ne dispose pas

encore de lois spéciales et exceptionnelles contre ses ennemis, c'est qu'elle n'a jusqu'ici rencontré qu'une opposition platonique et de discussion, et que les attaques furent généralement anodines. Demain, après l'accueil manifesté aux infamies de l'Esprit nouveau, l'État et l'Église songeront peut-être à fournir des armes contre les libres-penseurs, et ces derniers seront poursuivis, tout comme en vertu de la dernière loi, les socialistes, qui ne se cachent pas, payent pour les anarchistes décidément introuvables, bien qu'ils soient les seuls à devoir être punis!

Vienne une loi pour protéger l'Esprit nouveau, et ce jour-là, la France sera non seulement muselée, mais encore ensoutanée!... Bravo, bicorne et calotte!

Présentement, nos deux compères se contentent de pénétrer avec effraction dans l'école; c'est là du moins qu'ils opèrent le plus tranquillement du monde.

L'État-Prêtre répudie purement et simplement nos programmes laïques. Désormais, plus d'horizons nouveaux, plus d'idéal! L'éducation et l'enseignement devront se plier aux curiosités malsaines et aux indiscrétions hypocrites des disciples de Loyola.

Notre but était d'épargner à l'école cet esprit de louche servilité qui sert de base à l'enseignement jésuitique; nous voulions enseigner à l'enfant la bonté, le courage, l'amour du bien et du beau; le faire marcher droit et fier, la tête haute; enfin, lui inspirer l'horreur du mensonge, des mystères et des jocrisseries religieuses qui développent chez l'homme l'obscurité et la peur. Tout cela nous semblait beau, juste et idéalement conforme aux programmes de notre enseignement républicain.

Eh bien, nous nous trompions! Le cas de M. Robin le prouve, et constitue le plus beau coup de Jarnac du nommé Esprit nouveau.

M. Robin, directeur de l'orphelinat de Cempuis, a été révoqué de ses fonctions, tout bonnement, sans motifs, sans phrases ! Une telle révocation, d'un établissement ouvert aux deux sexes, sans explication, peut laisser le champ libre aux calomnies. Disons de suite que M. Robin, la moralité par excellence, est au-dessus de tous les soupçons : il s'est voué à l'éducation de l'enfance ; qu'a-t-on à lui reprocher ? rien ; il faut, en ce cas, que notre gouvernement obéisse en plein à l'ignoble pression cléricale et panamiste pour agir de la sorte.

Tous les citoyens qui ont visité Cempuis en ont rapporté une touchante impression. La jeunesse y est enthousiaste ; elle y acquiert un puissant bagage d'instruction ; en y apprenant les sciences, les métiers, les arts, elle se forme, par une existence en commun, à la pratique de la vie sociale. Hommes et femmes sortent de Cempuis merveilleusement armés pour la lutte et dégagés des énervantes mômeries de la religion.

C'est sans doute cette partie de l'enseignement qui attira les foudres de l'Esprit nouveau. M. Leygues poursuit un tout autre idéal que M. Robin, et M. Leygues est pour l'instant ministre de l'instruction publique.

La morale chrétienne et la raison d'État ont révoqué M. Robin. La sympathie du public, les brillants articles d'illustres écrivains, l'opinion unanime de la Presse indépendante, tout cela a dû le consoler du trait que Pandore et Basile lui ont hypocritement décoché.

Quant à nous, républicains socialistes, nous nous tairons seulement le jour où l'alliance « Bicorne et Calotte » sera définitivement rompue.

Jusque-là nous ne cesserons de répéter que l'Esprit nouveau est un danger permanent pour la France républicaine.

23 septembre 1894.

LE COUP DU LIÈVRE !

On sait que le lapin se fourre partout ! il n'y a pas d'affaires sans lui. Le coup du lapin est souvent mortel. Depuis les ministres jusqu'aux belles-petites, le lapin exerce son influence faste ou néfaste, vengeresse ou récalcitrante. Capricieux à l'excès, ce mammifère rongeur procure aux uns quatre mille livres de rente, aux autres, la ruine ! enfin, sous toutes ses manifestations d'élevage et de posage, ce quat'pattes occupe un rang fort honorable dans notre échelle sociale.

Mais tout ici-bas a une fin ; les plus grands empires ont sombré dans d'épouvantables cataclysmes ; Babylone est oubliée, hélas ! et le lapin, lui-même, est détrôné, au moins dans sa gloire ! il ne sera bientôt plus que l'humble gibelotte des petits ménages, *sic transit gloria mundi !*

En effet, un autre quat'pattes, à longues oreilles, le lièvre, non moins prétentieux, mais plus fier, plus indépendant, vient tout à coup d'acquérir la célébrité. Il parut, en pleine bataille, au milieu des armées et des peuples, et le Président de la République lui même put saluer ce courageux animal, venu, lui aussi, pour effectuer d'habiles manœuvres.

Ce lièvre patriote m'amène tout naturellement à vous rendre compte de l'attaque décisive du fort de Vaujours.

Il faut avouer, en dépit de MM. les pessimistes quand même, que nos soldats sont à la hauteur de leur tâche et qu'ils méritent tous les éloges.

Les manœuvres de forteresse ont remporté un légitime succès. Nous avons assisté, le 18, au simulacre d'une bataille livrée sur les flancs du plateau de Vaujours, dans la partie inclinée qui rejoint immédiatement le village de Courtry.

La 3me parallèle avait été achevée dans la nuit du 17 au 18 septembre. La 11e brigade (24e et 28e), général Lachau, avait été choisie par le général Giovanninelli pour donner l'effort principal sur le fort de Vaujours. Trois bataillons étaient massés dans la 3me parallèle, le quatrième se trouvait à gauche sur les pentes de Courtry. Les deux compagnies du génie du corps d'armée avaient été adjointes à la brigade Lachau.

La 5e division tenait la droite en avant de Ville-Parisis. La 12e brigade envoyait la 119e comme soutien de l'attaque directe sur Vaujours, le 5e comme soutien de l'attaque sur le flanc gauche.

Dès neuf heures, l'attaque bombarde avec fureur le fort et ses annexes. Le général Coste prend alors ses dispositions pour la défense ; il dispose un bataillon du génie entre Courtry et la batterie Sud : l'infanterie de marine prend position dans les tranchées du fort et dans le bois d'Eguisy ; la brigade Lambert (113e et 131e) défend le secteur Nord ; le 151e et le 29e bataillon de chasseurs constituent la réserve sous les ordres du général Liberman.

Vers 9 h. 3/4, M. Casimir-Perier arrive au fort de Vaujours ; il est escorté d'un escadron de dragons. Le général Saussier suit derrière le landau présidentiel, accompagné de son porte-fanion et de ses officiers d'ordonnance. On avance au pas. La foule, de plus en plus compacte à ce moment, se presse pour voir ; j'entends de nombreux cris de : Vive la France ! vive l'armée ! Très peu de vive Casimir-Perier.

Il est environ dix heures ; le Président de la République est sur les glacis ; debout, il domine cet admirable plateau qu'on nomme l'éperon de Vaujours et qui regarde à ses pieds les villages du Pin, de Courtry et de Coubron. Il est bien seul, le président! les murmures flatteurs ne l'escortent guère!... Triste présage!...

C'est sur le champ moissonné de Courtry que l'action va s'engager. Des files de soldats descendent, chacune vers le village en se déployant de chaque côté; les uns figurent les assiégeants, les autres les assiégés.

La fusillade commence: les hommes évoluent, se rapprochent, s'agenouillent, s'éloignent...., et le feu est de part et d'autre véritablement enragé, tandis que le canon fait au loin sa partie de basse tonnante! Cela dure ainsi trois quarts d'heure.

N'hésitons pas à dire que la partie du combat à laquelle nous assistons est invraisemblable; c'est un rêve, une chimère, Dieu merci! Dans une vraie guerre, étant donné le petit nombre d'hommes présents et la faiblesse de la distance, tous seraient déjà morts depuis longtemps de part et d'autre.

C'est pendant quelques instants d'accalmie laissés à la fusillade qu'un lièvre quitta son gite et fit son entrée triomphale sur le champ de bataille. Cet intermède eut un succès énorme à rendre fou les meilleurs clowns de M. Franconi. Ce ne fut qu'un cri dans la foule enthousiaste: un lapin! mais non; c'était bien un lièvre! il détalait très vite, car il était poursuivi par un affreux barbet; ce cabot, plus habitué aux pavés de Ménilmontant qu'à la terre de Vaujours, nous rappelait « Auguste » courant dans le cirque après un cheval fougueux sans pouvoir l'atteindre.

M. le lièvre s'arrêta au beau milieu du champ; il salua de tous côtés d'un air de reproche de l'avoir troublé en son gite; puis, dressant les oreilles, il reprit sa course folle, venant jusqu'à nous pour se frayer un passage; alors, les gamins le poursuivirent, essayant de lui barrer la route; mais il tourna, passa à travers les jambes de ses chasseurs, les dépista, et, d'un air narquois, ralentissant sa marche un instant, regagna son gîte en bonds vertigineux.

De ma vie, je n'oublierai ce lièvre, illustre comique et profond philosophe se précipitant entre les deux armées et le peuple, au milieu de ces combats pour rire, et réussissant à sauver sa frêle existence.

Ce coup du lièvre eut lieu pendant l'effort tournant de la brigade Lachau qui tenta l'action décisive ; elle s'élança sur le glacis du fort, mais les défenses, accessoires, trous-de-loup, abatis, brisèrent son élan ; c'est alors que la défense fit jouer huit fougasses en un départ simultané vivement applaudi du public.

La brigade Lachau réintégra aussitôt la 3me parallèle et le général Saussier fit sonner l'assemblée, au moment où les troupes du général Coste se préparaient à une contre-attaque.

Et ce fut tout. J'entendis — en saucissonnant—les réflexions de mes voisins. Le lièvre, s'il ne faisait pas les frais du repas, défrayait du moins les conversations.

Dans certains groupes, on émettait cette opinion que le fort de Vaujours est imprenable.

J'avoue que les manœuvres, dont il ne faut pas s'exagérer l'importance, puisqu'elles ne présentent pas l'imprévu de la guerre, sont cependant utiles; elles aguerrissent le soldat et justifient, dans une certaine mesure, les sacrifices si grands que nous impose notre défense nationale.

Quant au fort de Vaujours, j'estime que les assaillants étaient de taille à le prendre; si c'eût été *pour de bon*, mais c'était *pour rire*, et souhaitons que longtemps encore il en soit ainsi.

Le lièvre, seul, combattit ce jour-là *pour de bon*, et il fut imprenable... car il nous posa un lapin !...

30 septembre 1894.

HISTORIA

Les mensonges ne coûtent rien à MM. les frocards en général, et notamment à l'abbé Garnier qui les débite à tire-larigot dans une feuille odieusement intitulée : *le Peuple Français* et dans des conférences où, pour les besoins de sa cause, il se complait à travestir l'histoire.

Le *Peuple Français* qui distribue quotidiennement le pain bénit aux boiteux, aux aveugles et aux culs-de-jatte politiques, a pris à tâche d'innocenter l'Église catholique de tous les crimes commis pour la gloire de Dieu, qui n'en est pas plus fier pour ça!

C'est ainsi que les ensoutanés qui, depuis quelque temps, profitent de l'Esprit nouveau pour lever si haut la tête, prétendent n'avoir pas allumé le bûcher de Jeanne d'Arc, et affirment que le clergé de 1572 ne participa en rien aux horreurs de la Saint-Barthélemy.

Dans un premier article, nous avons prouvé que les prêtres, avec la complicité du roi Charles VII, furent bien les bourreaux de la bonne Lorraine, crime auquel le peuple demeura étranger.

Nous allons démontrer aujourd'hui, malgré les dénégations publiques des porteurs de chasubles, que le pape Grégoire XIII et l'Église furent bien les instigateurs des hideux massacres de la Saint-Barthélemy, qu'ils y participèrent et les bénirent.

Il nous suffira pour cela de recourir à « Brantôme,

HISTORIA

de Thou et l'Estoile », ainsi qu'au jugement des hommes et à l'impartialité de l'histoire.

Le dimanche, 24 août 1572, à 2 heures du matin, le roi Charles IX poussé par l'impatience de Catherine de Médicis, et malgré les assurances de paix données à l'amiral Coligny, ordonna de sonner le tocsin de St-Germain-l'Auxerrois. A ce signal, les massacres commencèrent dans les quartiers voisins du Louvre.

L'assassinat de Coligny avait été décidé et de Guise voulut y présider lui-même. Il se rendit chez l'amiral, mais attendit dans la rue Besme; le capitaine Attin et quelques autres individus aux gages des Guise, armés d'épées et de poignards, montèrent et enfoncèrent la porte ; Besme s'avança vers Coligny, et lui mettant la pointe de son épée sur la gorge, lui dit : N'es-tu pas l'amiral ? — C'est moi, répond Coligny ; puis il ajouta : « Jeune homme, tu devrais respecter ma vieillesse et mes infirmités, mais tu n'abréges ma vie que de peu de jours. » Besme lui enfonce son épée dans le corps, la retire et l'en frappe plusieurs fois au visage. Les paroles de Coligny s'expliquent par ce fait que deux jours auparavant, rue des Fossés-Saint-Germain-l'Auxerrois, il avait été blessé grièvement d'un coup d'arquebuse tiré par Maurevert, sur les ordres du duc de Guise.

Le corps de l'amiral fut traîné dans les rues de Paris, puis transporté aux fourches patibulaires de Montfaucon, situées entre la Villette et les Buttes-Chaumont. Là, il fut pendu par les cuisses avec des chaines de fer. Un écrivain du temps dit : « La Reine-Mère pour repaître ses yeux de la vue du corps mutilé de l'amiral pendant au gibet de Montfaucon, y mena ses fils, sa fille et son gendre. La tête de l'amiral fut, par ordre de la cour, embaumée et envoyée à Rome en signe de triomphe. »

« A la pointe du jour, Charles IX, dit Brantôme, placé à l'une des fenêtres du Louvre, prit une grande arquebuse de chasse et tira tout plein de coups ; incessamment crioit : « Tuez! tuez! » et n'en voulut sauver aucun, sinon son premier chirurgien, maître Ambroise Paré. »

Les historiens portent à dix mille le nombre des personnes tuées pendant les trois premiers jours des massacres qui durèrent ensuite tout le mois de septembre à Paris et dans les provinces.

La cour de Rome fit éclater une joie immodérée : elle ordonna des cérémonies religieuses pour remercier Dieu du succès de cet affreux complot, fit célébrer des messes solennelles, publier un jubilé, tirer le canon du château Saint-Ange, allumer des feux de joie dans les rues et exécuter de pompeuses processions où assistèrent le pape, les cardinaux, les ambassadeurs, des prêtres et des soldats. Le cardinal de Lorraine prit une grande part à cette joie féroce; il donna mille écus d'or au gentilhomme qui lui apporta cette agréable nouvelle. Ce fut lui qui, avec un luxe digne de la circonstance, célébra la messe après la procession. Au-dessus de l'église, on avait placé une inscription où la « participation et l'instigation de la cour de Rome aux massacres de la St-Barthélemy étaient avouées sans pudeur »!

Voici la substance de cette inscription, d'après l'historien de Thou : Elle portait que « le cardinal de Lorraine, au nom du roi très chrétien Charles IX, rendait grâces à Dieu, et félicitait notre saint-père le pape Grégoire XIII et le sacré collège des cardinaux des succès étonnants et incroyables qu'avaient eus les conseils que le Saint-Siége avait donnés, les secours qu'il avait envoyés, et les prières que Sa Sainteté avait ordonnées pour douze ans.» Pour perpétuer la mémoire de ce triomphe, le pape fit même frapper une médaille.

Charles IX, qui n'avait recueilli de ces massacres que l'indignation de tous les gens de bien, mourut peu de temps après, le 30 mai 1574. Avant d'expirer, il éprouva le supplice des remords, qui vint se mêler aux douleurs excessives qui lui causait sa maladie honteuse.

Le cardinal de Lorraine, « l'instigateur direct, de par la cour de Rome, des massacres, » mourut quelques mois après dans un état de démence et de fureur. Un des résultats les plus notables de la St-Barthélemy fut l'extinction de la branche royale des Valois.

L'Estoile rapporte que Charles IX mourant, prononça les paroles suivantes : « Que de sang et que de meurtres ! ô mon Dieu, pardonne-moi et me fais miséricorde, s'il te plait ; je suis perdu, je le vois bien ! « ah ! que j'ai suivi de méchants conseils ! »

Les conseils suivis par Catherine de Médicis, cette tigresse, et Charles IX, ce monstre, avaient été donnés par Grégoire XIII, les cardinaux et les prêtres qui sont les véritables auteurs de la plus triste page de notre histoire. Il résulte des comptes de la Ville que, pendant septembre 1572, des fossoyeurs furent chargés d'enterrer les corps entassés sur les rives de la Seine.

Je comprends que l'église catholique de 1894 ait tout intérêt à dissimuler les crimes du clergé de 1572 ; mais qu'elle prie silencieusement, au lieu de plaider l'innocence à l'aide du mensonge et de l'imposture !

Tenter de rejeter sur le peuple, qui, seul, fut l'innocente victime, la responsabilité de pareils forfaits, c'est encore commettre une mauvaise action.

Les frocards de 1572 furent des assassins. Comme tels, Historia les juge et les condamne, n'en déplaise à l'abbé Garnier !

14 octobre 1894.

DES DROITS ET DES DEVOIRS

(LE CITOYEN ET L'ÉTAT)

Il est d'ordre naturel qu'il n'y a pas de devoirs sans droits; la justice n'est qu'un système de réciprocités et de compensations sociales sujettes à des instabilités d'équilibre fort préjudiciables au développement des progrès humains.

En face du droit de l'État, il y a le droit du citoyen, mais ces droits sont le résultat des devoirs que l'État exige du citoyen et de la protection que le citoyen réclame de l'État. D'où il résulte que les droits ne peuvent exister que si les devoirs ont été remplis, et qu'à cette seule condition, l'égalité des droits et des devoirs établira nettement les rapports qui doivent exister entre le citoyen et l'État.

Malheureusement, les besoins, les appétits, les exigences de l'État sont formidables, et bien souvent le citoyen perd tous ses droits après avoir rempli tous ses devoirs. Ce n'est pas que l'État s'enrichisse à ce jeu-là!... Il y perd le plus souvent argent et honneur; nous avons vu, dans ces derniers temps, l'État répandre ses largesses sur des tarés et des vendus, des filous, des escarpes et des agioteurs, des cosmopolites qui semblent ne vivre parmi nous que pour *décaliser la France au coin d'un bois!* Les favorisés n'ont pas plus de devoirs à remplir vis-à-vis de l'État que le paysan et l'ouvrier; ils ont cependant tous les droits parce qu'ils servent la politique gouvernementale et qu'on peut compter sur eux pour toutes sortes de besognes. De là, la trop grande somme de devoirs remplis par le peuple au profit de l'État; de là, également, l'injustice de l'État à l'égard d'un peuple fatigué du rastaquouérisme politique et de plus en plus pénétré de cette vérité qu'il n'y a pas de devoirs sans droits.

Nous n'avons pas cette idée qu'il faut affaiblir l'État en diminuant ses droits; il est nécessaire que le pouvoir central qui dirige un peuple démocratique soit actif et puissant. Ce que nous voulons, c'est l'empêcher d'user de son agilité et de sa force; c'est le contraindre à répartir également les droits, c'est l'empêcher de multiplier les rouages d'une politique occulte qui peut conduire la France aux événements les plus funestes.

Le mal justement appelé par Mirabeau *la fureur de gouverner* est la plus funeste maladie des temps modernes: elle est endémique dans toute l'administration et nous regorgeons de règlements dès qu'il s'agit de choses qui effleurent seulement les intérêts du pouvoir.

L'État, si dur aux devoirs des citoyens envers lui mais si avare quand il s'agit de droits à accorder au peuple, semble oublier que le citoyen qui résiste aux injustes prétentions de l'autorité use de son droit, aussi bien que celui qui défend contre son semblable son champ ou sa liberté; il n'y a de différence qu'en ce que l'un l'exerce contre une force individuelle, et l'autre contre le représentant d'une force collective. L'intervention du pouvoir ne devrait jamais s'exercer dans la répartition des droits que proportionnellement aux devoirs.

Il est bon d'ajouter que nous avons des représentants dans tous les rouages administratifs, mais à cet égard, la prodigalité de l'État s'explique; c'est le ralliement aux fonctions honorifiques, aux faveurs, au grand nombre d'amis qui escortent triomphalement l'officiel : quand le char de l'État s'embourbe, vite, ils descendent ; des pieds, des mains, ils poussent ; si le cas est grave, ils vont chercher du renfort, promettent une récompense quelconque, ruban, inspection, balai à l'hôtel de ville, place dans une banque populaire ou dans un chalet de nécessité, s'il s'agit d'une misère à secourir. — Alors, le char de l'État s'ébranle sous la poussée de tous ces *braves gens* ; il reprend sa marche périlleuse, mais toujours escorté par cette légion de serviteurs qui risquent, par vice ou par inconscience, d'aller jouer dans une cellule de Mazas le dernier acte de leurs illusions perdues !...

Quoi qu'il en soit, il faut apprendre à choisir nos hommes et surtout ne pas nous désintéresser des luttes électorales. Je touche rarement à la politique locale, et j'avoue que les principes bien plus que tels ou tels hommes ont absorbé mes meilleurs loisirs.

Des élections vont avoir lieu au conseil d'arrondissement. A cause de son inutilité même, ce rouage fonctionnera longtemps encore. Toutefois, si la fonction est inutile, l'homme que nous allons nommer n'en conserve pas moins la faculté de rendre des services à ses électeurs.

Sur cette branche officielle de la représentation régionale peuvent pousser des rameaux de revendications populaires ; trop souvent privé d'une grande partie de ses droits, le citoyen ne doit, dans aucun cas, se désintéresser de la lutte. Un conseiller d'arrondissement actif, intelligent, instruit, documenté, riche et pourvu de relations brillantes, peut, à son gré, faciliter les rapports entre le peuple et l'État ; il peut, s'il est homme de progrès, rehausser son mandat et l'anoblir par la valeur de ses revendications. En résumé, c'est en matière de fonctions électives, comme au théâtre : *il n'y a pas de petits rôles, il n'y a que de petits artistes !.....*

Un conseiller d'arrondissement peut faire œuvre utile s'il demeure l'avocat des justes causes et s'il est bien convaincu que les droits et les devoirs sont égaux et réciproques entre le citoyen et l'État.

7 juillet 1895.

LE DROIT PRIME LA FORCE

Pour les besoins d'une politique brutale dont l'Europe entière ressent encore les contre-coups, Bismarck a lancé ce stupéfiant aphorisme : *la force prime le droit!*

Le mot, justifié par les événements, a fait son chemin; l'homme de fer est aux portes du tombeau, le chancelier n'est plus qu'une loque, mais l'aphorisme est encore vivace aux mains de ses successeurs éhontés. Ce mot brutal dont la France est encore victime ne se manifeste pas seulement par la conquête, par le rapt de nos provinces, par l'armement des nations qui transforme l'Europe en caserne; son action s'exerce encore chez nous par la servilité des rapports que l'hypocrisie d'outre-Rhin impose à notre gouvernement agenouillé.

La tragi-comédie de Kiel n'est qu'une nouvelle méthode, une sorte de naturalisme suggestif modifiant l'application de l'aphorisme célèbre du vieux moribond Bismarck. Le kaiser est un maniériste fin-de-siècle; son but est de germaniser la France républicaine, de sceller avec les despotismes européens une alliance contre le socialisme international et d'enrayer en même temps l'essor de notre patriotisme.

Toutefois, en dépit des efforts gouvernementaux qui ne se produisent que pour protéger l'existence et célébrer la gloire des rois et des empereurs, la démocratie s'affirme sage et pacifique; son rationalisme détruit les préjugés du « vieux monde » et vient donner au mot du chancelier de fer un démenti formel! Non, la force ne prime pas le droit! La force est le corollaire naturel du droit; c'est le droit qui prime la force.

Les rois et les empereurs se gardent bien de rendre au peuple le droit primordial d'acquérir la fortune en choisissant librement ses représentants; leurs majestés luttent contre les manifestations du droit populaire avec toutes les forces de leurs privilégés; ils sont trop intéressés à n'accorder l'exercice de la représentation nationale qu'à de fermes soutiens du régime qu'ils ont établi; dans ce cas, *la force prime le droit.*

Dans une république démocratique, il ne peut pas en être ainsi; et, à moins que nos gouvernants deviennent tout à coup les mémorables restaurateurs de nos institutions monarchiques, le suffrage universel, dans son expression la plus étendue et la plus indépendante, (*c'est-à-dire au scrutin de liste que le pouvoir n'accordera que contraint et forcé*), saura nous protéger contre les abus de la routine et les hypocrisies de l'Etat. — Si Napoléon dit le Grand, Louis XVIII, Charles X, Louis-Philippe et Napoléon surnommé le Petit, nous ont à jamais sevrés des guerres, des réactions et des dictatures, si les aigles impériales, aux ailes cassées, n'ont laissé dans nos esprits que le souvenir d'affreux vautours, si la pairie et la charte sont de mauvais rêves, enfin, si, méprisant ce vieux bagage mutilé (à peine bon pour la légende et où se heurtent la cocarde du petit chapeau, un parapluie et un morceau de lard), nous préférons la République, mais une République d'honnêtes gens, une République vierge de souillures, majestueuse et digne, sur un piédestal immaculé! oh! alors, n'hésitons pas à lutter contre le favoritisme et le parasitisme; ayons sans cesse pour objectif, non pas l'intérêt exclusif d'un parti, mais l'intérêt de tous les citoyens indistinctement.

Quand nous aurons débarrassé l'arbre des gourmands qui l'épuisent, la sève montera puissante, c'est alors que nous pourrons dire : *le droit prime la force!*

Pour atteindre ce but, tout est dans le choix des représentants, puisque nous avons à notre disposition une arme efficace : le suffrage universel.

J'entendais dire dernièrement : « Mais à quoi bon ce conseil d'arrondissement? Est-il bien utile de se déranger pour les affaires de l'État qui fait si mal les nôtres? » A cela, je n'ai qu'un mot à répondre : Nous avons l'immense tort de fourrer de la politique partout; le mandat de conseiller d'arrondissement est purement administratif; tant mieux, si le citoyen qui l'exerce ou qui le brigue, et que nous nommerons alors avec d'autant plus d'enthousiasme, développe à côté de son programme d'affaires, des idées qui sont les nôtres; mais, encore une fois, il faut rechercher dans le candidat la faveur dont il jouit, les relations qu'il peut mettre en œuvre, l'autorité personnelle, les connaissances spéciales à la fonction et surtout son caractère conciliant.

Le conseiller d'arrondissement rêvé doit se tenir en dehors des questions politiques, au point de vue de son mandat; il doit être, en quelque sorte, un diplomate administratif, et trouver accès partout, grâce à l'aménité de la forme; il restera au fond très convaincu, mais l'habileté et la souplesse lui feront toujours gagner sa cause. Dans ces conditions, il peut donc rendre d'immenses services à ses électeurs.

J'entendais dire encore : « Un tel, c'est un ambitieux! » Peu nous importe, si son ambition sert nos intérêts; qui pourrait affirmer, d'ailleurs, que cette ambition ne se borne pas à être utile à ses concitoyens?...

Si cette ambition nous était, au contraire, préjudiciable, nous pourrions toujours l'arrêter en chemin plus tard : mais, rassurons-nous, le conseiller d'arrondissement brave homme et bon citoyen, est presque toujours actif, dévoué et utile ; nuisible, jamais ! Dans tous les cas, efforçons-nous d'être le droit pour qu'il soit la force, afin que, le plus possible, en France, « le droit prime la force » !

14 juillet 1895.

EN VOULEZ-VOUS DES IMPOTS ?...

Que le peuple les aime ou ne les aime pas, les impôts!... qu'il soit partisan de celui-ci ou de celui-là, qu'il les accueille généralement ou les repousse tous en bloc, comme il n'est jamais consulté directement et que nos honorables ont seuls le droit de les voter, il n'a que le devoir de les subir en tirant de sa poche, avec l'humiliation du désespoir, l'argent indispensable à l'équilibre budgétaire de l'Etat.

Quant à la protection que les contribuables peuvent attendre en compensation des impôts qu'ils paient toujours et quand même, elle est illusoire! la protection de l'Etat est toujours conditionnelle.

Bon citoyen, n'oublie pas que l'Etat te protège tant que tu es de son avis; si par malheur tu refuses d'obéir à ses lois, décrets, règlements et ordonnances, tu paieras quand même, car l'État ne perd jamais ses droits; mais ce même Etat, avec tes propres deniers, te poursuivra, te saisira et te vendra, mieux que ne saurait le faire un vulgaire fils d'Israël. En voulez-vous des impôts? oh! les sales bêtes!... impôt par-ci, impôt par-là, l'impôt est une bien plus sale bête que « *l'homard* ».

L'Etat lutte comme il peut; privilégié, il utilise tout ce qui semble devoir équilibrer le budget. Heureux sont les contribuables quand les poids ne sont pas faux ou d'un alliage grossier!

Tous les impôts qui pleuvent sur nous pour équilibrer ledit budget jouent le rôle d'un faux assassin qui, payé par le gouvernement, détournerait, à l'aide de prétendus crimes, les esprits de la politique. Pour ne pas voter l'impôt sur le revenu, que n'imposera-t-on pas ?...

Actuellement, le monopole de l'alcool passionne les esprits les plus judicieux; cette question, qui n'est pas résolue, mais ajournée, et qui, lorsqu'elle se présentera au Sénat, à peu près nue, en sortira sans doute ornée d'amendements quelconques, a été traitée par les plumes les plus autorisées de la grande presse.

D'un quart de grosse d'articles que j'ai lus sur la matière, deux m'ont particulièrement intéressé : le premier émane du plus grand pamphlétaire des temps modernes. Henri Rochefort, cet illustre écrivain qui procède de Voltaire et de Paul-Louis Courier, nous dénonce, dans son étude intitulée « *La Verte* », que l'alcool, l'absinthe et, en un mot, les apéritifs, sont les fléaux modernes et la cause indéniable de la dégénérescence physique et morale qui conduisent la nation la mieux douée et la plus robuste aux chemins rapides de l'inévitable abime, et que la France tient sur ces routes-là le record de la vitesse.

Rochefort nous déclare (ce que je savais depuis 27 ans), qu'il est la sobriété même, mais il termine en disant que si tous les Français étaient comme lui, l'Etat ferait vite faillite.

Assurément, personne ne blâmera le grand écrivain de cette tempérance à rendre jaloux tous les chameaux du désert; j'ai horreur des poivrots, mais je bois volontiers un verre de vin à mon repas; j'ai horreur des apéritifs et notamment de la verte, mais je puis, à l'occasion boire un verre de bière, en fumant un cigare. J'estime que la plupart de mes concitoyens se conduisent comme moi; l'excès en tout est un défaut. Usons de tout, n'abusons de rien!...

Le second article que j'ai retenu est de mon ex-condisciple E. Lepelletier; — il n'est pas du tout partisan de l'impôt, et je serais presque tenté d'être de son avis. — Certes, je voudrais voir l'ivrognerie disparaître, ou tout au moins s'effacer peu à peu du caractère français.

Je ne crois pas que l'alcool et la verte soient absorbés par le peuple « en manière de consolation », comme le prétend Lepelletier; je crois, moins encore, que les apéritifs réparent les forces de l'ouvrier, du travailleur, et stimulent le courage des miséreux; je pense, au contraire, que tous ces breuvages sont des toxiques funestes au corps et surtout au cerveau. Mais j'ai peur que l'impôt soit impuissant à combattre l'ivrognerie; en outre, l'impôt frappera, — en province surtout où l'on boit moins qu'à Paris — une quantité de commerçants dans une proportion très appréciable.

L'ivrogne supportera l'augmentation en maugréant, mais il la supportera; par contre, beaucoup de commerçants se ruineront, car ils n'augmenteront jamais la consommation d'une façon assez sensible pour se trouver en proportion directe avec l'impôt sur l'alcool.

Non, ce n'est pas par l'impôt que l'ivrognerie disparaîtra, c'est par l'instruction qu'il faut répandre à profusion dans le peuple, par les lectures, par l'éducation politique et sociale, par les livres habilement semés dans les ateliers, les usines, par les conférences, les réunions à la commune et tout ce qui peut faire de l'homme enclin aux passions brutales un citoyen jaloux de ses droits et conscient de ses devoirs!...

En voulez-vous des impôts?...

Ah! les sales bêtes!... *21 juillet 1895.*

CHRONIQUE « A LA PERRACHON »

CHRONIQUE « A LA PERRACHON »

Dans un gros chef-lieu de canton d'un de nos plus importants départements du centre, un excellent citoyen, demi-paysan, demi-citadin, vient d'acquérir une éclatante notoriété dans toute la région en s'efforçant, par ses réponses devant le tribunal, de ménager la chèvre et le chou.

Notre homme tient aux portes de la ville une assez belle auberge sous la légendaire enseigne du *Cheval noir*, avec le sous-titre consacré par plusieurs siècles : « loge à pied et à cheval ».

Or, il advint qu'un dimanche soir, deux consommateurs échauffés par l'absorption de divers crus mâconnais, coupés de plusieurs verres de « blanche » et de théories contradictoires touchant la politique et l'évolution sociale, en arrivèrent aux coups de poings traditionnels en pareil cas.

Il y eut, à ce que l'on raconte, effusion de sang, et le plus meurtri, battu, mais pas content, cita son adversaire devant le tribunal de paix.

Naturellement, Perrachon, aubergiste, fut appelé comme témoin et voici le résumé de l'interrogatoire :

— D. Vos nom et prénoms, profession ?

— R. Perrachon, Claude, aubergiste.

— D. Jurez de dire la vérité, toute la vérité, rien que la vérité ; levez la main, dites : je le jure !

— R. Je le jure !...

— Est-il vrai qu'on s'est battu chez vous ?

— On s'est battu... *sans se battre!*...

— D. Vous avez vu l'un de ces deux hommes lever la main sur l'autre?

— R. J'y ai vu... *sans y voir!*...

— D. Le plaignant dit avoir été frappé; qu'y a-t-il de vrai dans son affirmation ?

— R. Il a été frappé... *sans l'être!*

— D. Mais n'a-t-il pas saigné ?

— R. Il a saigné... *sans saigner!*

— D. (*Impatienté et avec véhémence.*) Allez vous asseoir... *sans vous asseoir!*...

« Le tribunal : ouï Perrachon qui affirme avoir vu, sans voir; qui déclare, en outre, que le plaignant a été frappé, sans l'être, puis a saigné, sans saigner; »

Faisant application du droit romain *testis unus, testis nullus*, un seul témoin... pas de témoin, renvoie les parties dos à dos à « la Perrachon !... lequel peut aller s'asseoir... sans s'asseoir... après avoir palpé son indemnité de témoin ».

Le succès de Perrachon fut énorme, au point que lorsqu'une chose va cahin-caha, on dit qu'elle va à « la Perrachon ».

Quand une jeune femme a surpris son mari en conversation criminelle, fût-ce avec une vieille toupie conservée au toit conjugal, qu'elle se réfugie chez ses parents ; et que la demande en divorce traîne parce qu'elle *a vu... sans voir...* la jeune mariée, lâchement trahie par son époux, malgré ses arguments corsés, s'aperçoit vite que son affaire est une cause « à la Perrachon » !

Il ne manque pas d'affaires semblables : l'affaire Magnier, par exemple, la police l'a filé, oui... mais sans le filer, « à la Perrachon ».

En politique, c'est encore plus vrai ; nous avons l'alliance russe... sans l'avoir : à Madagascar, nos pauvres soldats, à en croire les dépêches officielles, sont malades... sans être malades... et meurent sans mourir..., « à la Perrachon !... » c'est, hélas ! le contraire qui se produit ! quant aux victoires, nous en remportons sans en remporter, nous avançons sans avancer, et nous reculons... sans reculer.

Le gouvernement n'est-il pas, lui aussi, à « la Perrachon », évolutionniste... sans réformes, républicain.. sans progrès?

En résumé, il n'y a que les impôts qui marchent ; ils ne sont pas « à la Perrachon » ; il n'est plus question de payer... sans payer, il faut payer quand même... et toujours !

J'ignore si les z'homards et les Hovas ont ou n'ont pas de poil aux pattes ; mais les impôts en ont d'une telle longueur qu'il faudra, si ça continue, leur couper, non pas seulement les poils, mais les pattes !... les impôts ?... ah ! les sales bêtes !...

Quant au Maître suprême, le Soleil, ce grand générateur, il ne nous marchande pas ses bienfaits, il n'est pas à « la Perrachon » !

Honneur à lui, qui fait mûrir la grume et qui remplit nos greniers ! Honneur à lui, à ses rayons réparateurs qui sèment la joie et l'espérance dans tous les cœurs français !...

8 septembre 1895.

LE PEUPLE-ROI

Le suffrage universel a tué l'émeute!... le peuple est roi!

Jacques Bonhomme, laisse au râtelier ton fusil!... cours à la section!... mais, bougre! maintenant que tu sais lire, tâche de voter juste!

A bas le sabre!... le progrès marche!

Le bulletin de vote est devenu l'arme d'un peuple libre; — la plume... c'est le fusil du Peuple-Roi!

L'arme?... le fusil?... Est-ce donc, hélas! toujours la guerre?

— Oui, certes; mais la guerre des idées, la lutte pour la conquête — accessible à tous — des progrès humains!...

Plus de barricades, plus de filets de sang entre les pavés de nos rues!... plus de malheureux étreignant dans leurs bras meurtris un drapeau troué de balles, plus de carrefours suant la haine, de vieillards chancelants, de femmes affolées, plus de mourants qui râlent: « Vive la République! »

A bas le coup de fusil! Vive le bulletin de vote!... Le peuple est roi!

Aujourd'hui plus qu'hier, demain plus qu'aujourd'hui, notre République sera vaillante, forte et sage; quoi que puissent dire, écrire et conspirer les fauteurs de monarchie, d'empire ou de dictature, elle se dresse, fière et majestueuse, et se joue des attaques de ses pires ennemis. Ils ont beau vouloir la flétrir, elle n'en conserve pas moins, vierge immortelle, l'immaculée blancheur de l'idéal humain!... La République, c'est le peuple! — roi pacifique, sans reproche et sans peur!

Le peuple ne fait plus la guerre des rues... à coups de fusil! — ses armes, non moins puissantes, mais plus humaines, sont : *la plume, l'encre, le papier, les urnes!*

La vieille bourre est devenue bulletin de vote; jadis, elle semait la mort; aujourd'hui, elle crée l'idée, le progrès!

A la baguette noire de poudre qui foulait la bourre dans le canon des vieilles armes révolutionnaires succède la modeste plume qui trace sur le papier — non plus avec le sang, mais avec l'encre — les noms des citoyens amis du peuple.

A la fonte, les fusils des coups d'État! A nous, les bulletins de vote! A nous, les urnes!

Ce n'est plus le droit du plus fort, c'est le droit du plus sage!

Les réactions s'agitent en vain! La souveraineté populaire est inviolable!... Or, le peuple est républicain; il aime passionnément cette République, fille de sa chair et de son sang; avec l'indulgence d'un père, il lui pardonne ses défaillances, même ses fautes, et il est prêt à la soutenir envers et contre tous!

La République ne vaut-elle pas cent fois mieux que les monarchies, les empires et les sabres, négation fatale des lois naturelles de l'Humanité?...

La France républicaine est par excellence la nation d'avant-garde!... elle ne renoncera pas à cette gloire — la seule enviable! — d'avoir proclamé les « Droits de l'Homme »; elle repoussera les avances d'un « Gamelle », d'un « Totor » ou d'un « spadassin » quelconque, bonnes gens qui s'empresseraient de faire des bourres avec les bulletins de vote, et de mitrailler le peuple... pour lui apprendre à vivre!

Il ne tient qu'à nous de conserver à la République

sa stabilité. — Le suffrage universel est la clé de notre existence politique et de notre avenir social.

A nous de bien connaître nos droits et nos devoirs! Nous possédons des armes de résistance légale contre les entreprises des partis hostiles à la République, mais, ces armes — qui nous ont sauvés du 16 Mai, alors que notre instruction civique était moins complète — encore faut-il savoir les utiliser par une étude sagement raisonnée de notre législation électorale.

Nous allons procéder aux élections municipales. choisissons des conseillers foncièrement républicains, franchement progressistes, et surtout... *nommons des honnêtes gens!...*

Exerçons utilement nos droits, sauvegardons nos libertés!

Etudions sans cesse; on n'est jamais trop instruit! d'excellents citoyens ignorent encore les lois électorales: ils déposent dans l'urne une liste quelconque: ils sont souvent peu renseignés sur la majeure partie des candidats qui s'y trouvent inscrits; il ne suffit pas d'y rencontrer le candidat de son choix; le bon électeur doit *faire lui-même sa liste* en établissant une sélection, à l'aide de toutes les listes, afin d'assurer le succès des hommes de son goût et de son opinion.

Le principe du suffrage universel a été établi par le décret du gouvernement provisoire du 5 mars 1848; reproduit par la Constitution du 4 novembre 1848; consacré de nouveau par la loi du 15 mars 1849; — maintenu par toutes les lois postérieures, il forme la base de notre droit électoral.

Les élections municipales sont régies par la loi du 14 juillet 1874.

Jacques Bonhomme, laisse là ton fusil!... cours à la section!... mais, bougre! maintenant que tu sais lire, tâche de voter juste!... *26 avril 1896.*

AUX ARMES !

Oui, aux armes!... aux armes qui ne tuent pas mais qui régénèrent l'humanité !...

Aux armes!... Le bureau est formé ; les urnes sont prêtes!... Des citoyens dévoués les entourent et les protègent. Honneur à eux, fiers soldats qui veillent à la garde du drapeau!...

Les citoyens défilent... et votent!... Les bulletins sont déposés dans l'urne!... C'est le combat, c'est la bataille, c'est le choc des idées, c'est la semence, le germe de la volonté humaine, la moisson du progrès !...

Aux armes, les hommes libres!... Remplissons notre devoir de citoyens français!... Exerçons pacifiquement nos droits politiques !

Pour le suffrage universel, nos pères ont lutté. Ils ont arrosé de leur sang généreux le pavé de nos villes et le sol de nos campagnes. Sachons faire la récolte : jouissons des bienfaits de la victoire!...

Aux armes! pour le triomphe des pacifiques batailles! Que le succès couronne nos efforts! Votons bien, votons juste !

Surtout, prenons le soin d'écrire notre liste ; préparons nos armes, sans attendre à la dernière minute. Arrivons à la section, le fusil chargé, c'est-à-dire *notre liste faite !*

L'ennemi nous guette! Gare aux embuscades!... Déjouons les manœuvres de la dernière heure !

15.

A bas les ambitieux ! Aux armes !... contre les politiciens réactionnaires qui font mendier, aux portes de nos collèges, les suffrages de leurs concitoyens !

Sus à la canaille, de quelque côté qu'elle se trouve ! En joue, feu ! sur cette vermine !...

Nommons des hommes de progrès, *et surtout des honnêtes gens !*

Et que ce jour de combat soit une victoire pour la France républicaine !

Le tambour bat ! Le clairon sonne ! Aux armes ! aux armes !

30 avril 1896.

LA BATAILLE

Elle est à moitié livrée, la bataille!...

Il fut acharné, rude, impitoyable, le premier combat.

Sur de nombreux champs de bataille, il décida de la victoire en faveur de notre parti; sur certains autres, nos soldats furent désarmés.

Mais elle va recommencer, la bataille, et la mêlée sera, demain, non moins terrible qu'hier.

Vainement la réaction tentera de percer nos lignes; elle s'écrasera contre notre armée, véritable mur républicain.

Et les ennemis de la Liberté compteront leurs morts, tandis que les vainqueurs crieront : « Vive la République! »

Ce premier combat vient de prouver, contrairement à l'espoir des partis hostiles au progrès, que les bons citoyens savent se grouper en un faisceau redoutable, et que la solidarité n'est pas un vain mot.

Il ne s'agit plus, en effet, de s'abstenir, mais bien de prendre les armes pour assurer la victoire.

Et quelle victoire? Celle de l'initiative intellectuelle et de l'émancipation humaine.

Dans une armée, la discipline est le gage du succès; que, demain, nos soldats ne marchent pas pêle-mêle au drapeau; qu'ils s'effacent, au contraire, devant les plus heureux, et leur abandonnent, à la confusion des réactionnaires, toutes les chances de la victoire.

D'autres occasions viendront pour ces braves, qui vont se retirer afin de laisser passer d'autres soldats, aujourd'hui plus favorisés, de recueillir, dans une nouvelle bataille, la récompense de leur abnégation et de leur courage.

C'est qu'il faut, en dépit des plus nobles ambitions, manœuvrer juste. L'ennemi s'avance dans un tourbillon de poussière, et le ciel est gros d'orages.

Attention!... Que ces orages, destinés à fondre sur nous, éclatent sur MM. les monarchistes, impérialistes, dictateurs de tout acabit, sabreurs de toutes nuances et sur l'association des malfaiteurs politiques, bande infernale des détrousseurs de Peuples.

C'est la bataille. Sus aux vieux partis vaincus qui montent à l'assaut de nos droits civiques!

Soyons la force, soyons le nombre, soyons légion!

Nos ennemis ont pour eux : la Saint-Barthélemy, le bûcher de Jeanne d'Arc, les Dragonnades, l'Inquisition et autres souvenirs historiques.

Nous avons pour nous : les siècles de la vieille souffrance humaine, car nous sommes le Peuple. Opposons-leur Montesquieu, Voltaire, Jean-Jacques Rousseau.

1789 — 1791 — 1793!

Et les Droits de l'Homme!

En avant! C'est la lutte des idées!...

Que le sol des champs de bataille soit jonché des cadavres de nos ennemis!

Que les noirs corbeaux les piquent au cœur!

Et que, des urnes pleines, jaillisse, gerbe féconde, l'éclatante victoire de la Justice et de la Liberté!

10 mai 1896.

APRÈS LE COMBAT !

Enfin!... nous avons gagné la bataille!

C'est aujourd'hui l'appel après le combat!...

Déjà, l'on ramasse les blessés; quelques-uns des nôtres gisent à terre! nous les relevons... nous pansons leurs blessures!

Nous extrayons de leurs pauvres corps meurtris les flèches de Basile!...

Mais nos amis ne mourront pas! ils survivront aux coups de la calomnie... et sortiront vainqueurs des prochaines luttes, car le triomphe de la délation est éphémère!...

Le peuple, un instant capté par de fausses manœuvres, saura reconnaître et venger ses amis malheureux!...

Puisque la bataille est terminée, essuyons notre plume... celle du bulletin de vote!... et, ma foi! si elle a coopéré à une victoire, mettons-la de côté... surtout pas d'ingratitude!... ne la brisons pas.

Puis, rangeons nos armes!... réunissons affiches et programmes, ficelons solidement... et glissons un papier avec cette inscription :

Elections municipales : 1896.

Et, très soigneusement, tout comme nous ferions des billets d'amour aux multicolores faveurs, plaçons ces souvenirs de nos luttes, symboles de la défaite ou gages du triomphe, bien au fond d'un tiroir... d'où nous puissions les exhumer un jour!...

Surtout, ne les brûlons pas! Car ils forment des documents irréfutables dont plus tard il suffira de secouer la poussière pour mettre le passé au service de l'avenir, et... forger de puissantes armes pour... de nouvelles batailles!...

Il résulte de l' « appel après le combat » qu'en dépit des efforts de la réaction, la victoire reste au radicalisme et que les forces socialistes ont une large part du succès!

Pour Paris, c'est une grande victoire socialiste; la réaction triomphe dans ses quartiers, c'était prévu!... mais la moyenne républicaine s'élève sensiblement dans tous les arrondissements où le radicalisme a livré bataille.

Dans notre région, on peut affirmer que les mots d'ordre furent : « progrès et réformes! »

Dans plusieurs communes inféodées à l'Église, le vieil esprit réactionnaire est bien malade!... C'est un moribond que guette le fossoyeur!

Encore une poussée, et la dernière pelletée de terre recouvrira le cadavre!...

Et si l'égalité dans la démocratie n'est pas déjà l'évidente manifestation des efforts du suffrage universel, c'est que le corps électoral doit compter avec les intérêts de citoyens nouvellement ralliés à l'esprit social.

Il est certain qu'il n'est guère démocratique de convenir, par exemple, qu'un Comité *qui s'intitule démocratique* ne devra présenter aux fonctions municipales que des candidats propriétaires dans la commune, ou y résidant *depuis trois années!...*

Mais qui veut la fin, veut les moyens! Dans certains collèges, on n'avait pas le choix de ces moyens... et il est assez curieux de constater que, pour attirer à un programme démocratique les esprits d'indécision, il a fallu provisoirement donner un croc-en-jambe à l'égalité démocratique.

On a bien fait, car cette tactique a décidé de la victoire du progrès contre la routine; elle a fait marcher droit à l'anéantissement du vieux régime féodal qui, à quelques lieues de Paris, anime encore une partie de nos propriétaires terriens!...

Or, pour entraîner la population vers des doctrines nouvelles, il fallait aux ruraux des gages.

Donc, ces gages, le progrès les a donnés, quitte à les reprendre plus tard en faveur des principes d'égalité démocratique!...

C'est à l'œuvre que nous jugerons nos édiles. Les programmes administratifs, municipaux et politiques sont très chargés. Nos élus auront à discuter et à résoudre de graves problèmes, car c'est toujours la lutte!...

Hier, le combat!... Aujourd'hui, l'appel après le combat!... Demain, la bataille!... bataille nouvelle des idées et du progrès!...

Toujours la bataille! pour que ce soit encore la vie!...

Et plus tard, secouant la poussière du passé, nos fils, à leur tour, exhumeront nos affiches et nos programmes... et ils forgeront de puissantes armes... pour de nouvelles batailles!...

17 mai 1896.

LES FRANCS-FILEURS

Nous avons beau idolâtrer nos enfants et trouver leur boucan du dernier chic, il arrive un moment où la patience nous échappe.

Alors, nous ouvrons la porte du palier, et, sur un formidable : « Fichez-moi le camp ! » les gosses se hâtent de filer, qui à cheval sur la rampe, qui sur le fond de sa culotte... et tous vont continuer dans la cour, dans la rue, sur la place, leurs trop bruyantes représentations.

Et, pour un instant, nous avons la paix.

Nos députés, qui sont de grands gosses, mais autrement dangereux que nos petits, nous permettent, en s'éclipsant quelques semaines, de goûter les douceurs d'un repos légitimement gagné.

Ce n'est pas, il est vrai, avec l'intention de nous procurer cette joie qu'ils ont pris la poudre d'escampette.

Leur impuissance à continuer la lutte, le mauvais état de santé d'un ministère que l'on dit mort-né, — comme s'il s'agissait d'un veau ! — les questions tortillantes, telles que la revision de la Constitution, la suppression du Sénat et surtout l'impôt sur le revenu, ont déterminé nos hommes politiques à s'enfuir comme de vulgaires *francs-fileurs*.

Ainsi que nos gosses, ils ont pris la rampe. On prétend même qu'ils n'auront pas plutôt remonté l'escalier du Palais-Bourbon qu'ils ressaisiront de nouveau la rampe, pour la lâcher définitivement.

Bref, ils ont filé en vacances. C'est ce qu'on appelle gagner du temps, et, pour nos législateurs, la devise anglaise : *Le temps, c'est de l'argent !* est on ne peut plus vraie. Car je ne suppose pas que nos représentants *francs-fileurs* nourrissent le projet — fallacieux, mais digne ! — d'abandonner aux électeurs pauvres un traitement acquis, en ce renouveau, à l'ombre touffue des hêtres... et des bergères fin de siècle !

Ce traitement, qui, en déduisant les retenues de la buvette et des voyages, ne donne guère plus de vingt-deux francs par jour, est, d'ailleurs, trop mince pour laisser le champ libre à la moindre générosité, et je voudrais qu'on le remplaçât, ce traitement de 9,000 francs, par des jetons de présence calculés sur la moyenne du nombre de séances depuis cinq années et produisant net 12,000 francs par an.

Nos députés toucheraient donc 3,000 francs de plus qu'aujourd'hui ; peut-être cela les détournerait-il d'autres commerces dangereux, tels que la spéculation des vins par pots, et même par muids !

Toute absence entrainerait la perte du cachet, comme pour les ténors. On pourrait aussi recourir à des pénalités plus fortes, afin d'assurer un travail plus exact, plus rigoureux, et pour rappeler nos législateurs à la fidélité de leur mandat.

Ne pourrait-on aussi, pour ces francs-fileurs, fixer irrévocablement les vacances, comme on le fait pour les potaches ?

Avec le système actuel, dès qu'une mouche vole de travers, nos députés s'en vont pêcher à la verge... sous les saules... et le bagage législatif reste en panne !

Et c'est justement quand les difficultés surgissent, qu'avec la désinvolture des « Loïe Fuller en rupture de banderolles » nos francs-fileurs s'éparpillent à la mer, aux Ambassadeurs, à la montagne ou au Moulin-Rouge, sans se soucier le moins du monde du gâchis politique dans lequel ils nous abandonnent.

Il est vrai qu'on a la paix, mais le contraire pourrait se produire, et plus les événements sont graves, moins le gouvernement devrait s'absenter et sonner la retraite.

Ne ferions-nous pas un charivari atroce à MM. les proviseurs chargés de garder nos gosses si ces derniers nous arrivaient tout à coup au milieu de la semaine, sous prétexte qu'ils n'ont pu traduire une version ou résoudre un problème difficile? Certes, nous prendrions les francs-fileurs par les oreilles et les ramènerions au lycée.

Mais nous n'osons rien faire contre un gouvernement qui cherche la solution d'une politique tortueuse en organisant des sorties de francs-fileurs.

Son impopularité le paralyse, et, comme dérivatif à son impuissance, il ne trouve rien de mieux que les vacances, les voyages et les senteurs printanières.

Ce serait charmant si l'idylle pouvait remplacer la politique. Mais, hélas! ce doux M. Méline va s'apercevoir bientôt que « le Mérite agricole et les *Bucoliques de Virgile* » ne suffisent pas pour gouverner la France.

Quoi qu'il en soit, comme nos gosses, nos francs-fileurs vont réintégrer la Chambre. Et, toujours comme nos gosses, ils recommenceront le boucan traditionnel, manifestation désolante de l'impéritie législative de notre régime parlementaire.

Quant aux réformes, parions dix sous qu'elles seront ajournées aux calendes grecques!

21 mai 1896.

CHRIST ET MADELEINE

CHRIST ET MADELEINE

Elle est immense, la plaine d'Esdrelon!... au Nord se dressent les montagnes, et, dans un pli de terrain, Nazareth, délicieux séjour, s'élève — majestueuse — pour les rêves de l'absolu bonheur !...

Les monts de Sichem apparaissent à l'Ouest; au-dessous s'étendent les gras pâturages de l'ère patriarcale ; au loin, se dessinent les formes arrondies du Thabor que les anciens comparaient aux seins immaculés des jeunes vierges.

Entre les flancs des montagnes on aperçoit la vallée du Jourdain, champs aimés des Cieux, pays symbolique aux immortelles légendes, éternellement blanches de l'éclosion des rêves du passé !...

A l'Est, les hautes plaines de la Pérée forment une ligne continue!... Puis, l'imprévu du paysage s'efface; le rêve disparait !... plus de formes blanches, mais les visions rouges d'un ciel d'Orient !... Ces plaines sont immenses ; la ligne d'horizon semble si éloignée que l'œil qui la cherche la devine bien plus qu'il ne l'aperçoit. L'infini se perd dans l'au delà, ce vague du rêve, cette limite extrême de l'intellect humain.

Tout se tait dans cette nature désolée où le soleil d'Orient semble devoir se plaire à consumer les êtres et les choses ; les visions rouges passent en rayons de feu ; seule, l'immobilité de la nature est une séduction.

Et pourtant, dans cette plaine immense, l'homme

respire et vit sans inquiétude et sans plus de tourments qu'aux monts du Thabor ; terrassé par la fatigue, aux flots de la mer Morte, il verse ses larmes !... puis, il retourne, l'âme rassérénée, jeune encore pour le rêve, dans le bleu pays de Sichem, heureux d'avoir échappé aux « Visions rouges » des hautes plaines de la Pérée ! . . . .

. . . .

. . . .

Du plus loin de ces plaines terrestres qui semblent se mêler aux plaines du ciel se dresse une vision — apparition sublime — dans sa blancheur de lin et sa rose auréole !... c'est Christ, le novateur ! Christ, le prophete persécuté !... le soleil écarte ses rayons brûlants ! Christ s'avance lentement, et dans cette nature muette et désolée, tout semble s'animer et s'embellir comme là-haut au pays bleu de Sichem et du Jourdain.

Et l'apparition grandit toujours, grandit encore !... la blanche tunique de lin trace un gracieux sillon ; la démarche est assurée, noble, mais bienveillante ; souvent Christ écarte les bras, les lève au ciel et les laisse retomber vers la terre ; à ce moment, il n'y a ni austérité dans la profondeur du regard, ni sévérité dans le maintien ; tout respire, au contraire, l'indulgence et la bonté.

La physionomie est douce et méditative. Chaque pas de Christ sur cette terre hantée par les « Visions rouges » est une étape accomplie en faveur de l'humanité. Penseur attendri, hardi propagandiste par la parole, Jésus va fonder un monde nouveau : sa philosophie régénérera les peuples ; la religion qu'il créée et dont il sera l'innocente victime saura clore les siècles de barbarie ; et, dans un muet étonnement, l'homme nouveau subira l'irrésistible influence de l'extase, jusqu'au jour, hélas ! trop prochain où les riches et les puissants dénatureront l'œuvre chrétienne en substituant le positivisme au rêve et en exploitant à leur profit les dogmes religieux.

Christ s'avance!... une auréole de feu — vision rouge d'une humanité meilleure — entoure son pâle visage émacié par la souffrance et imprime à tout son être le cachet d'une irrésistible séduction ! . . . .
. . . .
. . . .

Une femme, jeune et belle, apparait soudain; elle est couverte de pierreries et de bijoux ; des anneaux d'or rehaussent une riche toilette, de magnifiques bracelets entourent ses bras de marbre ; les présents des rois du monde parent son éclatante beauté !... C'est Madeleine !... à ses pieds, les grands ont déposé, pour un regard, pour une caresse, le tribut de leurs adulations..... et la jeune femme a prodigué ses charmes !... Souvent, elle fut frappée de la beauté du Christ, le bienfaiteur des humbles, des pauvres, des déshérités, et elle a senti s'éveiller en elle un amour qui la pousse à se rapprocher du Nazaréen !... Elle sait, par ses riches amants, que Jésus est poursuivi pour ses doctrines révolutionnaires ; il faut qu'elle lui parle, qu'elle l'informe de l'imminent danger qui le menace ; sinon le sauver, du moins le protéger contre ses ennemis ; lui déclarer son amour, interroger son cœur !..... il l'écoutera sans doute, c'est pourquoi elle vient à sa rencontre dans la plaine désolée d'Esdrelon. . . . . .
. . . .
. . . .

— « Jésus de Nazareth, on te poursuit : tu vas être la proie d'ennemis qui ont décidé ta mort ; mais je veille sur toi, car je t'aime..... et je te sauverai, si tu consens à partager mon amour !..... fuyons, mon bien-aimé ; quittons la plaine d'Esdrelon ; ma fortune est à toi, je dépose à tes pieds mes trésors ; fuyons..... tu ne me réponds pas !... mais comment dire ce que j'éprouve ?... la pureté de ton regard me plonge dans l'infini de l'extase ! il me semble que je retrouve auprès de toi la candeur de l'enfance... que je renais à la vie, toute blanche et purifiée des souillures humaines ! » . . . .

. . . .

. . . .

Et Madeleine, suppliante, tomba aux genoux de Christ, en murmurant : « Jésus, mon seul amour, pardonne à Madeleine sa vie passée ; pardonne à celle qui te demande de lui faire connaître l'infini de l'extase et qui veut ensuite verser son sang pour te ravir à la vengeance de tes persécuteurs ! . . . .

. . . .

Christ abaissa sur Madeleine un long regard d'amour; puis, il éleva jusqu'à lui la pauvre pécheresse, redevenue belle de la beauté de son immaculée blancheur juvénile, et les deux êtres se tinrent enlacés dans un extatique embrassement !..... Les longs cheveux de Jésus frôlaient le col d'albâtre de Madeleine régénérée; la nature semblait attentive au spectacle de cet amour..... marbre immortel qui devait imposer le respect à de longs siècles de souffrances et s'attacher dans l'avenir aux voluptueuses caresses des générations attendries.

Peu à peu, le Nazaréen releva la tête, et il effaça des joues de Madeleine les larmes tombées de ses yeux : puis, de sa voix d'or, il prononça ces paroles :

« O pauvre femme !..... tu n'as jamais été la pécheresse, mais bien l'innocente victime des passions humaines !..... car tu es la joie terrestre, en même temps que tu portes au cœur de l'homme l'espoir dans l'inconnu, le plaisir dans l'infini, le tout dans l'amour, l'éternel dans l'au delà !... en toi, tout est douleur, mais tout est sublimité !..... tendresse, amour, maternité, dévouement, force dans la faiblesse, résignation dans la peine !..... épouse, mère, tu souffriras parce que tu es femme, et toutes tes larmes effaceront les péchés, comme la souffrance usera ton corps, comme l'abandon de l'homme aimé flétrira ton âme !...

« Pauvre Madeleine !... tu veux me sauver ? impossible !... Hélas ! au pied de ma croix tu pleureras bientôt ton amour pour moi !... et tes grands yeux pleins de larmes contempleront pour la dernière fois mon corps crucifié, et les gouttes de mon sang apparaîtront comme autant de « Visions rouges » que, seuls, des siècles de justice pourront conjurer.,.

« Madeleine, adieu !... femme, tu es la bonté, l'indulgence, la beauté, l'amour !... femme, c'est toi le bonheur, dans l'idéal enchanté des rêves ! ». . . . . . .

. . . .

. . . .

Madeleine et Jésus s'éloignèrent, non sans avoir échappé aux « Visions rouges » des hautes plaines de la Pérée ; aux flots de la mer Morte, ils versèrent leurs larmes ! . . . .

. . . .

. . . .

— Jésus de Nazareth est-il coupable ?

— Oui, oui ; la mort ! la mort !... sur une croix qu'on le cloue !...

— Je m'en lave les mains !... Je suis innocent de la mort de cet homme ; c'est vous qui en répondez.

C'est ainsi que Ponce-Pilate, gouverneur de Judée, sacrifia Christ à la vindicte des juges religieux !

. . . .

. . . .

Près de Jérusalem, au pied du Golgotha, deux femmes versent des larmes !... l'une, la *mater dolorosa*, pleure son fils Jésus, cloué sur la croix ; l'autre, jeune et belle de la candeur des lis, blanche dans sa douleur, contemple la pâle figure de Christ, et des larmes de sang coulent — sublimes visions rouges — des yeux du Nazaréen, comme si — malgré la pâleur d'ivoire et les stigmates de la souffrance — la mort n'avait aucune prise sur les martyrs ! . . . .

. . . .

Madeleine, vous avez humanisé Jésus en lui inspirent la bonté et l'indulgence.... et vous lui avez révélé l'immortel poème de l'amour.

Soyez bénie, entre toutes les femmes, ô Madeleine, parce que vous avez beaucoup pleuré, souffert, aimé !

. . . .

Elle est immense la plaine d'Esdrelon !... un groupe de montagnes la domine au Nord, et, dans un pli de terrain, Nazareth, délicieux séjour, se dresse — majestueuse — pour les rêves de l'absolu bonheur !

Entre les flancs des montagnes se dessine la vallée du Jourdain, pays symbolique aux immortelles légendes, éternellement blanches de l'éclosion des rêves du Passé !...

C'est là — tout près des formes arrondies du Thabor, si comparables aux seins immaculés des jeunes vierges, — qu'il faut aller « rêver l'amour » au souvenir de Madeleine et du Nazaréen ! »

Mai 1897.

CHRONIQUE FIN MAI

Le mai — des amours et des roses — s'enfuit à tire-d'aile dans les abimes du passé !

Mai s'enfuit... exhalant les senteurs du renouveau, embaumant les chemins, semant sur la terre ses espérances et ses joies... Mai s'enfuit !...

La politique absorba les jours et l'on peut dire une grande partie des « nuits de mai » !

Préparées par un ministère avancé, écloses sous un ministère rétrograde, les élections municipales de mai furent, comme le réveil de la nature, un joyeux éclat de rire au progrès, en même temps qu'un défi à la réaction.

Et, pour fêter le mois de mai, le peuple de France fit risette à Marianne : il piqua des coquelicots à son corsage et des roses rouges à son bonnet !

⁂

Mai s'est joué de l'ange Gabriel et des sinistres prédictions que ce vieux farceur, — bon pour suborner les jeunes femmes et enfoncer les portes ouvertes — avait suggérées à la voyante de la rue Paradis.

En effet, nous n'avons jusqu'alors rien constaté de fâcheux ! Nos candidats ont été élus, et chacun sait que Gabriel est un réactionnaire endurci qui suggère toujours en faveur des rois et de l'Église... contre la République.

Cet ange (ange ou démon ?... qu'importe !) est, d'ailleurs très vieux ; il eut, dans le temps, de sales histoires, sur lesquelles il est inutile d'insister, par respect pour nos lectrices; il est aujourd'hui ridé comme une pomme cuite, grêlé comme une écumoire et soufflé comme une vieille baudruche !... Bref, il est démonétisé dans le monde, et, croyez-le, mesdames, tout à fait incapable d'inspirer une conception quelconque... *avec ou sans péché !...*

C'est un don Juan de contrebande dont Mlle Couësdon a grand tort d'écouter les sérénades; nos camelots gagnent à peine un demi-setier par jour à débiter ses prédictions sur nos boulevards.

*
* *

Nos hommes de gouvernement ont (passez-moi ce néologisme) *villégiaturé* pas mal en ce mois de mai ! Auront-ils trouvé — dans les brises printanières — le secret des inspirations géniales et l'élixir de longue vie ?... Auront-ils évoqué utilement le spectre des alliances durables et des majorités nécessaires ? — C'est ce que nous saurons bientôt !...

*
* *

Toujours est-il que, durant cette villégiature réconfortante pour leurs poumons affaiblis par les derniers boucans législatifs, nos honorables ont pu, en pêchant la grenouille et l'écrevisse, apprécier les gestes et paroles du parti royaliste qui affiche ses prétentions, non plus dans l'ombre, mais en pleine lumière, au nez du cabinet Méline.

Le petit Gamelle ne se gêne plus ; il y a quelques jours, il tapissait les murs de Paris d'une nouvelle réclame orléaniste ; un de nos confrères a vu, rue Truffaut, aux Batignolles (heureux quartier !), des lithographies du susdit « Bouffe-Gamelle », encadrées de filets tricolores avec la légende imprimée : « Vive le duc d'Orléans ! »

Philippe posera-il sa candidature dans un de nos départements français ? Avalera-t-il cette boulette de digestion difficile ?... Va-t-il rompre avec les vieux bonzes de son parti ou suivra-t-il les jeunes révoltés ? M'est avis que la République s'en bat l'œil, et que royalistes et calotins s'agitent en pure perte.

Victor lui-même serait également tourmenté par la sève de mai ; il renierait la timide violette — sa fleur préférée — et partirait en guerre, comme jadis le sire de Framboisy, contre la gueuse aux roses rouges.

Bref, les vieux partis vaincus entreraient dans la période active (l'incubation a été longue) ! nous n'avons qu'à bien nous tenir ! A en croire l'*Autorité* et son rédacteur en chef, il est venu le temps des luttes... et le pays doit être consulté !

C'est peut-être vrai ; seulement la France ne répondra pas « Royauté ou Empire », mais bien « République », car un gouvernement nouveau nous apporterait, comme don de joyeux avènement : la confiscation des libertés chèrement conquises... et... la guerre !...

Quelque malheureux que soit un peuple, il garde ce qu'il a, d'abord par respect des convictions politiques, s'il est républicain ; ensuite par crainte du lendemain, par peur de l'inconnu. Un plébiscite ne changerait pas la forme du gouvernement !... la Royauté est une utopie... l'Empire, une honte !

Nous avons aussi contre nous la cléricaille qui ne laisse échapper aucune occasion de manifester contre les traditions républicaines. L'abbé Garnier et autres fumistes ne se contentent pas d'agiter la Savoyarde du Sacré-Cœur ; cette cloche, qui a pourtant une voix superbe, ne leur suffit pas : il leur faut des héroïnes !

Bien que leurs ancêtres en religion aient brûlé « la bonne Lorraine », les prêtres ont manifesté l'autre jour en sa faveur, place des Pyramides. Ils la veulent pour eux tout entière! Ne l'ont-ils pas, il y a deux ans, béatifiée à Notre-Dame?

Arrière, fumistes!... Jeanne d'Arc, fille du peuple, appartient au peuple!... Ne souillez pas sa mémoire par vos hypocrisies!

Elle est à nous, la brave fille, pure comme le mai... des amours et des roses... qui s'enfuit à tire-d'aile dans les abîmes du passé!...

31 mai 1896.

SUPPRIMEZ LES OCTROIS !

Que le Pouvoir soit aux mains d'un libre-échangiste ou d'un protectionniste, d'un radical ou d'un modéré, que ce soit Bourgeois ou Méline, le Peuple ne sera pas de sitôt dégrevé des charges qui l'écrasent.

Divers projets d'impôts sur le revenu, puis sur les revenus... et encore sur le... et les revenus... ont vu le jour... ou mieux la nuit... du Palais-Bourbon : impôt progressiste, impôt frappant les choses et non les personnes (comme s'il était possible de frapper les unes, sans atteindre les autres), impôt proportionnel à partir d'un chiffre déterminé de fortune, impôt global (on ne dit plus fin de siècle, mais fin de globe !), impôt sur la rente, etc., etc., tous ces projets échouent piteusement, parce qu'ils manquent de netteté, de clarté... et surtout... de franchise.

Tous les bons citoyens considèrent l'impôt sur le revenu comme un palliatif aux inégalités sociales ; la société reconnait enfin que les moins favorisés de la fortune ne doivent point participer aux charges, qui, désormais, incomberont uniquement à ceux qui possèdent. Aussi longtemps que ce principe de droit naturel n'aura pas reçu son application, prions nos hommes d'État, quelle que soit leur nuance républicaine, de vouloir bien rayer de leurs proclamations et de leurs discours ces deux mots : « Régime démocratique » dont ils abusent outrageusement, pour les besoins de leur politique.

16.

Les très grosses fortunes fileront, pour les deux tiers, dès qu'elles se verront sérieusement à la veille d'être atteintes, mais, quoi qu'il en puisse résulter, c'est déjà un grand pas de fait.

Quant à son mode d'application, il doit être franc, loyal et s'inspirer de cette idée, que si l'État doit équilibrer son budget et y trouver son compte, le but de l'impôt sur le revenu est, avant toutes considérations, d'apporter un soulagement appréciable aux classes déshéritées qui, par cela même qu'elles ne possèdent rien, n'ont pas à participer à des charges qui concernent seulement les classes riches.

Or, il nous semble que, dans ses divers projets, l'État n'a été et n'est encore préoccupé que d'une chose : trouver chez les riches beaucoup d'argent dont il a grand besoin (Madagascar coûte cher!) et ne dégrever les pauvres gens que d'une façon insignifiante et pour ainsi dire illusoire.

Le projet d'impôt sur le revenu, qui, bien plutôt que les rodomontades des gâteux du Sénat, a coûté la vie au ministère Bourgeois, fort content de lâcher la rampe, donnait-il satisfaction aux desiderata des classes les moins favorisées de la fortune ?

Hélas! non; supprimer les portes et fenêtres et la cote personnelle et mobilière, c'est quelque chose; mais ce n'est pas assez, et les plus malheureux n'y trouvent guère leur compte.

Le Peuple pensait que la *suppression des octrois*, inscrite depuis si longtemps aux programmes radicaux, serait enfin le corollaire de l'impôt sur le revenu.

Allons, Messieurs du Pouvoir, relisez vos programmes politiques de ces quinze dernières années et *supprimez les octrois !*

Ce que veut le Peuple, c'est « la table libre d'impôts! » C'est : ne plus payer pour une pièce de mauvais vin ce que paye M. de Rothschild pour une pièce de huit cents francs ; c'est... ne plus payer *treize sous* un litre de pétrole, alors que la même quantité coûte *quinze centimes* à Bruxelles ; il n'y a pas plus de sources de pétrole en Belgique qu'en France... Cette huile minérale provient de sources situées en Asie et en Amérique ; la différence de prix est un résultat des droits et des monopoles...

En Belgique, les monopoleurs ont tenté il y a quinze mois, d'élever le prix du litre à 40 centimes. Pendant quinze jours les Belges ont brûlé de la chandelle... et le pétrole a été vite remis à 15 centimes le litre.

Enfin, si l'impôt sur le revenu ne dégrève pas totalement les objets de première nécessité, s'il *ne supprime pas radicalement les octrois*, nous ne pourrons le considérer que comme un très petit acheminement aux principes d'égalité sociale.

L'État, qui mécontente les riches sans satisfaire les pauvres, se débat dans un imbroglio de projets qui paralysent son action gouvernementale.

L'impôt sur la rente, qui serait une illégalité de plus et une violation sans précédent du droit acquis, va faire, nous l'espérons, un four complet, s'il aborde la tribune de la Chambre ; il présente, en outre, le danger très grand, selon nous, d'affaiblir l'esprit d'économie, ou encore de faire affluer nos capitaux dans des banques étrangères très heureuses de garder, à meilleur marché, une grande partie de notre épargne nationale.

Il résulte de tout cela que l'État est fort gêné, et que c'est bien plus pour combler le vide de ses caisses, que pour servir la cause populaire, qu'il joue de « l'impôt sur le revenu »!... Les dégrèvements proposés jusqu'alors ne justifient pas ses appétits et ne donnent pas davantage satisfaction à l'opinion publique... côté des pauvres...

Que le Gouvernement trouve le moyen de *supprimer les octrois*, il aura pour lui le pays tout entier. En Angleterre, État monarchique, *la table est libre d'impôts*. Dans notre République, où l'on prétend que les aspirations démocratiques s'affirment librement, nous ressentons encore les effets du régime féodal... *Prestations, portes et fenêtres*, etc. La minuscule fenêtre de l'humble chaumière paye l'impôt... elle laisse pénétrer un mince filet d'air et de lumière chez le travailleur... il semble que l'air et la lumière soient des biens communs ?... détrompons-nous ; c'est le monopole de l'État...

Il y a longtemps que nous avons formulé nos revendications et que les programmes, menteurs comme des régiments de dentistes, nous promettent la *suppression des octrois*.

Bourgeois s'est poché l'œil à vouloir supprimer *les portes et fenêtres et la cote personnelle et mobilière ;* Méline pourrait bien se casser le front à un angle quelconque du *projet d'impôt sur le revenu* dont l'incohérence rappellera le costume des vieux pompiers de carnaval.

Et ensuite ?...

L'État qui ne veut pas aborder franchement et loyalement la *suppression des octrois*, nous dira-t-il enfin ce qu'il compte faire ?

Avouons, qu'en dépit de son angélique patience, le Peuple français sera, longtemps encore, « Gros-Jean comme devant » !

14 juin 1896.

LA SOCIÉTÉ DES VIAND'ALOUPS !

Dans un remarquable volume intitulé « *Les associations à travers les âges* » et qui va paraître au premier jour, notre éminent confrère Chapougnat, réaliste-péripatéticien et psychologue montmartrois, passe en revue les diverses sociétés du dernier siècle, leurs origines, leurs mœurs, leur action sociale et leur influence sur les destinées de notre société moderne.

Nous devons à l'obligeance de l'éditeur « Barbapoux » de pouvoir offrir à nos lecteurs un extrait du fascicule n° 100 où l'auteur traite des origines de la si intéressante « Société des Viand'aloups ».

Voici comment s'exprime Chapougnat :

.... « C'est à Cluny (Saône-et-Loire), berceau de la civilisation, que prit naissance « la Société des Viand'aloups ! ».

« En remontant le cours des âges, par les rudes nuits d'hiver, les cloches de la grande église jetaient aux rafales des vents de neige les effrois de leurs funèbres tocsins !... les courageux habitants, armés de triques, de gourdins et de fusils (1) sortaient de leurs demeures... car, en ce temps-là, les loups affamés descendaient des montagnes, franchissaient les bois de Bourcier et se répandaient par la ville !... Holà ! les braves !... en avant les viand'aloups !... à vous la grosse

---

(1) Voir au musée de Cluny les armes de cette époque tourmentée.

prime!... à vous la louve!.. C'est ainsi que les plus courageux Clunysois, tueurs de louves, furent surnommés « les viand'aloups » et que la fameuse Société prit naissance à Cluny.

« Avec les progrès de la civilisation, le déboisement des montagnes et les travaux successifs des municipalités vigilantes, les loups et les louves disparurent peu à peu; mais la Société des viand'aloups existe toujours. Elle s'est transformée: elle s'est humanisée!.. En effet, on applique aujourd'hui le nom de « viand'aloups » aux hardis citoyens qui professent au suprême degré le culte, non plus de la louve qui allaita Romulus et Rémus, mais du sexe représenté par les brunes et les blondes filles du pays mâconnais, ce coin de France où l'or ruisselle en grappes fécondes...

« Où l'homme s'est fait loup pour croquer la beauté! »

« Les femmes elles-mêmes (celles qui ne peuvent résister aux amollissantes langueurs) ont reçu, *par corruption*, le doux surnom de « viand'alouses! » . . .

. . . .

La place nous manque pour continuer la citation!... Chapougnat pousse l'érudition documentaire jusqu'à désigner les plus illustres viand'aloups d'entre nos concitoyens clunysois... nous pouvons affirmer que cette Société prospère de jour en jour, que les moyens de communication ne lui manquent pas et qu'elle étend assez loin ses rameaux sous la bienveillante protection du Pouvoir.

Son syndicat, qui jouit de toutes les faveurs gouvernementales, est d'un bon exemple aux jeunes générations. Si la politique lui importe peu, en revanche, la question de la repopulation y est traitée d'une façon pratique, sans distinction d'écoles et en dehors de la lutte des classes... A Cluny, la Société compte des membres respectables dans tous les rangs de notre organisation sociale ; enfin, son influence exerce une heureuse et bienfaisante action sur les affaires... privées... et publiques.

Quelques esprits éclairés nourrissent, paraît-il, le projet de fonder à Rosny-sous-Bois-Neuilly-Plaisance, une section des « viand'aloups; » hâtons-nous d'affirmer que depuis longtemps, la Société fonctionne dans notre région; elle compte même, parmi les notoriétés de ces deux communes, de fameux propagandistes... jusqu'à des vieux qui ne cessent de réclamer la revision... de *leur* constitution.

28 mars 1897.

ÉLOQUENCE DES CHIFFRES

Dans une remarquable étude parue dans le *Gaulois*, le 10 juillet courant, sous le titre : « *Deux Budgets ou vingt ans après*, » notre excellent confrère Louis Lambert établit le tableau des dépenses générales de chacun des grands services de l'État, prévues aux budgets de 1876 et 1896.

J'ai passé de longues heures à contrôler les chiffres du budget de 1876 et ceux de 1896 avec le plus vif désir, je ne le cache pas, de relever quelques erreurs dans ce travail. Je suis contraint d'affirmer que cette étude est d'une stupéfiante exactitude.

Voici le tableau comparatif ; bien entendu, les services de la défense nationale n'y figurent pas :

	1876	1896
Dette publique	1.172.373.281	1.217.281.990
Pouvoirs publics	9.437.000	13.171.720
Ministère de la Justice	33.771.610	35.213.003
— de l'Intérieur	70.253.581	71.373.611
Services du gouvernement civil en Algérie	26.808.631	71.151.209
Ministère des Finances	19.823.250	19.520.200
Colonies	29.306.015	77.720.721
Ministère de l'Instruction publique, des Beaux-Arts et des Cultes	98.610.510	232.498.231
Ministère de l'Agriculture	19.136.500	29.362.573
— du Commerce		27.637.572
— des Travaux publics, service ordinaire	78.773.514	76.706.428
Service extraordinaire	82.331.624	166.401.100
Postes et Télégraphes	83.162.376	270.358.187
Frais de régie, de perception et d'exploitation des impôts et revenus publics	179.004.462	203.511.019
Totaux	1.905 042.417	2.544.970.753

Nous payons donc, en chiffres ronds, pour les services publics civils, cinq cent quarante millions de plus qu'il y a vingt ans.

On devine que c'est au développement du fonctionnarisme qu'est due cette augmentation de dépenses.

Ministère des Finances. — C'est une armée de 13,148 agents que M. Cochery a sous ses ordres. Le directeur général de la comptabilité a 25,000 francs, ceux de la dette inscrite, des contributions indirectes, du timbre, etc., également. Les directeurs des domaines ont 20,000 francs. Ils sont quatre. Il y a treize inspecteurs généraux à 15,000 francs et quatorze à 9,000 francs.

Il y a quatre-vingt-sept trésoriers-payeurs généraux dont les appointements fixes varient entre 12,000 et 25,000 francs, et deux cent quarante-huit receveurs particuliers qui touchent 2,400 francs de traitement fixe.

Le premier président de la Cour des comptes gagne 30,000 francs et les trois présidents de Chambre 25,000 francs chacun. Les conseillers-maîtres ont 18,000 francs et les référendaires 7,000 francs de fixe, plus environ 5,000 francs pour travaux supplémentaires.

Coût, en 1876 : 91 millions ; en 1896 : 132 millions.

Ministère de l'Instruction publique, des Beaux-Arts et des Cultes. — Nous comptons ici 3,750 fonctionnaires, non compris les instituteurs. Le chef du cabinet du ministre a 10,000 francs, les directeurs 18,000 francs. Les inspecteurs de l'enseignement secondaire (ils sont 12) touchent 12,000 francs et ceux de l'enseignement primaire 10,000 francs. Le vice-recteur de l'Académie de Paris 21,000 francs et les quinze recteurs de 13,000 à 18,000 francs.

Les professeurs des Facultés de Paris vont de 12,000 à 15,000 francs ; en province, ils ont de 6,000 à 11,000 francs. Ceux du Collège de France gagnent 10,000 francs.

Le directeur de l'École d'Athènes 12,000 francs, ainsi que celui de Rome ; celui de l'Observatoire de Paris 15,000 francs. Enfin les académiciens touchent 1,500 francs par an.

Aux Beaux-Arts, le directeur gagne 18,000 francs.

Le nombre des instituteurs des deux sexes est de quatre-vingt mille, y compris les frères de la Doctrine chrétienne et les religieuses ainsi que ceux des écoles enfantines.

Aux Cultes, il y a dix-sept archevêques à 15,000 fr., soixante-sept évêques à 10,000 francs ; trois mille quatre cent cinquante curés de 1,200 à 1,600 francs ; cent quatre vingt-cinq vicaires généraux de 2,500 à 3,500 francs (celui de Paris a 4,500 francs); six cent quatre-vingt-quinze chanoines de 1,600 à 2,400 francs ; trente et un mille deux desservants, puis cinquante-sept grands rabbins, et ministres officiants de 600 à 2,500 francs. Les grands rabbins de Bordeaux, Nancy, Marseille, Bayonne, Lille, Lyon, Vesoul et Besançon ont 4,000 francs. Celui de Paris 12,000 fr.

Avec les pasteurs, on arrive au total de trente-huit mille cinq cent trente fonctionnaires des cultes.

Coût, en 1876 : 81 millions ; en 1896 : 210 millions.

Ministère du Commerce, des Postes et Télégraphes. — Le ministère du Commerce n'emploie que sept cent vingt-trois agents, tandis que les Postes et Télégraphes, qui en dépendent, en comptent cinquante-cinq mille deux cent vingt-cinq.

Au Commerce, il y a trois directeurs qui peuvent atteindre 18,000 francs ; vingt et un inspecteurs du travail des enfants dans les manufactures vont de 5,000 à 6,000 francs.

Le directeur général des Postes touche 25,000 francs ; les administrateurs et inspecteurs généraux de 12,000 à 15,000 francs. Il y a, à Paris, cinq cent cinquante-cinq dames employées, autant que dans toutes les autres villes réunies, réserve faite des receveurs qui sont au nombre de trois mille au minimum. Il y a six mille neuf cent quatre-vingt-un receveurs en tout.

Le nombre des facteurs de la Seine est de deux mille cinq cent quatre-vingt-trois et celui des télégraphes de sept cent quatre-vingt-deux. Il y a vingt-quatre mille neuf cent quatre-vingt-quatorze facteurs ruraux et mille six cent quatre-vingt-seize facteurs des télégraphes seulement pour tous les départements.

Coût, en 1876 (y compris l'Agriculture) : 41 millions; en 1896 : 129 millions.

Ministère de l'Agriculture. — Il y a seulement cinq mille trois cent quatre-vingt-un agents formant le personnel du ministère de l'Agriculture. Les gros traitements ne dépassent pas 15,000 francs. Notons que les forêts sont régies par trente-deux conservateurs qui gagnent de 8,000 à 12,000 francs; cinq cent quinze inspecteurs de 3,000 à 6,000 francs, et trois cents gardes généraux de 1,500 à 2,600 francs. Ceux-ci ont sous leurs ordres trois mille trois cent dix brigadiers, gardes domaniaux et autres.

Les trois conservateurs des forêts en Algérie touchent de 10,000 à 15,000 francs.

Ministère des Travaux publics. — A l'administration centrale : 276 agents dont 4 directeurs rétribués de 16,000 à 18,000 fr. et 8 chefs de division de 9,000 à 15,000 fr.

Le service actif est fait par 12,000 agents environ. Les inspecteurs généraux des ponts et chaussées ont de 12 à 15,000 fr. Les conducteurs vont de 1,700 à 3,600 fr. C'est exactement de même pour le corps des mines. Il y a 2,610 éclusiers, 20 maîtres de phare, etc. Les palais nationaux utilisent 2 inspecteurs généraux ou contrôleurs, 14 inspecteurs ordinaires, 8 régisseurs, 10 jardiniers, 54 portiers, 65 surveillants militaires.

Naturellement, nous ne comptons pas le nombre des cantonniers employés par les communes de France, et qu'on nous a dit être approximativement d'au moins 50,000.

Coût : en 1876, 11 millions; en 1896, 21 millions.

Ministère des Colonies. — Il y a 150 fonctionnaires dans les bureaux de l'administration centrale du ministère des Colonies, dont 20 huissiers et gardiens de bureaux qui gagnent de 1,300 à 2,000 fr. par an. Le chef de cabinet et le secrétaire particulier du ministre touchent une indemnité de 4,000 fr. Il y a un inspecteur général qui n'a pas moins de 15,000 fr. et deux chefs de division payés à raison de 12,000 fr.

Le personnel des colonies, gouverneurs, secrétaires, chanceliers maîtres de port, troupes indigènes et autres dépasse le chiffre de 12,000 hommes. Les 15 gouverneurs touchent à eux seuls 552,000 fr., presque autant que les 177 commissaires de marine pour lesquels le budget n'est que de 899,000 fr.

Coût : en 1876, 26 millions; en 1896, 55 millions.

Ministère de la Justice. — Ici, il y a 10,117 fonctionnaires. Le vice-président du Conseil d'État touche 25,000 fr. Les 5 présidents de section, 18,000 fr.; les 25 conseillers, 16,000 fr.; les 30 maîtres de requêtes, 8,000 fr.; les 36 auditeurs, 4,000 ou 2,000, selon qu'ils sont de 1re ou de 2e classe.

Le président de la Cour de cassation, 30,000 fr.; les 3 présidents de chambre, 25,000 fr. et les conseillers, 18,000 fr.

Les premiers présidents de la Cour d'appel vont de 18,000 à 25,000 fr., ainsi que les procureurs généraux et les avocats généraux, de 8,000 à 13,000 fr.

Les présidents de tribunaux de première instance, de 5,000 à 20,000 fr.; les juges d'instruction, de 3,500 à 10,000 fr.; les procureurs, de 5,000 à 20,000 fr.

De la Légion d'honneur vivent 330 fonctionnaires. Le grand-chancelier touche 40,000 fr. et le secrétaire général 18,000 fr. La surintendante de la maison de Saint-Denis, 6,000 fr.; l'aumônier, 3,000 fr.; l'intendante de la maison d'Ecouen, 5,500 fr.; celle des Loges, 5,000 fr.

Coût : en 1876, 32 millions; en 1896, 31 millions.

Ministère des Affaires étrangères. — Le corps diplomatique et consulaire français compte environ 1,800 personnes. Le chef de cabinet du ministre a 10,000 fr.; le chef du protocole, 12,000 fr.; le directeur des affaires commerciales, 22,000 fr. Il y a neuf ambassadeurs touchant 40,000 fr., plus des allocations qui varient entre 70,000 et 170,000 fr. Dix ministres plénipotentiaires gagnent 30,000; treize ont seulement 21,000 fr. Toujours à ces chiffres, il faut ajouter les frais divers qui, pour les légations, sont de 12,000 à 50,000 fr.

Les consuls généraux vont de 15,000 fr. à 50,000 fr. Les consuls ordinaires touchent de 15,000 à 35,000 fr. et les consuls suppléants 5,000 fr.

Tous ces fonctionnaires ont droit à des pensions de retraite qui vont de 1,800 à 12,000 fr. au maximum. C'est peu pour un ex-ambassadeur que 12,000 fr. !...

Avec les employés de second ordre, les garçons de bureau, les huissiers et généralement tout le petit personnel des consulats, légations et ambassades, il faut compter que le ministre des Affaires étrangères occupe environ 15,000 agents.

Coût : en 1876, 7,500,000 fr.; en 1896, 11 millions.

Enfin, le *Ministère de l'Intérieur* détient le record du nombre des fonctionnaires. M. Barthou peut donner des ordres à 150,000 agents de l'autorité et de la force publique, depuis le préfet de la Seine jusqu'au plus humble garde champêtre.

Le préfet de la Seine gagne 50,000 fr.; le préfet de police 50,000 fr.; les autres préfets, 36,000, 24,000 et 18,000 fr., suivant les classes; les sous-préfets, de 4,500 à 7,000 fr. Le tout sans préjudice des frais de bureau, qui varient de 500 à 3,000 fr., et de certaines allocations supplémentaires.

La part afférente au budget de l'État pour le payement de tous ces fonctionnaires s'élevait à 30 millions en 1876: elle s'est élevée à 38 millions en 1896.

Si nous faisons le total de ce que nous coûtent, en 1896, les fonctionnaires payés par le budget de l'État, nous arrivons au chiffre effrayant de, en 1896 :

633 millions

au lieu de, en 1876 :

322 millions.

Ils nous coûtent donc, en 1896 :

311 millions

de plus qu'en 1876. Presque le double.

Après une si brutale et si cruelle éloquence, il n'est malheureusement pas besoin de commentaires aux chiffres ci-dessus.

Nous ne sommes guère pessimistes, mais si nous suivons une progression pareille, c'est à l'inévitable débâcle que nous courons fatalement.

Juillet 1895.

LA PUDIQUE ALBION

Bien qu'après boire, elle roule volontiers sous la table, l'Angleterre a, de temps immémorial, posé pour la pudique fille qu'un rien effarouche, mais qui cache sous un savant maquillage ses appas douteux.

Elle a su, la pudique Albion, transformer ses hypocrisies natives en vertus civiques ; elle a élevé la tartuferie politique à la hauteur d'une institution nationale.

Ennemie de tous les peuples en général et de la France en particulier, l'Angleterre joue dans le monde ce que nous dénommons au théâtre le troisième rôle, celui du traitre...

Ce n'est pas « la haine séculaire » qui nous anime et nous pousse à parler ainsi ; il est passé le temps des rancunes de races ; mort, le souvenir des défaites ou des victoires d'antan. L'évolution sociale apporte l'oubli des injures et c'en est fait des luttes du passé ! Seule, la philosophie de l'histoire est un enseignement.

C'est contre les agissements actuels de la « pudique Albion », agissements réprouvés par tous les peuples et qui appellent la vindicte publique, qu'il faut vigoureusement protester. L'opinion est unanime à flétrir l'indigne conduite de l'Angleterre, dont les menées troublent la paix du monde, et si la guerre éclatait en Europe, la pâle blonde ne songerait qu'aux gros profits !...

Après avoir mis le feu aux poudres et causé le carnage, elle pleurnicherait sur les vaincus, exalterait les vainqueurs; puis, tranquille, à l'écart, escomptant la ruine des peuples, elle vendrait fort cher sa tortueuse diplomatie.

Cette louche fille d'Albion tient aujourd'hui les nations sous sa griffe... Entremetteuse rapace, les plus sales besognes ne la rebutent pas! Elle a le cœur solide, et l'horreur des hécatombes humaines n'émeut pas son flegme britannique... Le *Good save the queen* purifie tout!...

Après avoir tenté de soulever l'Arménie, elle s'en prend à la Crète.

Une détente semblait devoir se produire entre l'Italie et la France... Mais l'Angleterre excite les Italiens contre nous. Elle favorise aussi les inimitiés des Hongrois contre les Russes, des Roumains contre les Hongrois, des Bulgares contre les Grecs.

Voici ce qu'elle veut: « Semer à son profit la division entre l'Allemagne et la France, parce que l'Allemagne est sa rivale sur terre et que la France possède une marine gênante; paralyser la Russie qui lui dispute les Indes; disloquer la Turquie qui la contient en Égypte. En Afrique, en Asie, en Océanie, gâter les négociations étrangères, compliquer les situations, les compromettre, intervenir, ergoter, imposer ses arguties, simuler des intérêts, et, passez-moi l'expression, « *pillarder* ».

Comme une fille qui dévalise à domicile, elle n'a pas honte de s'installer dans nos possessions; à peine arrivons-nous dans une colonie qu'elle s'y amène pour cambrioler:

— Pan, pan!

— Qui est là?

— C'est moi!

— Qui, vous?

— La pudique Albion...

— Je suis couché...

— Ne vous dérangez pas; j'ai fait faire une clef!...

Et l'hypocrite pénètre chez nous... et nous pille!...

C'est ainsi que cela se passe partout où l'Angleterre promène ses dents longues et ses appétits carnassiers. Elle est pudique, mais tout ce qui est *salé* lui appartient.

Un noble fils d'Albion eut un jour maille à partir avec le propriétaire d'un hôtel marseillais dans les circonstances suivantes : ce dernier revendiquait une magnifique cuvette que l'Anglais s'efforçait d'emporter clandestinement :

— Si vous emportez ma cuvette, je vais vous faire arrêter.

— Le cuvette, il était à moä!... Je avais mis de l'eau dedans; je avais goûté l'eau, et *l'eau il était salée;* donc le cuvette il était à moä! »

Ne serait-il pas temps de mettre un terme aux frasques de MM. les Anglais et de former contre eux un syndicat composé de toutes les puissances européennes?...

Depuis des siècles « la pudique Albion » s'attribue le monopole de « *l'eau salée* ».

Mettons-y bon ordre, et accordons-lui à l'avenir le privilège de « *l'eau sale* »: c'est peut-être la seule chose qu'elle n'aura pas volée!...

Juillet 1896.

VISITE DE CZAR

Paris, capitale de la République française, va posséder dans ses murs, le 6 octobre prochain, le Czar Nicolas II, empereur de toutes les Russies.

Déjà, nous connaissons l'itinéraire que suivra le puissant voyageur; nous savons qu'il visitera telle ville plutôt que telle autre, comme le chemineau qui fait grande halte... sous un coin du ciel... où bon lui semble.

A Paris, comme partout, le Czar sera reçu courtoisement, cordialement aussi, et à coup sûr plus officiellement que les magots de Chine et autres potentats, petits ou grands, mais d'ordre inférieur, qui veulent bien nous honorer parfois de leur présence, et saluer le très généreux gouvernement de la République française!

M. Félix Faure trouvera dans cette « visite de Czar » l'occasion de déployer largement ses qualités décoratives, et de s'étendre, mieux encore qu'en Bretagne, en phrases pompeuses et laudatives, sur les cloches des cathédrales géantes et sur l'immuabilité de l'intentionnelle alliance franco-russe.

Et des termes sonores vibreront de part et d'autre pour proclamer l'union de deux grands peuples, unis et prêts à marcher ensemble contre *l'ennemi commun.*

Il est malheureusement certain que ces discours enflammés seront paroles vaines, et qu'ils se garderont bien, par exemple, de désigner d'une façon précise quel est cet *ennemi commun* et où il se trouve:

Le Czar qui se sera arrêté à Vienne, *en pleine*

Triplice, aura reçu et rendu dans la capitale de l'Autriche, les mêmes marques de sympathie et d'alliance qui l'attendent à Paris; de même qu'en quittant la France pour Darmstadt, où il doit séjourner jusqu'en novembre, il accueillera avec un égal enthousiasme les vivats du peuple allemand.

Tout cela serait bien si l'alliance franco-russe avait pour garantie un traité bien en règle; mais elle est hypothétique, problématique et par conséquent stérile au point de vue de nos intérêts immédiats.

Cette alliance est dans tous les cœurs russes et français; elle s'est manifestée en des occasions inoubliables où les deux peuples s'unirent fraternellement, mais elle n'en serait que plus chère encore à toute âme russe et française, si elle était ratifiée par un traité entre les deux gouvernements.

D'aucuns prétendent que le traité existe. On nous le cacherait, comme on cache les confitures aux enfants!... de peur d'indigestion... Ceux-là se trompent. Comme les enfants qui trouvent les confitures, il y a longtemps que nous aurions trouvé « la cachette au traité », et que nous saurions à quoi nous en tenir.

Et d'ailleurs, où serait le danger, le traité existant, que nous en connussions les termes?... Deux nations, comme la Russie et la France, n'ont pas à cacher, fût-ce à l'Allemagne, leurs actes et leurs traités, et ne serait-il pas utile, par exemple, que l'Angleterre apprît à connaître les termes d'une solide alliance franco-russe à son égard, afin qu'elle réglât sa conduite à venir sur la crainte de notre intervention.

Cette « visite de Czar » aura-t-elle pour résultat la conclusion officielle de l'alliance franco-russe? Nous le souhaitons, sans oser l'espérer!... Qu'en pense M. Félix Faure?... Fera-t-il une tentative auprès du Czar?... Quelle page grandiose... s'il réussit!...

Que cette alliance soit la signification du maintien de la paix européenne; qu'il en résulte des congrès diplomatiques réglant les questions de frontières, éteignant les haines, semant la fraternité parmi les peuples !

Que le colosse franco-russe impose la paix autour de lui; qu'il lutte contre le sabre, et que la force de sa puissance amène le désarmement!... Que l'alliance des deux grands peuples se manifeste comme une garantie souveraine des droits de l'humanité !

L'ambition des gouvernements engendre la haine des peuples!... Plus de despotisme... plus de haine!...

Il est loin le temps où l'étranger

> Arrachait l'écorce de nos arbres
> Pour donner à ses chevaux !

Et les rancunes franco-allemandes passeront de même, elles feront place à la fraternité humaine, elles s'évanouiront comme de mauvais rêves, dès que cesseront de se faire entendre les rodomontades des soudards prussiens.

Certes, notre devoir de républicains n'est pas de tresser des couronnes de roses au Czar de toutes les Russies; le temps n'est plus, pour la démocratie française, des marches triomphales et des défilés sous les arcs et les portiques, symboles de la guerre et des despotismes passés...

Mais nous recevrons l'autocrate avec la dignité qui convient à un peuple libre, et nous le saluerons comme le « représentant d'un peuple ami ».

La besace du pauvre chemineau est quelquefois pleine de surprises; on y rencontre, à côté d'un morceau de pain noir, des armes de défense contre l'égoïsme humain... le manteau du Czar abrite peut-être sous ses plis des gages de liberté et des germes de fraternité sociale? Espérons!...

Entendrons-nous les cris de « Vive l'Empereur! » sur le passage du Czar Nicolas II? C'est bien possible; d'ailleurs, chacun est libre de manifester selon ses sentiments, au gré de ses préférences, à la condition, pour cette fois au moins, de ne pas crier: « Vive la Pologne! »

Et pourtant, il n'y a de séditieux que les cris qu blessent la morale publique.

Quant à nous, nous acclamerons très sincèrement le Czar par ces mots:

« Vive l'alliance russe!

« Vive l'humanité! »

Septembre 1896.

CONFRATERNITÉ D'ARMES

Deux mots dont l'humanité ne profitera guère que si la Russie et la France les veulent appliquer uniquement au triomphe des « justes causes ».

« Confraternité d'armes! » simples et belles paroles de Tsar, consolatrices, réconfortantes et qui, dans la forme voulue de leur accouplement bizarre, apportent à notre état d'âme de vaincus de 1870, l'espoir des revanches, et nous font entrevoir dans nos rêves « d'immanente justice » la France victorieuse et la Patrie intégrale!.....

Mais aussi, locution déclamatoire qui signifie tout ou rien, que le peuple, avec son accoutumance de sentimentale mansuétude, est heureux d'entendre et de retenir, tandis que les gouvernements la peuvent oublier au mépris de la plus élémentaire bonne foi, des convenances, des rapports et des intérêts humains.

Nous en sommes depuis un siècle, à la quatrième alliance, ou plus justement sans doute, à la quatrième tentative d'alliance franco-russe.

Les trois premières ont abouti à la guerre... contre la Russie.

En 1797, le Directoire et le Tsar Paul Ier signent un traité en bonne et due forme, portant paraphes et daté du 25 fructidor, an V.

En 1798, coalition austro-russe, victoire de Masséna à Zurich sur l'armée russe commandée par Souvarow.

La deuxième alliance franco-russe est celle qui

marqua la campagne de 1807 des célèbres étapes d'Eylau et de Friedland. Elle avait été conclue d'enthousiasme, après la rencontre de Napoléon et d'Alexandre sur le radeau de Tilsitt.

En 1812, la guerre éclatait entre la France et la Russie.... incendie, neige, famine et trop fameuse retraite de Moscou.

En 1852, l'entente cordiale entre Napoléon III et Nicolas ayant pour objectif de concilier les intérêts de la Russie, de l'Angleterre et de la France ne fut pas de longue durée... En 1853 éclata le conflit d'Orient et la guerre de Crimée vint démentir les espérances d'une alliance franco-russe.

On se demande aujourd'hui s'il y a un traité entre les Russes et nous, et, s'il existe, ce qu'il contient...

On le demande même au gouvernement qui répond avec un air de dignité qui lui sied mal : « Question oiseuse et indiscrète !... »

Qu'il y ait ou non un traité, cela est donc peu appréciable, si l on tient compte, en cette matière, des enseignements de l'histoire.

Il y a certainement cette parole du Tsar « confraternité d'armes » dont la diplomatie recule les effets tangibles ; mais où sont les gages, les garanties et la sanction de notre alliance ?... Pendant quel temps, long ou court, sans avoir rien à craindre de la nature des faits, des caprices de leurs hommes d'État et des ruses diplomatiques, la Russie et la France, alliées par cette parole non enregistrée « confraternité d'armes », devront-elles compter efficacement sur leur mutuel concours pour la défense des justes causes ?

Les justes causes ?... mais elles s'agitent sans que la Russie et la France aient songé en leur faveur à cette confraternelle alliance, sorte de dualisme international, pacifique molosse qui, en tête de son catéchisme social, nous semblait avoir écrit : *Protection aux peuples opprimés !*

Les événements viennent de nous prouver que cette fameuse « confraternité d'armes » ne connait encore que l'éloquence de la mitraille.

Ni les tortures en Espagne, ni les massacres d'Arménie, ni les assassinats de ceux qui combattent pour la liberté contre la servitude, ni les crimes commis au nom du maintien de l'équilibre d'Europe n'ont eu le privilège d'apitoyer deux grandes nations qui, sans coup férir, rien qu'en esquissant un geste pacificateur, pourraient dicter des lois humaines partout où « la force prime le droit ».

Cette confraternité d'armes, cette colossale puissance reste inerte : elle observe, avec l'impassibilité du sphinx au cœur de granit ; elle est muette sur l'occasion, sur l'opportunité du roulement de ses tonnerres, sur le jaillissement de l'étincelle purificatrice, sur la minute de justice et de vérité...

En serait-il de même devant la grande question toujours pendante d'Alsace-Lorraine ?... Pourrions-nous, au contraire, réellement compter sur la « confraternité d'armes » du Tsar Nicolas II, le jour où, la morgue teutonne rouvrant nos blessures, la France républicaine marcherait, l'épée nue, à la frontière de l'Est ?...

Qui pourrait l'affirmer ?... personne !... « Confraternité d'armes !... » Nous avons l'ivresse des mots !... attendons le positivisme des faits !... espérons, et souhaitons qu'on ne puisse pas dire de l'alliance franco-russe :

Verba et voces, prætereaque nihil !

« Des mots, des paroles et rien de plus !... »

28 février 1897.

CONCERT EUROPÉEN !

J'en ai connu un rue Biot, à Paris, quartier des Batignolles. La musique qui s'y débitait en cafés et en cerises à l'eau-de-vie n'était pas toujours de premier choix, mais nous nous en contentions : la direction ne nous trompait pas sur la valeur de la marchandise, car des affiches nous donnaient consciencieusement le détail de la troupe artistique, et, très religieusement éclairés, nous entrions avec le droit d'applaudir ou de chuter, de fleurir ou de siffler les Blockette, Frisette et autres Polkette de l'endroit... Le potin que nous fîmes à ce concert-là n'a jamais tiré à conséquence !...

Je m'étonne que cet honorable établissement qui fait encore, m'affirme-t-on, les délices de la place Clichy, ne songe pas à intenter aux grandes puissances une action en contrefaçon de titre. Vous me direz que ce mot « concert européen » n'est qu'une identité de forme et que les pièces qui sont représentées sur ces deux scènes ne tendent pas au même but. C'est vrai ; toutefois, si ce titre est un bien commun, appréciable rue Biot, il est, en revanche, en Crète et en Grèce, un mal public dont tous les peuples ont à souffrir, et il est assez vexant pour le petit café-concert de se voir chiper son titre par les grands États d'Europe, sous le fallacieux prétexte de pacification universelle.

La pièce choisie par le « concert européen » des grandes puissances se résume en une action militaire à grand spectacle, avec un luxe inouï de décors, machinations et trucs merveilleusement perfectionnés; les rôles sont tenus par des premiers sujets : la diction est parfaite, et déjà nous avons pu voir avec quel art merveilleux ils crachent la mitraille... l'action intensive de ce drame qui vise la grosse question d'Orient — éternelle question de camelots — s'exerce sur la Crète et la Grèce, en raison inverse des aspirations libertaires de ces petits peuples. « Vous êtes les plus faibles, vous êtes les opprimés, hurle le prologue, soumettez-vous, sinon nous allons faire tonner l'orchestre du concert européen ! »

Cette pièce comporte plusieurs actes et un grand nombre de tableaux ; elle est dégrevée des droits d'auteurs et des pauvres ; les peuples, seuls, en payent les frais ; ils jouent les victimes... *pour de vrai !...* les empereurs et les rois sont seuls directeurs du concert européen. Au 1er acte : arrivée des puissances ; au 2me : bombardement ; au 3me : blocus ; diplomatie concertante : protection aux braves Turcs ; apothéose : l'Europe impose la paix... à coups de canon... et avec quel ordre tout cela est réglé ! ensemble parfait ! fraternité des peuples ! c'est superbe et réconfortant !...

Il y a bien la France qui, en vertu de ses traditions révolutionnaires, semble détoner... mais on s'y fait, et c'est assez bien, étant donné l'émotion inséparable d'un premier début. On supposait que la fraternité d'armes proclamée à Châlons avec la Russie serait peut-être inaugurée *ailleurs ;* mais tout ça, c'est de l'emballement républicain qui ne compte plus ; protection aux Peuples opprimés, c'est vieux jeu !... c'est Pologne !... Le succès est complet !... Quant à la pièce si passionnante « Alsace-Lorraine » elle est remisée aux accessoires, comme vieux jeu !...

La question d'Orient — qui a pourtant une si longue

barbe — absorbe tout !... J'oubliais le dénouement possible de cette grande pièce : « Autonomie de la Crète et un emploi dans cette île au roi Georges. » Mais comme la guerre se rallumera ensuite avec la Turquie, il est probable que le « concert des grandes puissances » aura souvent l'occasion de reprendre sa fameuse pièce militaire avec trucs, à laquelle j'avoue humblement préférer les pacifiques farces du café-concert des Batignolles.

Quant à la France républicaine qui ne saurait recueillir aucun profit de la musique qu'elle joue honteusement dans cet orchestre, elle aura cependant trouvé l'occasion de faire prendre l'air à ses vaisseaux, — dont certains coulent à pic, — et de solder sa part de *douloureuse* avec l'argent de ses contribuables et la prodigalité coupable de ses hommes d'État.

28 mars 1897.

ORA PRO NOBIS !

C'est au préau d'un couvent!...

Jeunes filles — aux cheveux épars — se pressent l'une contre l'autre, dans un effarouchement de colombes, tremblantes, comme des épis mûrs à l'approche de l'ouragan!...

. . . .

Elles viennent, les jeunes filles, de prononcer leur vœu, et, comme le condamné qui va mourir, elles sentent sur leur nuque le froid du ciseau; les chevelures vont tomber! tout à l'heure, vendues à vil prix, on les pourra contempler à l'aise chez l'heureux acquéreur;... on en discutera la valeur marchande!... pauvres nattes d'amour!...

Elles ont renoncé aux vanités humaines et aux jouissances terrestres, les pâles jeunes filles!...

Un seul amour les possède désormais : celui de Christ mort sur la croix... et deux femmes seront les seuls témoins de leur prières et de leurs larmes: la « mater dolorosa » pleurant son fils: la Madeleine repentante, purifiée de ses amours malsaines, et transfigurée par l'angélique regard du Nazaréen.

A peine les jeunes filles ont dit l'adieu suprême à l'existence terrestre et aux agitations humaines que leur âme plane dans l'au-delà, dans l'idéal, et les visions extatiques les transportent dans l'infini du rêve où, du haut de sa croix, dans sa pâleur d'ivoire, Christ les contemple et les attire!...

ORA PRO NOBIS

Et pourtant, le cœur est resté chaud ; il bat encore avec violence; le sang y afflue dans une poussée furieuse!... c'est le rappel des souvenirs, la révolte des passions inassouvies !...

Peut-on être jamais détaché des rêves d'ici-bas ?... Non, certes ; car nos jeunes néophytes gardent toujours au front l'empreinte des larmes chaudes du bien-aimé.

• Pauvres cheveux !... vous allez tomber sous l'horrible ciseau !... et ce sera la fin de tout, ô pâles jeunes filles, coquettes à peine au monde « dans votre premier lange »; coquettes ensuite devant votre miroir, en tressant avec fierté vos nattes brunes ou blondes, avez-vous songé que le froid ciseau vous dépouillerait un jour de vos parures?

. . . .

Madame la Supérieure a fait son œuvre! ... c'est fini ... les chevelures sont tombées!...

Hélas! que de larmes répandues par ces jeunes filles, la plupart peut-être déjà femmes, et qu'un mot du bien-aimé, disparu... ou du séducteur cruel ramènerait sur notre terre et rendrait à l'espoir, à l'amour, au bonheur! . . . .

. . . .

. . . .

Un trafiquant vient d'acquérir ces nattes encore chaudes des larmes et des regrets terrestres.

Adieu, l'écho des juvéniles espoirs!... adieu, le souvenir des illusions perdues !...

Vendues à vil prix, elles sont alignées sur le comptoir du marchand, les pauvres chevelures!...

C'est là que j'ai respiré leur parfum... senti leur pénétrante moiteur!... courbé sur elles, j'ai, dans leurs touffes, promené ma main frémissante!... et mon cerveau se révoltait contre la coutume barbare qui ravit aux jeunes néophytes l'ornement de la beauté !...

O Christ, tu vas être pour ces religieuses la synthèse de l'amour !...

Puisses-tu descendre de ta croix d'ébène pour consoler les pâles jeunes filles !. . . . .

. . . .

O chevelures, blondes et brunes, fauves et dorées, soyez dans nos souvenirs comme les « visions rouges » de notre jeunesse... où le cœur battait vite..., où le désir martelait nos cerveaux !

. . . .

Et vous, jeunes femmes, quels que soient les motifs de votre renoncement, si vous n'êtes plus sur cette terre nos « visions d'amour », demeurez, du moins, nos âmes consolatrices; que l'extase de vos regards, que le murmure de vos lèvres s'élevant dans l'au-delà des mondes portent à vos rêves infinis le râle de nos amours brisées et de nos folles désespérances !

O pâles jeunes filles — aux adorables nattes tombées sous le froid ciseau — trouverez-vous, sous vos longs voiles, la mort et l'ensevelissement de vos amours ?...

O pâles jeunes filles, songez quelquefois à nous, pauvres profanes ! et dans le froid du cloître, aux vagues souvenirs de vos rêves désenchantés : *ora pro nobis !* . . . .

. . . .

C'est au préau d'un couvent !

Jeunes filles — aux cheveux épars — se pressent l'une contre l'autre dans un effarouchement de colombe; — tremblantes — comme des épis mûrs à l'approche de l'ouragan !...

Septembre 1896.

LENTEMENT ET RIEN

« *Vite et tout !* » s'est écrié le cabinet Méline!... il faut en finir avec le « Panama !... »

Et le pays, attentif à de si belles paroles, s'est repris à espérer, non pas qu'on rendrait l'argent, mais qu'on poursuivrait les prévaricateurs de marque.

L'espoir dura quelques jours et s'évanouit comme ces beaux rêves qui vous laissent au réveil « Gros-Jean comme devant ! »... Nos ministres ont trop besoin de se ménager certaines influences parlementaires pour oser s'en prendre directement aux grands coupables. *Vite et tout !* signifie en réalité : *Lentement et rien !* Le cabinet Méline — Saint Vincent de Paul, nouvelle manière — s'est écrié : « Laissez venir à moi les gros chéquards et il ne leur sera fait aucun mal : s'ils sont attaqués, la Raison d'Etat couvrira leurs méfaits. Je trouverai, de-ci, de-là, quelques citoyens jusqu'alors insoupçonnés ; ils seront accusés . . . arrêtés même... si, dans leurs relations d'antan, des circonstances quelconques les ont mis, de près ou de loin, en rapport avec les agents panamistes. »

Et voilà comment — pour sauver les tarés, désignés et flétris par l'opinion publique — quelques honorables furent en proie au soupçon qui ne tue pas toutes ses victimes, mais dont l'effleurement même ne s'efface jamais complètement.

Clovis Hugues ne s'est pas senti jadis suffisamment inspiré pour composer des vers en l'honneur du

Panama !... soit !..., le poète est sain et sauf. Quant à l'homme politique — pur entre les plus purs — il ne manquera pas plus tard d'âmes viles pour exploiter contre lui, dans les luttes électorales, l'odieux soupçon d'hier ; les témoignages de confiance qu'il reçoit aujourd'hui ne le sauveront pas dans l'avenir du spectre de « Saint-Martin »...

Antide Boyer aura toujours — pour les malins qui ont su faire leurs affaires — commis le crime d'avoir reçu à titre de prêt pour ses besoins personnels, de l'argent des mains d'Arton.

Et, tandis qu'à l'aide de potins de couloirs et de menus faits qui n'offrent aucun intérêt public, on souille l'honneur de tel ou tel, les vrais coupables abritent leurs crimes derrière des influences politiques; à la vérité, ils jouissent de revenus que ne justifient ni leur fortune personnelle ni leurs traitements, mais le Ministère compte sur leurs votes, et la pourriture d'assemblée accueille leurs discours!... Attaqués, ils jouent l'indignation, la colère, les larmes même !!! ils élèvent le cabotinage parlementaire à la hauteur d'une institution nationale... ils se débattent à la tribune, rattachent leur indispensabilité d'aujourd'hui à leur influence d'hier, se déclarent les défenseurs de l'ordre, les soutiens du Pouvoir, invoquent la Raison d'État... et Richelieu ... pour sauver la République ... comme si la République ne pouvait vivre sans leurs lâches compromissions.

M. Rouvier qui est un malin, un fort... sortira de cette lutte plus adulé par la vermine financière, mais plus sale encore qu'il ne fut jusqu'ici. L'exposition de sa nouvelle théorie de gouvernement n'est pas pour faire oublier l'homme de la Compagnie auxiliaire des chemins de fer et de tant d'autres entreprises véreuses auxquelles il daigna participer avec certains banquiers de contrebande et autres contes romains à la Robert-Macaire.

« J'avais à lutter, a-t-il dit, contre un parti qui recevait « de l'argent de tous les côtés, des congrégations, des « duchesses, des princes, de l'étranger. J'ai dû utiliser « mes relations personnelles pour me procurer de l'argent afin de défendre les institutions actuelles. D'ailleurs Richelieu en a fait bien d'autres! »

S'abriter derrière le boulangisme, faire appel à feu Richelieu, c'est assez grotesque !... mais la trivialité de forme n'atténue pas la fausseté de l'argument ; l'inculpé a beau « plaider coupable », il s'excuse mal devant l'opinion publique et l'accusation reste entière. M. Rouvier ne prouve qu'une chose, c'est qu'il est rompu à toutes les fourberies d'une rhétorique malsaine et qu'il sait mentir avec l'aplomb de plusieurs régiments de dentistes... il commet, en effet, un anachronisme odieux : nous ferons remarquer à M. Rouvier qu'en 1887, au moment de ses prétendus efforts financiers pour sauver la République opportuniste et chéquarde, le boulangisme n'avait pas encore sollicité ni reçu de fonds. Ce n'est qu'en mars 1888 que le premier argent fut mis à la disposition du Général pour l'élection de l'Aisne. Le cabinet Méline qui, en raison de sa formule « *Vite et tout* », veut en réalité « *Lentement et rien* », a laissé tomber, à l'audition de telles arguties, des larmes de crocodile sur le maroquin des portefeuilles ministériels. Le Président du Conseil — un rude goupillonneur! — semblait, dans un muet attendrissement, bénir le financier Rouvier, ce brave et digne homme, le plus calomnié de France, depuis Marseille jusqu'au Panama, en passant par le Palais-Royal.

Toutefois, si, pour innocenter ses actes, Rouvier a encore menti, ce n'est pas pour le bon renom du gou-

18

vernement, qui, selon lui « peut prendre l'argent où il en trouve pour se défendre », toutes considérations et toutes lois s'effaçant devant ce qu'on a appelé *la Raison d'État!* théorie étrange qui nous ramène aux ténèbres des siècles passés!...

« Tout pour la République ! » dites-vous ? si c'est pour la République des tarés et des vendus, nous sommes d'accord ; votre théorie s'impose ! mais s'il s'agit, par hasard, de la République pour laquelle nos pères ont lutté, de celle qui porte à son drapeau « Liberté, Égalité, Fraternité », qui doit marcher droite et fière, en tête des nations, pour tracer la route de l'émancipation humaine, oh ! alors, votre théorie est fausse, car le peuple ne connait pas la Raison d'État ; il ne connait que le droit, la probité, la justice.

Une fois encore, nous sommes joués, leurrés, dupés... ce n'est pas « *Vite et tout!* » que vous voulez, c'est : « *Lentement et rien!* » car ceux qu'on arrête sont assez innocents pour qu'on les absolve ; les autres sont trop coupables pour qu'on les condamne ! ...

Mais, les ministres passent... et la question des désastres de Panama longtemps encore se dressera, grosse de menaces ; enterrée vivante par des fossoyeurs sans vergogne, elle renaîtra de ses cendres pour frapper au cœur les fourbes et les lâches !...

25 avril 1897.

LA REVOLE

LA REVOLE !...

Vive la revole! — en tradition bourguignonne, le dernier plaisir — le dernier coup d'amour!... jusqu'à plus tard!... jusqu'à bientôt!... Vive la revole!...

Tout le monde y prend part, sauf le pauvre infirme!...

Il n'y a jamais pour lui vole, ni revole!...

Pour ce déshérité de la nature, l'amour est un mythe! le plaisir glisse, insaisissable ; le temps passe sans coups d'amour!... Et pourtant, le bonheur des autres grise son cerveau.

Mais le pauvre infirme s'écarte sans haine ; loin, bien loin de la revole, dans les profondeurs des bois, il pleure!...

C'était hier la revole!...

Que de fiancés elle a réunis qui s'en iront, ce printemps, courir les sentiers verts !...

L'amour ne meurt pas ; il se prodigue à ses élus ; c'est aujourd'hui le début des nouvelles tendresses, car c'était hier la revole.

Sous le chaume, l'hiver ; sous le soleil pâle d'avril ou sous les effluves de messidor, jeunes amoureux, unissez vos amours et vos rêves ; confondez vos haleines en de brûlants baisers !... que ce soit tous les jours la revole !... loin des rancunes et des haines, fuyez les visons rouges !...

Aimez-vous !... c'est germinal, c'est la vie !... l'éternel « recommencement » des baisers et des caresses.

C'est la revole !... préparez vos rondes !... choisissez vos gars !...

— « Holà ! belles filles, nous « revolez »-vous ?...
— Un nuage passe... les gars, sauvez-vous !... »

Adieu, les mâles !... nous courons ailleurs ; d'autres épis mûrs nous attendent ; hardi, la moisson !... le travail presse... pour de nouvelles amours, reliez vos gerbes !... adieu les mâles, c'est la revole !

Et les gars s'enfuient par bandes, emportant le doux souvenir du dernier baiser de la revole !

Et les brunes et les roussottes ont relié les gerbes... jusqu'à plus tard.., jusqu'à bientôt !

Quant au pauvre infirme, il se réfugie, pleurant sa misère, bien loin de la revole... dans les profondeurs des bois !...

. . . .

Et, sous la clarté des étoiles, des ombres passent enlacées, dans la tiédeur des nuits...

Car, il y a des étoiles au ciel... et des malheureux sur la terre !...

C'était hier la revole !... le dernier plaisir, le dernier coup d'amour !... jusqu'à plus tard... jusqu'à bientôt !...

. . . .

La nature est un éternel « recommencement » de joyeusetés et de larmes, de tristesses et de baisers !...

Juin 1897.

TABLE

Paris. — Imprimerie PAUL DUPONT, 4, rue du Bouloi.

www.ingramcontent.com/pod-product-compliance
Lightning Source LLC
Chambersburg PA
CBHW071631270326
41928CB00010B/1876

* 9 7 8 2 0 1 9 2 0 7 9 2 2 *